JN105610

釣りの名著50冊

古今東西の「水辺の哲学」を読み解く

世良 康

つり人社

目次

釣りの名著50冊
古今東西の「水辺の哲学」を読み解く
世良 康

はじめに

世良 康

キツネは尻尾《しっぽ》で釣りをするというが、それは釣りをしているのではなく、魚という食糧を得ようとしているにすぎない、それは、いわば狩りである――。

狩りをすることと、釣りをすることとは、違うのである。

戦場取材から足を洗い、ペンをサオに持ち替えて世界を踏破した開高健だが、彼の釣りもその原点はキツネと同様、腹を満たすための魚獲りだった。詳細は本書の開高健のページをめくっていただくとして、終戦間近の昭和20年の夏草のきらめく田んぼの真ん中の池で、すきっ腹にあえぎながら、彼は〝たんぱく質の塊〟を腹に収めるために、野のカエルをエサにしてライギョ獲りに挑んでいた。

頭上の敵機、B29の爆撃に脅えながら、14歳の青くやせこけた開高は、粗末なサオで獰猛極まるたんぱく質と格闘し、これを仕留めて家に持ち帰り、母と2人で慎ましく噛み砕いて胃袋に落とし込んでいた。それからほぼ20年後、作家として大成した彼がメコンデルタで見たベトナムの農民たちは、遠くで爆音を聞きながら、のんびりライギョを釣っていた——。

獲ることと、釣ることの、これが決定的な違いである。

時代は少しさかのぼるが、プロレタリア作家の葉山嘉樹は、小林多喜二が拷問死した翌年に、東京の借家を引き払って一家で信州・天竜川のほとりに移住。仕事にあぶれて暮らしは困窮を極め、ハリさえ買う金がないのに釣りに没頭。挙句、「魚を釣るか首を吊るか」という人生の瀬戸際に立たされる。

それでもなお「死んでもサオを放しません」と釣りを死守し、最後は大陸に渡って満州で「鍬と筆と竿」の〝三楽生活〟を夢に見る。しかし——。

葉山の生涯は、生活することと、釣りをすることとの、両立の残酷さを際立たせる。

もう1人、誰か取りあげるとすれば、土師清二だろうか。丁稚奉公《でっちぼうこう》から作家として成功を収め、サオをかついで日本全国をめぐる釣り三昧の日々。ある日、妻のガンが悪化して余命いくばくもないことを知る。昭和20年の終戦前のことで、大阪の開高と同様、東京の土師も空襲に脅えていた。

土師はそこで、妻の介護を兼ねて故郷の岡山へ疎開する。しかし、その介護疎開の裏には、ある魂胆が隠されていた。それは、田舎の空襲のない空のもとで魚と遊ぶ〝釣り疎開〟であった。しかし田舎とはいえ、病臥の妻を置いて朝から釣りに出るのはきまりが悪い。

そこで作家は、「好きで釣りをしてるわけじゃない。妻の病気の体に栄養をたっぷりつけるためだ」と自らに強く言い聞かせる。すると妻は、夫のそのニセの優しさを素直に受けとめ、不味い魚でも「おいしい、おいしい」とむりやり感謝して食べてくれる――。

このお涙頂戴物語では、釣り人の、非情の中にも1滴の愛情がこもっていることを教えてくれる。

さらに、どうしても取りあげなくてはならないのは、この人だろう。

井伏鱒二を小説の師と仰ぎ、生活上の多くの難題を解決してもらいながら、師に対して真実心を開くことのなかった太宰治。昭和16年に書かれた『令嬢アユ』での釣りに隠された〝からくり〟が見えたとき、師弟のお互いの心の中で繰り広げられていた暗闘が白日になった――。

太宰治は、釣りを好まなかったことで、凄惨な栄光を手にし、井伏鱒二は釣りを愛したことで、太宰と分かり合えることはなかった。

本書は、『月刊つり人』に2014年6月号より、いまも連載している『釣本耽読』のうちから、50人の著作50冊を選び、加筆訂正をして単行本化したものである。

古今東西の釣り好きたちが著した釣本の森に深く足を踏み入れていくと、そこには単に釣りという趣味の世界があるだけではなく、人生のすべてがあり、また時代や文明があり、戦争や災害があり、愛と憎しみ、喜びと哀しみ、感動と落胆、希望と絶望、そして生と死とがちりばめられていて、歩いても歩いても、まだ歩きたくなるような興奮がある。

それは、魚の釣れるポイントを求めて川をたどり、磯を渡り、また広海へ漕ぎ出る釣り人の高揚感と似ており、そういう釣りという人生の万象を読者に伝えることができれば本望である。

最後になったが、単行本化に当たっては、月刊つり人編集部の方々、とりわけ副編集長の佐藤俊輔君には大変お世話になった。また、表紙デザインを担当いただいた伊東とし江さんに敬意を表します。さらに、執筆にあたって私の住む品川区の図書館には人知れずお世話になった。図書館の膨大な蔵書の存在がなければ、私のようなしがないライターがあまたの資料にあたることは不可能であったからだ。

令和2年春　花水木の白い花の咲くころに

『幻談』

幸田露伴

岩波文庫『幻談・観画談他三篇』に収録

魔性のサオをめぐる背筋も凍る怪異譚

夏の夜の、湿気をたっぷり含んだ潮風が首筋をぬるっと撫でるがごとく、読後のしばらくは不吉な余韻にうなされる。

この余韻は、おそらくこの小説『幻談』が発表された昭和13年（1938）という時代に由来する。前年の「盧溝橋事件」を発端として日中戦争が始まり、同年12月南京総攻撃、そして日中戦は泥沼化し、やがて日本は太平洋戦争へ引きずり込まれていく。

そんな暗雲走る帝都の空の下、すでに釣りの趣味から遠のき、老境の道に迷い込んでいる71歳の幸田露伴は、かつて江戸前の海に舟を漕ぎ出してカイズと遊んでいたころを懐かしく思い出している。カイズは30㎝前後のクロダイのこと。黒みがかった銀色の魚体は〝いぶし銀〟と称され、江戸前の釣魚の代表格だった。

ところで露伴は『幻談』の中で、カイズをケイズと呼んでいる。江戸っ子だからカイズがケイズと訛るのである。しかし文豪は、それは逆だとこう言う。『カイズは訛りでケイズが本当です』と。そして、なぜケイズが本当なのかと疑問を抱く読者のために、『系図を言えば鯛の中《うち》、というので、系図鯛を略してケイズという黒い鯛』と煙に巻く。こういう、大風呂敷の中に博識を包み込んで無理矢理ねじ伏せる〝騙《かた》り〟口調は、後の世の開高健の〝系図〟につながっている。


さて物語は、露伴まだ壮年の頃、釣りの先輩から聞いた話という設定で始まる。

主人公は本所に居を構える小っぱ旗本。木っ端、あるいは木っ葉と表わせば、雑魚を意味する釣り用語。だがこの旗本は木っ端ではあるが人品すぐれ、仕事も早い。家柄が低いゆえに閑職に甘んじているだけ。やればデキル男なのだ。しかし封建の世に生まれた不幸を嘆くこともなく、ケイズ釣りという趣味を見つけて日々楽しく過ごしている。毎日のように釣りに出かけているものだから、釣りの腕も相当に磨かれている。

この日もなじみの船頭を伴って舟出する。しかしどういうわけか釣れない。翌日もまた、どういうわけか釣れない。

そして3日目、月のない大潮という絶好の潮時。ところが、やっぱり釣れない。客は、まあ仕方がないとあきらめて帰ろうとするが、船頭には意地がある。客に〝銀メダル〟を持たせずに舟から降ろすわけにはいかねえというわけである。そこで取って置きのポイントへ舟を漕ぎ寄せ、『旦那、竿は一本にして、みよし（注＝舟首）の真正面へ巧く振込んで下さい』と言う。

そこは、障害物の沈むポイント。魚がいる公算は極めて大だが、振り込みが少しでも逸れるとたちまち根掛かり地獄にはまってしまう。また魚が食っても、取り込みにもたつくとたちどころに障害物に逃げられてイトを切られてしまう。まさに一か八かの禁断ポイント。船頭の緊張したようすから、客はそんなことは百も承知である。

夕闇がせまる海に、寸分違わず仕掛けが落ちる。

いきなり、アタリ！

合わせる。サオが一気に引き込まれる。と、『ミチリ』と継ぎ手の元際が小さな悲鳴を上げ、さらにイトまで切れてしまう。客の腕にほころびはなかったが、サオに難があったというわけである。

客が言う。『帰れっていうことだよ』

船頭は言う。『あっしの樗蒲一《ちょぼいち》（注＝賭け事）がコケだったんです』

コケとは仏教用語の虚仮《こけ》であり、この場合は一か八かの賭け事に負けたということだろう。お互い認め合う者同士。愚痴や後悔の弁など吐くこともなく、『ハハハ』と笑い合って帰りを急ぐ。

普通の物語なら、ここでジ・エンドである。しかし、作者は文豪・幸田露伴である。ありきたりな釣り小説で終わらせるには曲者すぎる。

潮が満ちるように迫りくる不吉な闇の正体とは？

船頭は帰路を急いで櫓を漕ぐ。昼間の明るさをわずかに残す空。その下に揺れる江戸の灯。ふと見ると、濃い鼠色に暮れゆく海面を細い棒のようなものが潮に揺られて浮き沈みしている。ここにきて、得体の知れない怪異の闇が、薄墨を垂らすように行間に広がり始める。船頭が興味に駆られて舟を寄せると、いきなりその棒が海から勢いよく飛び出し、危うくこれを手で受け止めたとき、飛沫がサッと顔にかかる。

この突然の出来事に、読者はまさに心臓に冷水を浴びせられたような心持ちになる。この物語の本題が、すっくと鎌首をもたげた瞬間だ。

その棒は〝野布袋《のぼてい》〟の竹ザオであった。が、それにはとんでもない〝お客さん〟がしがみついていた。お客さんとは、どざえもん、すなわち溺死者のこと。サオの根元を、どざえもんの手が固く握っていたのだ。どうやら、釣りの最中に脳溢血か何かでこと切れて川に落ちた老人らしい。死してなお、愛竿を執念深く握って離さず、どんぶらこ、どんぶらこと浮き沈みしていたというわけである。

客はさわらぬ神にたたりなしを決め込もうとするが、そのサオの「あたかも名刀の鞘を払ったように美しい姿」に後ろ髪を引かれる。誰が見ても〝稀物《まれもの》〟とわかる名竿だったのだ。先ほど、『ミチリ』とお気に入りのサオが折れたことも心の奥底にわだかまっていただろう。客は、そのサオ尻を握る執念深いどざえもんの手を無理矢理へし折って引き離し、ついにサオを我がもん。

ものにする。

夕闇に妖しく光彩を放つ野布袋の稀物。舟べりから潮に乗って静かに流れ消えてゆくどざえもん。

その翌日。件のサオに付いていた仕掛けを検証すると、イトは『段々畑《だんだんばたけ》につないで』あった。現代でいうテーパー式の撚りイト仕掛けである。ここで一息、釣り狂・露伴先生は船頭の口調を借りてテーパー撚りイトの微に入り細を穿つような誌上講習会を始める。釣りに縁遠い人にとってはチンプンカンプンだろう。が、サオの元の持ち主が、並々ならぬ釣り手だったことはしっかりと感じ取れる。

翌日、2人はこの稀物と稀なる仕掛けで釣りに出る。

今度は打って変わって大爆釣。あまりに釣れ過ぎて時を忘れ、気が付くと陽はすでに落ちている。急いで帰りの舟を操る船頭が、ヒョイと薄暗闇の水面に目を移したとき、ヒョイヒョイと竹が出たり引っ込んだり……。

客と船頭はどちらからともなく目を合わす。少し生暖かい海の風が吹いてくる。このときの描写に凄みがある。

「客も船頭もこの世でない世界を相手の目の中から見出したいような眼つきに相互に見えた」

客は『南無阿弥陀仏』を唱えながら、サオを海へ返すのであった。

このような怪異譚は、隅田川と小名木川の合流点周辺に昔から伝わっていたようである。

『江東区の民俗　深川編』（編集発行・江東区教育委員会　平成14年刊）には、大正13年生まれの古老から聞き取った次のような話が収録されている。

――オヤジが舟を漕いでいると、川からサオならぬ柄杓を持った手が現れ、勝手に船に水をバシャバシャ汲み入れて、船が沈んでしまった。ちょうどそのあたりは、潮と潮がぶつかって水底は渦を巻いており、隅田川の底を流れてきた水死体がここでよく浮き上がったものだ――

昔は、この界隈の川を死体が流れることは、それほど驚くことでもなかったようである。

こうした怪なる伝承を、露伴は釣りという狂気じみた趣味世界に移し替え、身震いするような幻想短編に仕上げたのである。

文芸評論家の川村二郎は、岩波文庫版の解説でこう書いている。

「(『幻談』は）話としては実際、単純きわまりないともすこぶるたわいないともいえる体のものである」と。そして、「この作の比類なさは、ほかならぬ無内容を完璧な創作の原理たらしめているところにある」と続けている。

単純で内容のない話だが、それなのにこれほど読ませるところに、この作品の揺るぎない価値を見出しているのである。読み終えて、教訓も啓蒙も、思想も哲学も得られない。ただ、何か得体の知れない闇だけが残る。読み進むうちに、潮のようにひたひたと満ちてくる不気味な闇の正体こそが、この作品の比類ない価値なのである。

不気味な闇とは何か。それは露伴が『幻談』を著わした昭和13年という闇ではなかろうか。日本が太平洋戦争へと引きずり込まれていく前夜の、不吉で不安な闇である。読後の暗い余韻は、我々がこの露伴の闇、時代の闇を否応なく共有してしまったことを意味する。

釣り人と名竿をめぐる幻想譚の形を借りながら、実は露伴は、昭和13年という時代から、昭和20年8月15日の日本を幻視していたのではないか。天才の奇想な想像力とは、そういうものではないかと、読後の不吉な余韻に現在なおうなされている筆者は思うのである。

なお付け加えるならば、露伴は、東京大空襲で家を焼け出され、そのショックで視力と聴力が大いに衰え、終戦2年後の昭和22年に80歳で没している。

幸田露伴（1867〜1947）
江戸・下谷生まれ。図書館で本を読み漁り、仕事を辞めて小説修行。弱冠22歳で処女作発表。『風流仏』で天才と称され、大作『五重塔』で評価を確実にする。釣りのほか、写真や将棋なども楽しんだ。ほかに、釣小説は『盧声』『雨の釣』など。

『老人と海』

アーネスト・ヘミングウェイ

新潮文庫　福田恆存／訳

キューバの海を舞台にした老漁師と巨大カジキの死闘と絶望

この物語は、「彼は年をとっていた」という静かな書き出しに始まり、「老人はライオンの夢を見ていた」という、読む者の心の海にさざ波のような暗示を漂わせて終わる。

１９５２年に『ライフ』誌に発表され、ピューリッツア賞を受賞。そして54年に、ヘミングウェイはこの小説が契機となってノーベル文学賞を受賞する。

釣り人としての視点をまじえつつ、ストーリーを追ってみよう。

84日間も獲物から見放されているハバナの老漁師サンチャゴは、この日も、夜明け前に港から小舟を漕ぎ出す。夜が明けてしばらくたち、綱を掛けてある生木の枝がぐっと傾いた。この綱は釣りイトのこと。また、生木の枝は舷から海面へ突き出しており、これに綱を軽く巻いて掛けている。枝が傾くとは、魚が食いついて軟らかい枝先が海面にグンと入ったことを意味する。

その微妙なアタリに、老漁師はただならぬ大魚の気配を感じ取る。

右手の親指と人差し指で、やわらかく綱を持つ。ハリ先の相手に違和感を生じさせないためだ。すると、また、ぐっときた。その感触で、百戦錬磨の老人は百ヒロ（１５０ｍ）下の海で、ハリに鈴なりに刺してあるイワシに、マカジキが反応していることを察知する。イワシはいわば寄せエサで、そのイワシの列の中央には本命エサのマグロが仕掛けてある。

しかし敵も百戦錬磨である。なかなかマグロエサまで食い進もうとしない。臆病、慎重、老獪。石橋を叩くように口先でエサの安全性を確認している。綱を持つ老漁師の手は、それを敏感に、まさに手に取るように感じながら辛抱強く待つ。

『さあ来い』『ほら鮪もついている』『めっぽううまいぜ』『遠慮するなってことよ。さあ食え』……。森の石松の〝寿司食いねえ〟を思い起こさせるテンポのいい独白。

この、巨大魚特有の前アタリから本アタリに至るまでの手に汗握るじれったい時間は、釣り人にとってとても幸せな時間である。〝石松口調〟になるのも仕方がなかろう。

次の瞬間、信じられぬほどの重みを感じ、どんどん綱が出ていく。しかし敵はまだ、エサのマグロを完全に飲み込んではいない。老漁師の研ぎ澄まされた感覚は、「鮪を横ざまにくわえたまま暗い海の中を逃げ延びようとしている」大魚の姿を脳裏に描いている。

指の間から滑り落ちていく綱の勢いを見計らい、『さあ！』と気合一発、両手に力を込めて綱を引く。大きなアワセをくれたのだ。

それを合図に、48時間にわたる巨大カジキと老漁師との死闘が始まる。

闘いの只中で、老人は敵の強大さに驚き、同時に己の力の衰えを知り、彼を師と仰ぐ少年・マノーリンの不在を嘆く。マノーリンは5歳の時からサンチャゴと漁を共にしており、彼を心底敬愛している。が、あまりに不漁が続いたために、いまは意に反してほかの漁師の舟に乗っている。

『あの子がいたらなあ。手伝ってもらえるし、見張りもしてもらえる』

しかし大海原に味方はいない。

やがて老漁師は、勇敢で知略に長けた見えない敵に尊敬の念さえ抱くようになり、『おれはお前が大好きだ、どうしてなかなか見上げたもんだ』『やつはおれの兄弟分だ』との心境に傾いていく。

さらには、「兄弟分」をなぜ殺さなければならないのかと考え始める。その1尾で「大勢の人間が腹を肥やせる」からだと漁師のサンチャゴは思う。けれど哲学者のサンチャゴが言う。『その人間たちにあいつを食う値打ちがあるだろうか?』と。そして『あの堂々としたふるまい、あの威厳、あいつを食う値打ちのある人間なんて、たったひとりだっているものか』と断言するに至る。

真夜中、カジキは最後の大勝負をかけて広大な海へ猛進する。サンチャゴは必死で食い止めにかかる。綱を引いては緩め、緩めては引く。現代の釣りでいう〝ポンピング〟の要領だ。死闘は夜通し続く。

『魚なんて釣れないほうがよかった』

3度目の太陽が昇るころ、魚は海中でやっと輪を描いて回り始める。これは、カジキが弱って浮きあがり始めたことを意味する。やがて、海面にゆらりと全身が浮き上がった。

この瞬間の釣り人の心境とはどういうものか。筆者はかつて、マグロ釣りでも知られる俳優・松方弘樹氏にインタビューしたときのことを思い出した。松方氏の獲物はカジキではなく350kg超級のマグロだが、彼は語る。

『やがて、(マグロが)らせん状に回りながら海の底からユラーッと姿を見せる。化け物ですよ。頭ん中は真っ白！　厳しさの果てに、ものすごい歓喜がやってくるんです』

サンチャゴの相手は18フィート(約5・4m)／1500ポンド(約675kg)、松方氏の獲物のほぼ2倍である。老漁師が素手で闘うにはあまりにも無謀である。

しかし、老漁師はその崇高な〝化け物〟に勝った。

渾身の力で打ち込んだ銛。血で真っ赤に染まった海に、「魚は銀色の腹を見せ」て波に漂っているのだった。

老人は舟よりも大きい魚を舷側に縛りつけて帰港を急ぐ。が、カジキから絶え間なく流れ出る血のにおいを嗅ぎつけたサメどもが、黒澤明の映画『七人の侍』の盗賊のように繰り返し襲撃してくる。

第1波の攻撃で肉を食いちぎられた〝兄弟分〟の無残な姿を見て、サンチャゴは『魚なんて釣れないほうがよかった』と嘆く。そして再び哲学者になって問答する。

『お前が魚を殺すのは、ただ生きるためでもなければ、食糧として売るためだけでもない（中略）、お前は誇りをもってやつを殺したんだ。漁師だから殺したんじゃないか。お前はやつが生きていたとき、いや、死んでからだって、それを愛していた。もしお前が愛しているなら、殺したって罪にはならないんだ。それとも、なおさら重い罪だろうか』

『あいつ（カジキ）はお前と同じに生きた魚を食って生きているんだ。腐肉をあさって歩く乞食じゃない。またある種の鮫のように貪婪な食欲のお化けというわけでもない。あいつはきれいで、堂々としていて、こわいもの知らずの猛者だ』

『あらゆるものが、それぞれに、自分以外のあらゆるものを殺して生きているじゃないか』

その問答を断ち切るように、〝貪婪な食欲のお化け〟が第2波、第3波の攻撃を仕掛けてくる。この絶望的な消耗戦。やっとハバナの灯りが見え、港にたどり着いたとき、〝兄弟分〟は、〝ぴんと跳ねあがった大きな尾と露出した背骨、尖ったくちばしをもった頭部の黒い塊〟だけになっていた。

『鮫って、あんな見事な、形のいい尻尾を持っているの？』

ヘミングウエイの、この48時間の死闘物語は、「大魚を相手に雄々しく闘う老人の姿を通して自然の厳粛さと人間の勇気を謳う名作」（『老人と海』新潮文庫版、裏表紙の惹句より）というのが一般的な理解である。

しかし、そんな平凡な理由だけでこの小説がノーベル賞を受賞し、またいまなお世界の読者を感動させているとは思えない。もっと違う何か、隠された深く複雑な理由があるはずだ。筆者が注目したのは、ラストの14行である。

そこには、死闘で疲れ果てたサンチャゴが小屋でマノーンに見守られ、「ライオンの夢を見」ながら眠っている間に起きた小さなエピソードが描かれている。その部分を要約するとこうである。

港に面した食堂「テラス軒」に旅行者の一団が立ち寄り、その中の1人の女が「大きな尻尾をつけた巨大な白い背骨」が浮かんでいるのを海面に認め、『あれ、なんでしょう?』と給仕に尋ねる。給仕はことの顛末を説明しようと、鮫が…と言いかける。すると女が言う。『あら、鮫って、あんな見事な、形のいい尻尾を持っているとは思わなかった』と。連れの男が『うん、そうだね』と興味なさそうに頷く。

一団の旅行者とは、アメリカ人である。

このあまりに唐突なシーンには、ヘミングウェイの、祖国・アメリカに対する根源的な絶望感と疎外感がにじんでいる。

「自然の厳粛さと人間の勇気を謳う」という、いかにもアメリカ的なフロンティア精神は、この物語が書かれた20世紀半ばでは、すでに海の藻屑と化していたことを、最後の14行は伝えている。

会社や家庭にがんじがらめにされている我々が、かつてのアメリカ的なフロンティア精神を体験したいなら、いまでは釣りが一番手っ取り早いだろう。そして同時に、我々の心に隠住する孤独や絶望や疎外からひと時でも解放されたいなら、やはり釣りが一番である。釣り人・ヘミングウェイも、この考えにきっと同調してくれるはずである。

『老人と海』発表後、ノーベル賞作家は満足な小説を書きあげることなく、9年後の1961年7月に衝撃的な猟銃自殺をとげる。余談だが、翌62年キューバ危機、63年ケネディ暗殺。老人が見たライオンの夢が暗示するものとは……。それは、いまだに謎である。

アーネスト・ヘミングウェイ（1899〜1961）
アメリカの作家。『日はまた昇る』『武器よさらば』『誰がために鐘は鳴る』などで知られる。『老人と海』が評価されて、1954年ノーベル賞。61年猟銃自殺。

『魚の泪』

大庭みな子

1971年中央公論社より刊行。後に文庫化

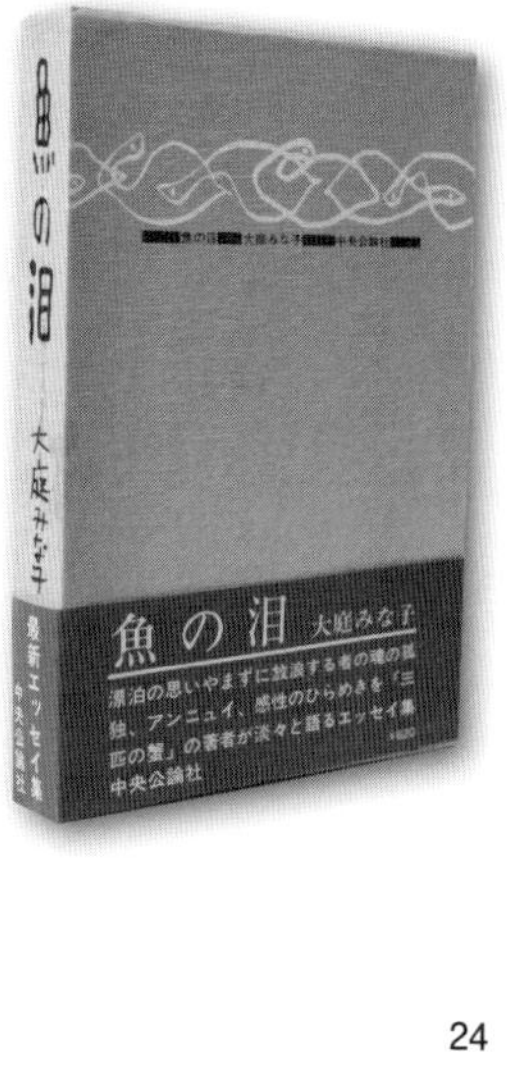

夫婦でキングサーモン釣りに勤しんだアラスカの日々

「とにかくわたしは、夫を幸せにするためにも大きい魚は決して釣らないのだ」

大庭みな子がアラスカ・シトカ時代の見聞と心情を書き綴った『魚の泪』を読んだ。そこに収められている『サーモン・ダービーの話』が今回の素材である。冒頭のこの一節には、夫婦で釣りに出たときに決して夫より大きい魚を釣ってはならぬという、妻としての大庭みな子の並々ならぬ決意と覚悟と、ほんの少しの夫への冷笑が込められている。

夫を超える魚を釣ったときの、男の嫉妬と怒りと震えの感情を彼女は充分すぎるほど理解しているのだ。

大庭みな子は1959年から1970年にかけて、夫の仕事の関係で、大自然以外はほとん

ど見るべきものはないが、それでいてさまざまな国の人が寄り集まっていて、そこそこにぎやかなアラスカの町・シトカで異邦人として暮らした。近海ではキングサーモンが釣れ、「六月の最後の二週間の週末に毎年サーモン・ダービー（鮭釣大会）が開かれ、町中沸きかえる」という。

1等賞金2000ドル、2等でも1000ドル。彼女の夫は、賞金よりも名誉と誇りのためにこのお祭りに参加。その4日間、妻もモーターボートに乗せられ、まだ静かな寝息を立てている早朝の海へ出撃する。

夫はキングサーモンのトロウリングに関して相当の自信を持ち、「シトカの町では自称一流のアマチュア釣師」である。大庭は、釣り自体は嫌いではないが、夫の異常とも思える入れ込みようについて行けず、いつも「首に縄をつけられるようにして」連れ出されるのだ。

彼が自分1人で行ってくれればいいのだが、1人だと魚が掛かったときの操船ができなくなるために、どうしても相棒が必要になる。ならば釣り好きの仲間を誘えばと思うが、「ボートの中で走り使いをさせるには女房にまさるものはない」らしい。いわば雑用係として、夫に付き合わされるわけである。その〝おこぼれ〟として、彼女も当然サオを持たされる。

そうして、白夜の海へ渋々繰り出すが、まぐれではあってもひとたび魚が掛かると、彼女は一瞬にしていっぱしの釣り人に変貌する。

「自分のリールに鮭がかかれば、やはりちょっとした快感で、あのキリキリキリと音を立てながらリールが逆戻りするときの気分は、何とも言えないものです」

魚が掛かったときの快感は、いかに釣りに興味のない女性や子どもであっても、皆を瞬時にとりこにする。リールを巻いて魚が海中に姿を見せると、その美しさに感動せざるを得ない。

「水の屈折する光の中で虹色の腹をひるがえしながら、鮭が舟端に引き寄せられるときの醍醐味を一度味わうと、誰だって鮭釣の夢にとらわれてしまいます」

さらに次のように続ける。

「今にもぐいと糸を切ってしまうのではないかと思うほどに、竿の先を曲げるあたりの瞬間と、一メートルもあろうかと思われる虹色の腹をゆらゆらと波間にあらわすキング・サーモンの姿の夢にとらわれて、アラスカの釣師達は細い糸の先に一匹の鰊をつけて、一日十四、五時間も海に漂い、薄暮の迫る頃、空手で港にボートをつないでも、また性懲りもなく次の朝、その虹色の姿を追って海に出ていくのです」

その虹色の夢にとらわれ彼女は早朝から白夜が更けるまで、船上の人と化す。こうも言う。

「釣に関するわたくしの心情はかなり複雑なものですが、夫が全然わたくしを釣に誘ってくれなくなったら、やはり心寂しく思うに違いありません」

〝嫌よ嫌よも好きのうち〟というが、まさにそれである。〝嫌い〟という言葉の裏には、万国共通の複雑怪奇な女心が見え隠れしている。

釣りの現場から原爆の記憶へ

いつしか彼女は、心ならずもいっぱしの〝女釣師〟に進化。そして、でかいだけが取り柄の巨大カレイ、オヒョウをさりげなく槍玉に挙げる。

「（オヒョウのような）底にはりついている魚は、ただ畳を釣り上げたように重いだけで、鮭のように勇敢に走らず、獲物を追う愉しさが無いので、釣としての妙味がないのです」

哀れオヒョウは、一刀両断に斬り捨てられてしまう。釣魚として魅力のとぼしい魚に対する情け容赦のないこの仕打ち。女性は興味のないものにはドライなのである。

彼女はこうして、キングサーモン釣りの一喜一憂からさまざまなことを学び、また考える。たとえばこんな風に——。

「鮭は一度かかっても針をはずして逃げることが多いのですけれど、その逃げた同じ鮭が、すぐ五分後にもう一度かかることがあります」

なぜなのか？　答えを求めて調べていくうち、次のような実験資料を捜しあてる。

「鮭に一度釣針を呑みこませて痛い目に合わせても、はずしてやってもう一度泳がせ、まったく同じように餌をつけて誘うと、四分後にはまたぱくりと餌を呑みこむのだそうです」

実は筆者もこれと似た体験を持っている。テンカラで木曽川本流へ入ってニジマスを釣ったのだが、上唇に自分の毛バリとは別にもう1つの毛バリが刺さっていたのである。不審に思って、上流で釣っていた同行の釣友に聞くと、『いま、ハリスが切れて逃げられたばかり』だと言うのであった。まさに、その毛バリが刺さっていたのだ。そのときは、魚には痛みを感じる神経がないからだと理解していた。しかし彼女の調査による結論はこうだ。

「要するに、鮭の脳には記憶力がほとんど無く、動いている餌を見ると本能的に食いつくのだ」

要するに、ハリに掛かったことをすぐに忘れてしまうからだというのである。

さて、ここまでは釣りと魚の話である。

実はここに至って突然、大庭みな子は〝釣り人〟という仮の衣を脱ぎ捨て、本来の感性鋭い女流作家の想像力を読者の前にさらし始める。

「人間の標準では四分間は非常に短くて、鮭はバカだということになりますが、人間より高等な動物がどこかにいて、『原爆の痛みも、たった二十年で忘れてしまったんだってさ。人間の記憶力というのはほとんどないんだねえ』などと言って、地球の上に釣糸を垂れていないものでもないではありませんか」

遺骨はアラスカの海に

彼女はサケも人間も五十歩百歩の記憶力だと言い、その顕著な例として〝原爆〟を唐突に持ち出してきた。それには理由があった。

大庭みな子は軍医の娘として幼少期から日本各地を転々。広島県西条市の中学生だった14歳のとき、「広島で原爆の惨状に立ち合った」のである（『夢を釣る』所収の「異質なもの、文学と政治」より）。彼女はその現場で人間に対して絶望し、人間に対する疑惑を決定的なものにする。そして次のように問う。

「原爆の発見は第二のプロメテウスの火になり得るだろうか」（同）と。

ギリシア神話に登場するプロメテウスは、火を人間に与えた。人間はその火で文明を築いたが、同時にその同じ火で文明を焼き尽くす戦争を始めた。その果てに、人間の力の及ばない、制御不能の原子力という〝究極の火〟までつくってしまった。

われわれ日本人は、広島と長崎でその〝第二のプロメテウスの火〟を2度にわたって浴びた。

14歳の少女は、その焼け野原に立ちすくんで天啓を受ける。

「だが、シジフォスの神話がまだ残っている」（同）

シジフォス（シーシュポスとも言う）は巨大な岩を山頂まで運んでは、転げ落ちる岩をまた山頂まで運び上げる永遠の徒労・希望のない労働という罰を背負う反逆神である。

プロメテウスとシジフォス——。彼女は次のように言いたいのだ。

——人類は火の恩恵で文明を築いてはまた、その火によって破壊してしまう。しかし、その瓦礫を運び上げてまた新しい文明を構築し、そしてまた自ら破壊してしまう。破壊と創造、この絶望的な徒労の繰り返しこそが、「人間が人間たり得ることなのだ」と——。

3・11のサンリクとフクシマに対して、彼女がもし生きていたならきっと次のような言葉を連呼し、日本人を叱咤しただろう。

「シジフォスの神話がまだ残っている」と。


アラスカの大庭みな子は、大自然の只中でキングサーモンと格闘しながら一編の小説を書き上げて日本の出版社へ送った。その処女作『三匹の蟹』は文芸誌に掲載されてセンセーションを起こし、1968年上半期の芥川賞を受賞。

その後、日本に帰って作家活動に専念。73年の開高健との対談〝アラスカのサケ釣り〟で次のように語っている。

「いずれまたあんなところ（筆者注＝アラスカ）で暮らしたいわ」

さらに、彼女は色紙を差しだされると、「夢を釣る」と書いたという。同じタイトルの短いエッセーもあり、「釣り上げられるような魚はただの魚であって、夢ではない」という辛辣な言葉を残している。

晩年の彼女は脳梗塞に倒れ、夫の献身的な介護を受ける。そして、「葬式も戒名も墓もいらない。遺骨はアラスカの海に」と言い遺して地上から静かに船出したのであった。

大庭みな子（1930〜2007）

東京生まれ。父は軍医で一家は各地を転々。広島にいた14歳のとき、原爆の救護班として動員され、この世の地獄を見る。サケ釣りは、夫の赴任先のアラスカで体験。そのアラスカで書いた『三匹の蟹』で芥川賞受賞。

『二人の友』

モーパッサン

新潮文庫『モーパッサン短編集Ⅲ』に収録

パリ包囲下のセーヌ河畔で釣りイトを垂れる、善良なる釣り人の悲劇

一生幸せでいたかったら、釣りを覚えなさい——中国のことわざだそうである。ところがこれがフランス人のモーパッサンにかかると、穏やかなる釣り人の微笑は一瞬のうちに凍りつく。

モーパッサンは30歳で小説家として本格デビュー。43歳で没したが、晩年は病魔と闘い、執筆生活は実質約10年間だった。その短期間のうちに『女の一生』など長編6作と、300以上という膨大な数の中短編を書き残している。そのほとんどすべての作品は、人間に対する〝辛辣な皮肉〟に満ちあふれている。風刺や冷笑、というような生やさしいものではなく、過度とも思える残酷な結末で終わることが多い。

本書もそうした短編の1つである。

魚が釣れて、「ぞっとするようなうれしさ」に包まれる

舞台は普仏戦争下のフランス。

普仏戦争は、1870〜1871年（明治3〜4）に当時のプロシア（普）とフランス（仏）の間で起こった。フランスは終始劣勢で、パリ全域はまたたく間にプロシア軍に包囲される。

当時20歳のモーパッサンはこの戦争に実際に従軍し、敗走に敗走を重ね、命からがら復員している。この苦い体験が心に黒いシミとなって生涯消えなかったといわれる。

パリ包囲下の、ある晴れた日曜日のこと。時局がら商売あがったりの時計屋のモリソーは、釣り友だちのソヴァージュさんと通りで偶然に出会う。そして、戦争前に2人して釣りを楽しんでいたセーヌ河の絶好ポイントで魚を釣ろうということで意気投合。ただしその場所は、プロシア軍とフランス軍との前哨基地近くなので容易には近づけない。が、ソヴァージュさんは軍の上層部に知り合いがいて、通行許可証をもらって首尾よく2人は岸辺にたどり着く。

その絶好ポイントとは、セーヌ河の左岸、マラント島前である。正面のマラント島が壁の役目をして右岸に潜むプロシア軍側からは見えない位置に2人は釣り座を確保。

この近辺は、印象派を代表する画家モネがそのころ滞在して絵を描いていた場所でもあり、『セーヌ川の秋、アルジャントイユ』（1873）と題された作品には、まさにその2人がサオをだしたと思われる現場周辺の風景が描かれている。その美しさを、モーパッサンは次のよう

に作品の中に描写している。

「春は朝の十時ごろ、若やいだ太陽が、水ともどもに流れる、あのかすかな陽炎を静かな河面にただよわせ……。」

「秋は秋とて、日暮れなど、血を流したような夕照を受けて、水は真紅の雲を宿し、河の全面は朱に染められ（中略）……また、冬の気配におののく焦茶色の樹々も金色に染められてしまう」

まさに移ろいゆく光と色彩の変化という、印象派絵画特有の輝く世界がそこにある。戦争前の2人はこの景色に包まれ、『じつにいい景ですなあ！』と感嘆し、『ふん、市中にいるやつらの気がしれませんよ』などと釣りで得られる幸福感を心底味わっていたのである。

しかし戦争がそれを許さなくなり、いま、プロシア軍の進撃に脅えながらも、ほぼ半年ぶりにサオをだしているのである。

ソヴァージュさんが最初に川ハゼを釣りあげ、モリソーもそれに続いた。たちまち入れ食いになる。そのときの2人の絶頂感を、モーパッサンの皮肉に満ちたペンはこう表現する。

「（釣った魚を）魚籃へ手際よくいれる。すると、ぞっとするようなうれしさが、全身にしみわたるのだった」

世間も家庭も仕事も忘れ、それどころかプロシア軍がすぐ近くにいることさえ忘れて、2人は釣りにのめり込んでいた——。

ところが突然、プロシア軍の砲弾が撃ち上がり、遠くフランス領内に爆音が轟く。モリソーは腹を立てて言う。

『こんな殺しあいをするなんて、じつにばかげているじゃありませんか』

ソヴァージュさんも言う。

『けだもの以上ですよ』

砲弾の音にひるむことなく、2人は釣りザオをしっかり握り、ウキを見つめ、釣った魚をせっせとビクに入れ、〝ぞっとするような〟幸福感に酔っていた。

捕まってスパイの嫌疑をかけられる

そのときだ。

「彼らはぎょっとして、震えあがってしまった」

気が付くと、武装したプロシアの4人の兵隊が2人に銃口を向けているではないか。

2本の釣りザオは手もとから落ちて、川下へ流れ去った。

2人は捕えられ、小舟にぶち込まれてマラント島に引き立てられた。島の空き家に小隊が潜んでいて、2人の動静をうかがっていたのだ。

尋問もそこそこに、単なる釣り好きの2人はあろうことか間諜、つまり釣り人を偽装したスパイと断定される。そして12人の兵士の一斉射撃を浴びて、あっけなく殺されてしまう。

それればかりか、兵隊たちは石を集めて網に入れ、これを2つの死体の足につなげてセーヌ河へ放り投げる。

プロシア軍の士官は平気な顔で言う。

『さあ、今度は魚どもにまかせよう』

死体を川の中の魚に始末させようとうそぶくのであった。

さらに、2人が釣ったビクの中の魚を見て部下に命じる。

『さっそくだが、この小魚をフライにしてくれないか。生きているうちにな。きっと、うまいだろうよ』

魚を食べる者と、魚に食べられる者との残酷な対比にゾクッとさせられる。

この言葉の前に、作者モーパッサンは巧妙な伏線を張っている。

それは、2人が前哨線を超えてセーヌ河の釣り場を目指していたとき、モリソーが『どうです、きゃつら（プロシア兵）にひょっくり出会いでもしたら？』と遊び心でソヴァージュさんの反応をうかがったときだ。彼は、パリッ子らしい茶目っ気で次のように答えている。

『魚のフライでもつくってやるんですな』

……。

この短編には実は〝続編〟がある！

後味の悪すぎる読後感である。

読者は、中でもとりわけ釣りを愛する読者は、彼らの悲劇を他人事とは思えない。なんとかこの善良なる釣り人2人を助けたいと思い、いや必ず助かるはずだという確信のような希望を持つ。

たとえば、尋問するプロシア軍の士官も実は大の釣り好きで、同好のよしみで2人は無罪放免……。こんな逆転の筋書きが用意されているんじゃないかと、密かに期待しつつ読み進む。しかし、その期待は最後まで裏切られてしまう。問答無用とばかりに、崖から真っ逆さまに突き落とされる。モーパッサンという血も涙もない19世紀自然主義作家のこの情け容赦のない仕打ち。

プロシア軍の憎っくき士官に対してよりも、むしろ読者は作者モーパッサンに憤怒する。なぜここまで非情になれるのか。

モーパッサンは、『これが戦争というものさ』と敵の士官に言わせている。反戦小説だからとの解釈もできなくはない。戦争の残酷をリアルに訴えれば訴えるほど、その煽情効果は大きくなる。だが、どれほど細部を読み込んでも、このおおらかな文体の短編の中に、〝反戦〟という思想的な意志は感じ取れない。むしろ、かたくなに排除しているとさえも感じるのである。

その後筆者は、モーパッサンの膨大な数の短編のいくつかを読んだ。そして、『二人の友』というこの苦い結末の、続編ともいうべき作品にめぐりあった。

そのあらすじはこうだ。

――プロシア軍に占拠されたフランスの美しい田舎町に、進駐軍がやってくる。兵隊たちは各家々に分散して宿泊。息子を戦地に送って1人暮らしだった主人公の〝おばあさん〟の家には、若い4人の兵士が割り当てられた。最初はお互いにギクシャクしながらも、〝おばあさん〟と兵隊は「母親といっしょに暮らす四人の孝行息子」のように和気あいあいにうち解けるまでになった。

ところがある日、戦地から手紙が届いて〝おばあさん〟は息子が敵の砲弾に撃たれ、ほとんど真っぷたつになって戦死したことを知らされる。その夜、プロシア兵が寝静まったのを見計らい〝おばあさん〟は我が家に火をつける。燃え盛る炎の海の中で、4人のプロシア兵は焼け死ぬ。人々が駆けつけると、焼け落ちた家の前で〝おばあさん〟は満足げなようすで木の幹に腰を下ろしていた。

事のしだいを知ってプロシア軍の士官は激怒し、12人の兵士に命じてその場で〝おばあさん〟を銃殺――。

この短編は『ソヴァージュばあさん』（岩波文庫『モーパッサン短編選』に収録）と題されている。〝ソヴァージュ〟という呼び名に読者はピンとくるだろう。そう、モリソーとともにプロシア兵に銃殺され、セーヌ河に投げ込まれて魚のエサになった、あの茶目っ気たっぷりのパリの釣り好きおじさんだ。

『二人の友』は1883年に発表、『ソヴァージュばあさん』は翌84年である。

モーパッサンは、自分のしでかした小説上での残酷な仕打ちに、何と当の自分自身が後味の悪さを感じて耐えられず、ほかの作品にソヴァージュさんの母親とおぼしき同姓の人物を登場させ、仇を晴らしたのではないかと考えられなくもない。

この仇討ち劇もまた、ブレない小説家らしく凄惨で暗鬱で、絶望的である。しかし釣りを愛する筆者としては、ほんのちょっとだけだが、胸のつかえがおりた。

モーパッサンのもう1つの釣り短編『あな』の結末も、彼の他の作品に比べると苦みが薄い。

非情で鋭いペン先が、釣り人にだけは甘いのだ。おそらく彼もペンを置けば、1人の善良なる釣り人としてサオを持つ人ではなかったのか。

ギ・ド・モーパッサン（1850〜1893）
北フランスのノルマンディー地方生まれ。1870年に普仏戦争が始まり、応召。この戦争体験をもとにした中編『脂肪の塊』が、師であった文豪・フローベールに絶賛されて実質的な小説家デビュー。毒のある鋭い切っ先で書かれた多くの作品はいまなお世界で愛読されている。

『ブラックバス』

神吉拓郎

文藝春秋より刊行・文庫化

真夏の別荘で魚を釣りながら終戦を迎えた少年の鬱屈と希望

釣りを題材にした小説には、不思議と背景に〝戦争〟がくっついているものが少なくない。太宰治にならえば、「釣りには戦争がよく似合う」とでもいえようか。

神吉拓郎の第85回直木賞候補作『ブラックバス』は、戦争の暗雲の空を必死に飛び惑う1羽の小鳥を見るような、ナイーブな読後感の短編である。

1945年（昭和20）、太平洋戦争末期の真夏の別荘地が舞台。主人公は、作者の分身ともいうべき17歳の少年。書き出しはこうだ。

「夜明けからずっと、彼は湖のふちに座っていた」

その場所は三方を灌木の茂みに囲まれた狭い草地。前方には湖が広がっている。彼はサオとルアーを携えて、毎日のようにこの秘蔵ポイントへ通ってブラックバスを釣っている。この日は太陽が顔を出す前のまだ暗いうちに3尾の獲物があった。日が昇っていまは小休止。こんなときはジタバタしても始まらないと、ポケットからくしゃくしゃの手巻きの配給煙草を探り出して一服する。

未成年なのに煙草？　まあ、戦争中なので大目に見よう。

ニコチンの味は少年には辛くて不味い。しかめっ面で吐いた煙をうつろな目で追う。喫い終ると彼は立ち上がってつぶやく。

『さてと……、ここで金色のスプーンが欲しいところだが……』

金色のスプーンとは、言うまでもなくスプーン型の金色のルアーのことだ。彼はこのルアー釣りを、彼が中学生のころ、兄のように慕っていた当時大学生の叔父に教わった。その尊敬する叔父から、夜がまだ完全に明けきらないうちは銀のスプーンが効果的で、太陽が上がってすっかり昼間になったら金色が一番だと教えられていたのだ。

その若い叔父はいま、恋人を残してアジアのどこか遠い戦地で消息不明。

少年の東京の家は3カ月前の空襲で焼け、彼は祖父の別荘があるこの地に疎開中の身である。3ヵ月前の空襲とは、その年の5月25日のことだろう。東京の空襲はそれまでたびたび行なわれたが、その日はいままで標的にされていなかった〝山の手〟に500機近くのB29が飛来、被害家屋約22万戸という同年3月10日の東京大空襲に次ぐ大規模なものだった。作者の神吉拓郎は当時麻布に住み、父は著名な英文学者であった。

銀色から金色のスプーンに取り替えて再び釣り始めようとしたそのとき、突然、背後の茂みから1人の少年が顔を出す。ひょろ長い背丈と細面の顔、そして大きな目。同級生の〝キリン〟だった。

キリンは、ゲートルの巻き跡がはっきりついた紺のサージのズボンをはいていた。〝紺サージ〟は、当時一般的だった紺色の学生服を意味し、足もとにゲートルの巻き跡がついていたということは、勤労動員による〝戦争のニオイ〟を生々しく振りまいている少年ということだ。

釣りあげられたブラックバスを見て、キリンも魚を釣りたいという。

彼は『いいよ』と言って、「軽く竿を鳴らして、スプーンを二十メートルほど先の水へ振りこ」み、サオをキリンに渡す。彼の指導のもとにキリンはリールを巻くが、勢い余ってスプーンが六角ザオの先の金具にぶつかり、「かちかちと音をたてて銀のまぶしい光をふりまいた」

この〝銀のまぶしい光〟という描写に、少年たちの一瞬の夏の危ういキラメキが感じ取れる。

そしてキリンは何気なく言う。

『いよいよ負けたらしいよ。降伏することになりそうだ』

利き手の指2本、根元からなかった

彼は水面からの反射光を顔に浴びてしばらく眩しそうに水を見ていたが、やがてうなずいて、『そう』と短く答え、『やっぱりそうなったんだね』と続けるのだった。

彼が、敗戦を覚悟した一瞬だ。

2人は、ころ合いをみて別荘へ帰る。そして別荘番の長谷川夫婦とともに4人で電蓄を囲み

〝天皇のお言葉〟を聞く。日々の新聞の情報から薄々わかっていたことではあるが、無念の思いはそれぞれの心の中にわだかまる。その沈黙から逃げるように彼は台所に立ち、ブラックバスの腹を裂いて料理に取りかかる。ちょっと長いがこの場面を引用しよう。


「彼は魚に丹念に粉をまぶして行った。油は鍋で静かに音をたてはじめていた。人の気配を感じてふりむくと、キリンが立って、彼の手の動きを見ていた。そして、ちょっとばつの悪そうな笑顔を見せると、

『料理もうまいんだね』

といった。

　魚は油に入れると鍋いっぱいになり、尾の先が鍋のふちにかかった。

『火が少し弱くないの?』

とキリンがいった。

『とろ火でね、長い時間かけて揚げるんだ。それがコツなんだよ』

二人は黙って鍋の中の魚を長いこと見つめていた」


　なんの変哲もない描写だが、戦争という非日常の鎖を突然解かれた2人の少年の、これから何をすべきかがまだはっきりとわかりかねている、うれしいような、むず痒いような心象風景が伝わってくる。

　ブラックバス丸ごと1尾を唐揚げにしたランチに一区切りついて、キリンが問う。

『ずっと釣をしてたの?』

彼は答える。

『そうだよ。ほかにすることもないし……。あすこはいい場所だろ?』

そして続ける。

『あすこはね、ずっと秘密の場所になってるんだ。この湖に初めてブラックバスを入れた人が、ウチのじいさんの友だちでね。その人がウチのじいさんや友達連中にみんな別荘をつくらせて、このへんを別荘村みたいにしたんだよ。その中にホールデンさんっていうイギリス人がいて、その人があすこをティー・テーブルって名付けたそうなんだ――』

さらに続ける。

『今じゃ、あの場所を知っているのは、五人くらいしかいないんだ』

そしてさらに続けて寂しそうに言う。

『そのうちで釣をしているのは僕だけだよ』

彼はなぜ、たった1人で、こんな場所で、優雅に釣りをしているのか? キリンをはじめとした同級生たちが汗水たらして勤労動員で働いているその非常時の真っ最中に――。

この疑問は、この後すぐに解き明かされる。

ランチの後の昼寝から覚めた彼が、外の道へ出てテニスコートまで歩いていったときだ。そのテニスコートはいまや、戦時中の食糧不足を補うための野菜畑に変わっていた。残された柵に腰を掛け、脚をぶらぶらさせて畑を見ていた彼は、「陽ざしのなかにゆっくり右手をあげ、目の前で開いてみた」

それは奇妙な眺めだった。
「食指と中指が根元からなかった」のだ！

作者は戦時中、バス釣りを体験したのか？

実はまだ夏になる前のある日、彼は動員先の工場で、プレスの恐ろしい力によって右手の指2本をもぎ取られていた。そのあたりの記述は、この本に収められた『目の体操』と題された短編に詳しい。軍国少年であったころの神吉拓郎の話なのだが、戦時中の〝工場動員〟のことが出てくる。

工場では機銃の弾丸を帯状につなぐ挿弾子という部品をつくっていた。それは、弾丸5発とか10発を一度に装てんできるもので、1発ずつ詰める手間を省く部品である。つくるのは簡単で、鋼板から打ち抜いてプレスで曲げ加工をするだけである。単純作業ではあるが、プレスのとき、手を引くのが一瞬でも遅れると大事故につながる。

「私たちの仲間の何人かは、それで指を失っている」

とそこには書いてある。

実際の神吉拓郎は、視力が足りなくて海軍兵学校志望をやむなく断念した。小説『ブラックバス』の少年は、利き手の2本の指を失うという大怪我で兵学校への夢を絶たれ、その心身の傷をいやすために東京を離れて別荘にこもり、ブラックバス釣りに明け暮れていたのである。

その別荘地は、箱根に違いない。主人公の少年がルアーを振りこんだ湖は、もちろん芦ノ湖である。

芦ノ湖は1925年（大正14）、実業家・赤星鉄馬がブラックバスをアメリカから移入して日本で最初に放流した湖である。神吉拓郎は『ブラックバス』の中でこう記している。

「この湖のブラックバスは、緑と金の入り混じった濃厚な色をしている。顔つきもどこか湖の他の魚たちと違っている。彼らはそう遠くない昔に、アメリカから運ばれて来てこの湖に放され、持ち前の根強さで段々と増えて来たのだった」と。

果たして作者・神吉拓郎は当時、この主人公の少年と同じように、実際に芦ノ湖でバスフィッシングを経験したのだろうか――。神吉の父は帝大（現東京大学）教授でもあった。赤星鉄馬が芦ノ湖にブラックバスを放した理由の1つに、帝大の水産研究所が芦ノ湖にあった関係からという説がある。帝大繋がりで、何らかの縁があったやもしれぬと想像しても許されるだろうか。

さて物語は、彼がその夜、フランク・シナトラの「アイル・ネヴァー・スマイル・アゲイン」のレコードを聴きながら、キリンが持参してきた彼の恋人・とも子からの手紙を読み、彼女へ長電話を掛けるところで終わる。

このスイートなアメリカのナンバーを、遠慮のない音量で聴けるというそのことで、17歳の彼は戦争が終わったことを心底実感するのだった。珠玉の〝終戦文学〟である。

神吉拓郎（1928〜1994）
東京生まれ。父は英文学者の神吉三郎。短編集『ブラックバス』が1981年下半期の第85回直木賞最終候補作。ほかに、『たべもの芳名録』（第1回グルメ文学賞）、『洋食セーヌ軒』など。多くの短編を残し、いずれもスマートな文体で味わい深い。

『突堤にて』

梅崎春生

講談社文芸文庫『中村光夫編　私小説名作選』上巻に所収

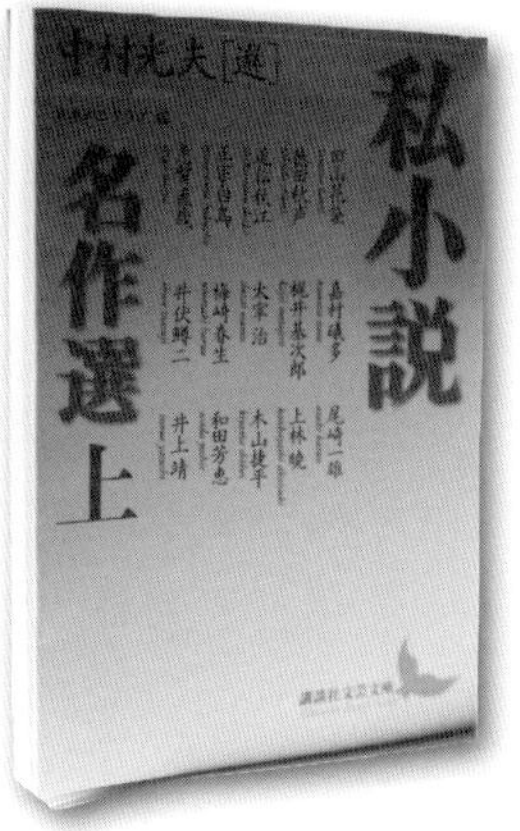

堤防釣り場に集う常連たちの悲喜憤慨のエピソード集

梅崎春生は昭和29年発表の『ボロ家の春秋』で第32回直木賞を受賞。その物語の主人公が電車の中でスリを目撃する場面がある。主人公は居眠りを装いながら、薄目を開けてスリの不自然な指の動きを注視。が、敵もさるものでその指はポケットの表面を〝小当たり〟するのみで、なかなか〝本儀〟に及ばない。

その主人公のドキドキ感を、彼は次のように書いている。

「それはちょいと魚釣りの気分に似ていました。もう掛かるか、もう掛かるかと、そわそわしながら観察していますと、その手がとたんにグニャリと平たくなって、するするとポケットに忍び込んだ。次の瞬間、人差し指と中指にはさまれて、革の財布が無雑作に引き出されて来たのです」

釣りを趣味とした梅崎春生ならではの表現である。手がポケットに忍び込んだ瞬間は、まさにウキが水中に消し込んだ瞬間だろう。ヒラメ釣りでいえば〝小アタリ〟という長い前アタリの間合いが過ぎてエサのイワシを飲み込んだ瞬間であり、イシダイ釣りでいえば小刻みに揺れるサオが大きく弧を描いて本アタリに至ったその時と同じ心境であろう。そして財布が引き出されてきた時は、魚が水面に姿を現わしたまさにその歓喜の瞬間である。

この直木賞小説を書いたのと同じ年の同じ月に、彼は『突堤にて』という釣りを題材にした短編を発表。『ボロ家の春秋』と同じ系統の『全編にとぼけたおかしみが漂って』おり、しかし「ボーッとしているわりには突然鋭いことを口走る」（中野翠　ちくま日本文学全集『梅崎春生』解説文より）というような作品である。

物語の舞台は太平洋戦争初期の、とある防波堤。主人公の「僕」は病気療養中の身で、その防波堤に毎日魚釣りに通っていた。

防波堤の長さは3町（約330m）ほど。突端は海面よりはるかに高いが、その途中は戦争が始まって資材不足のため未完成のままで、満潮時には冠水してしまう。なので、引潮時をねらって往復するが、夏は海水浴気分で胸まで浸かりながら強引に渡る。その際に、サオなどの釣り道具は胸の上にささげ持ち、藻が生えてヌルヌル滑る釣り場への道をせっせと通うのである。そして、堤防の突端部分にあぐらをかいて釣りイトを垂らす。

この「戦争中でもここだけは隔絶された静かな場所」に、三々五々集まる釣り人たちのエピソード集である。

常連たちは、世間の貌を岸に置き忘れてきた連中であり、職業や身分の序列はない。上下の序列はあくまで「釣魚術の上手下手」で自然に決まる。これはいまの釣り人の世界も同様だ。どんな車に乗っていようと、あるいは身なりは貧しかろうと、より大きい魚をより多く釣りあげた者が、釣り場では最も尊敬される。

常連衆と素人衆

常連たちは一様に排他的であり、主人公の「僕」がこの突堤で釣りを始めたころはほとんど口をきいてくれなかった。が、ほぼ1ヵ月後、「メバルの大型のがつづけざまに僕の釣針にかかってきた」ときから、何となく仲間入りを許される。

ここで作者は言う。「思うに彼らの排他的気分というものは、つまりこのような微妙な優越感に過ぎないのだ」と。その証拠に、日曜日などの休日にやってくる家族連れなどを、あまり釣りの技量は違わないのに素人衆と呼んでさげすんでさえいる。では、〝常連衆〟と〝素人衆〟の決定的な違いは何か？　ここで作家は突然、スルドイことを口走る。

「日曜日の客たちは常連と違って、ここに来てもひとしく世間の貌で押し通そうとする」

筆者は堤防釣りに長く通っているが、未だここまでの〝悟り〟を開くことはない。作家のちょっと斜に構えてはいるが奥の深い観察眼に、ただうなずくだけだ。

もう1つのエピソードもなかなかである。

その日、沖合に黒雲が湧き出てたちまち海一面に広がり、いまにも一雨来る気配。突堤の外海側は荒波だが内側は静かで、なぜか入れ掛かり。雨の気配に急かされながらも、魚の食いが立っているので誰も立ち去ろうとしない。

「『一雨来るね』

『暗いね』

『沖は暗いし、白帆も見えない、ね』

こんな他愛もない会話を交わしながら、暗い空の下で魚をポンポン釣りあげていたときだ。「僕」のそばで釣っていた男が、ポツンと言葉を吐く。その部分を引用する。

『もっと光を、かね』

もっと光を、というところを独逸語で言ったのだ。僕はそいつの顔を見た。そいつはそれっきり黙って、じっとウキを眺めている。

(中略)

僕はふいに『フン』と言ったような気持ちになった。

魚釣りの生活以外のものを突堤に持ちこんだこと、それに対する反発だったかも知れない。それにまた得体の知れない自己嫌悪」


〝もっと光を〟は、ドイツの詩人ゲーテの人生最後の言葉である。意味は諸説あるが、〝この暗い世の中に一条の光を!〟というゲーテらしいセリフとして伝えられている。この高潔な言葉を、冗談に偽装してこの場に投げ入れた常連がいたことに、「僕」は憤慨した。そして同時に、「Ｍｅｈｒ　Ｌｉｃｈｔ！」（ドイツ語で「もっと、光を」）の発音を聴き取り、その意味を解した自分自身に対して無性に嫌悪したのである。

梅崎春生は東京帝国大学文学部国文科に学び、卒論は「森鴎外論」だった。鴎外は5年間ドイツに留学し、代表作の1つ『舞姫』は留学時代の外国女性・エリスとの恋を描いた小説だ。国文科卒とはいえ、梅崎がドイツ語になじんでいたことは容易に想像できる。

主人公「僕」は、昭和17年当時の梅崎春生自身であることはほぼ間違いない。

梅崎は昭和15年に25歳で帝大を卒業後就職し、陸軍に召集されて17年1月に対馬重砲隊に入営。しかし、肺疾患と誤診（実病は〝気管支カタル〟だった）されて即日福岡に帰郷。そして、津屋崎療養所と自宅で療養していたと略歴にある。

この津屋崎療養所を調べてみると、現在の「北九州津屋崎病院」の前身であることがわかった。病院の沿革に「大正2年　肺結核療養施設津屋崎療養院として発足」とあるので間違いないだろう。ちなみに病院の立地について、こう書かれている。「玄海国定公園に隣接し好環境にある」と。

梅崎春生の父は陸軍の歩兵少佐であったから、彼も軍国青年であったかといえば逆である。彼は招集を恐れていたので、この無為の日々にちょっと安息を覚えたであろう。病気は元々誤診だから体は元気。そこで、心にいくばくかの後ろめたさを覚えながら、堤防釣りへ毎日隠れるような気持ちで出かけていたのであろう。

こんな彼が、〝常連衆〟という名の大衆と心の底からなじんだとは思えない。その狭い空間で、微妙な疎外感を味わっていただろう。そうであるならば、このエピソードは梅崎春生自身が頭の中で創り上げた、私小説的な創作ではなかろうかと思われる。

仲間だったはずなのに、仲間ではなかったことに気が付いたときの自己嫌悪——これが、〝もっと光を〟のエピソードの主題である。

〝日の丸オヤジ〟の哀しみ

そしてこの突堤でのエピソードの最後を飾るお騒がせキャラクターとして、『日の丸オヤジ』が登場する。どんな人物なのか？

「僕よりもあとにこの突堤の常連に加わってきた、四十がらみの色の黒い男だった。背は低かったが肩幅はひろいし、指も節くれ立ってハリや竿のさばきがあまり器用でない。工員というタイプの男だ」

突堤では、世間のように本名では呼び合う習慣はない。男は、「いつも日の丸のついた手拭い」を腰に下げたり、鉢巻にしていたのでこのあだ名がついた。

ある日、日の丸オヤジはエサを全部魚に取られ、堤防を這っていたゴカイを拾ってハリにつける。「ナミさん」と呼ばれている常連のエサ箱から逃げ出したものだったのを無断で拝借したのだ。これが発端となって2人は取っ組み合いの喧嘩になる。が、誰も止めない、干渉しない、仲裁もしない。なので、お互いに挙げた拳の収まり所がなくなって、とうとう日の丸オヤジは海の中へドボーン。

ここに至って、やっとみんなで協力して日の丸オヤジを堤防に引き上げる。このとき、先頭に立って救助に当たったのが、「可笑しなことに」喧嘩相手のナミさんだった。そうして、事件が終わると2人は漠然と仲直りし、夕方には談笑しながら防波堤から一緒に帰って行った。

このゆるすぎる喧嘩、ゆるすぎる仲直り、ゆるすぎる友情、ゆるすぎる絆こそが、この突堤の平穏を約束しているというわけである。

秋晴れのいい天気の日、突堤に見慣れない風体の3人の男が渡ってきた。制服の警官1人と私服2人だった。常連たちを前に、警官が大きな声で、誰それはいないか！と大声を出すと、日の丸オヤジがうな垂れて応じた。そして、3人に取り囲まれて突堤からのろのろと連れて行かれたのだった。理由は誰もわからない。それを詮索する者もいない。日の丸オヤジが連れ去られるとき、素知らぬ風で釣りイトを垂らす常連衆を見て私服警官が捨て台詞を吐く。

『ヘッ、この非常時の時だというのに、こいつら呑気に魚釣りなどしてやがる』

釣り人はいついかなる時も、心に深い傷を負いながら釣りイトを垂らしている――素人衆は、この常連衆の痛みを知ることはないのである。

ゆるくて、ぬるくて、軽くて、可笑しい読み物だが、梅崎春生の研ぎ澄まされた感性の棘が、読む者の人生の奥深くに突き刺さる。

梅崎春生（1915〜1965）

福岡県生まれ。生来の怠け癖のため、高校2年進級時に落第し、卒業も危うかったが帝大になんとか入学し、25歳でやっと卒業。晩年は『狂い凧』『幻化』など異色の問題作を発表。

『完訳 釣魚大全Ⅰ』
アイザック・ウォルトン

平凡社『[完訳]釣魚大全Ⅰ』飯田操/訳

釣りを軽蔑していた狩猟家が釣りのとりこに

世界の最高峰・エベレストに挑む心境で、アイザック・ウォルトンの『釣魚大全』に立ち向かった。

実は今までに何回か、この高峰にアタックを試みたのだが、正直、本文へと踏み入る前の最初のページ「敬愛する友、スタッフォード州メイドリ荘園のジョン・オーフリ様」という、徒競走でいえば〝ヨーイ・ドン!〟の〝ヨーイ〟の部分で気分が萎え、スタートからヨロヨロで、いつも中途挫折だったのである。

そうして今回、懲りずに靴箱の奥から登山靴を取り出し、靴紐を結んで、また気分が萎えてはいけないので〝ヨーイ!〟部分は読み飛ばし、本文第一章「釣り師、鷹師、狩猟家の会話」

からスタートしたのである。するとスタートダッシュがきいて、意外なほど足が弾むのであった。

この釣本は1653年、ウォルトン60歳の時に出版された。日本では4代将軍・徳川家綱の時代であり、武家社会が落ち着き、釣りが流行りはじめたころでもある。ちなみに日本最古とされる釣り専門書『何羨録《かせんろく》』はその70年後に世に出ている。

ウォルトンの『釣魚大全』は、〝釣り師〟と〝狩猟家〟と〝鷹師〟の3人の出会いから始まり、その道すがらの会話形式で話が進む。

当初、釣り師は狩猟家と鷹師の2人にさげすまれていた。たとえば狩猟家は、『陽気な狩猟家の多くが釣り人を馬鹿にし、鼻で笑うのを耳にしてきました』と言い、鷹師にいたっては『多くの思慮深くて真面目な人たちが釣り師を哀れむのを聞いたことがあります。実際、釣りはとても重苦しい、軽蔑されても仕方のない、退屈なレクリエーションですからね』とまで侮蔑している。

当時のイギリス社会では、狩猟や鷹狩に比べて、釣りは一段も二段も下の存在だったのであろう。

単なる釣り師ではなく、伝記物なども著わしていた博学のウォルトンは、ギリシヤの詩人ルキアノスやイスラエルの王ソロモン、また仏の哲学者モンテーニュの言葉やエピソードを次々に持ち出して釣りの優秀性を穏やかに訴える。

次に3人は、それぞれの趣味がいかに素晴らしい術であるかを披露するのだが、その場面でも釣り師はまだ同等以下に扱われる。釣り師が話す順番になると、狩猟家に『釣りの術とはいっても、そうたいそうなものではないに違いありません。鷹師さん、さぞ中身の薄い、水っぽい話を聞かされることになるのでしょう……』と辛辣な言葉を浴びせられるのだ。

それでも釣りをこよなく愛する純粋なる釣り師は、『他の人の術を軽んじたり、傷つけたりして自分の術である釣りの評判を高めるつもりもありません』とやんわり皮肉を込めつつ、崇高なる釣りの有用性を古今東西の事象・人物・聖書の話などをおりまぜて悠然と語って聞かせる。

すると一気に風向きが変わる。鷹師は議論に負けて文中から姿を消すが、狩猟家は釣り師の話に心酔し、あなたの弟子にしていただきたい、もっと教えを請いたいと願い、さらに『一日、二日、あなたの釣りに同行』したいと申し出るのである。

そこで釣り師は釣りの起源を語り、釣りや魚の効用を語り、釣りの哲学を川の流れのように滔々と語り聞かせる。

あまりの奥深い釣りの話に2人は時の経つのも忘れ、目的地の〝茅葺き亭〟までの5マイル（約8㎞）の道程があっという間に過ぎてしまうのだった。

そして、翌日は狩猟家の〝カワウソ狩り〟に同行し、その後は釣りで過ごすという約束で、2人はひとまず別れるのである。

自然の中に身を投げ出す幸せ感

第2章は、翌日の「カワウソとチャブの話」である。カワウソ狩りはほぼ午前中で終わり、その後は〝チャブ釣り〟となる。チャブはヨーロッパの緩やかな川などに棲むコイ科の淡水魚で、ミミズエサで簡単に釣れる。日本でいえば、フナやハヤのような大衆魚か。

釣りの啓蒙家・ウォルトンに代わって、いよいよ釣り師・ウォルトンの出番である。

弟子志願の狩猟家が、えーっ、チャブ？　釣ったって面白くもないし食ってもまずい魚でしょ、どうせならマス（トラウト）を釣りたいよ、なんて不満を示すが、釣り師は平然として、群れの中の一番大きい魚を一投で釣りあげてみせる。

そして近くの定宿へと案内し、宿のおかみに自分が指定したレシピどおりの調理法で料理してくれと注文。

うまい酒を飲みながら待っていると、すぐに料理が出来上がってくる。一口食べて狩猟家が言う。『これまで味わったことのないようないい味です』

料理にもうるさいウォルトンは、思わずニンマリ!?　感動した狩猟家が言う。『これからはあなたを先生と呼ばせていただきたいのです』と。

こうして2人は師弟の契りを結ぶのであった。

第3章からは、先のチャブに始まり、マス、サケ、コイ、パーチ、ウナギなどさまざまな魚の釣り方や料理法、そして釣りの愉悦、楽しみ方を、時に歌や詩を交えて弟子に説いてゆく。そうした解説が弟子との釣り実戦と楽しい会話で進むため、読者は臨場感たっぷりに読み進むうち、いつしか釣りに魅了されていく。

ただし、いまから遥か350年余り前の、異郷イングランドで著わされた書物の、しかも翻訳文である、時空も文明も文化も、いまの日本を生きる我々とは全く異なる時代の産物なのであるから、〝それはないだろう！〟と思わせる部分も少なからずある。そういう部分は深く考えずに素通りすれば、それなりに面白く読めるだろう。

チャブの次は、弟子が所望のマス釣りである。釣り師は、マスの生態や食性、種類などを語り、最初はミミズで釣りあげ、そしてミノウを投げるが、なんとでっかいチャブが掛かって苦笑い。いわば外道であるが、それでも先生はこの魚を丁寧に扱う。

そしてマスも数尾釣り、マスとチャブを柳の枝に通して宿へと持ち帰る。その道すがら、釣り師は釣りの楽しみは魚を釣ることだけではないことを弟子に諭す。たとえば疲れて木陰で休んでいるときに聞く小鳥たちの美しい歌声、色とりどりの野辺の草花、絶えず姿を変えて見ていて飽きることのない川の流れ、平原に遊ぶ子羊たちの屈託のない姿——こんなオープン・エアーな、自然の光景の中にいることの心が洗われるような幸せ感もまた、釣りの大きな楽しみなのだと——。

その途中、乳搾り中の母娘に行き会い、釣ったばかりのチャブを進呈する。そのとき釣り師は、わざわざこう言う。『私は決して魚を売らないことにしていますから』と。漁師と釣り人を明確に区別しているのである。釣り人であることの品性を保ち、アマチュアであることを強調しているわけである。乳搾りの母娘は、お礼に美しい歌声を披露してくれる。

ウォルトンのこういう、釣りに対する牧歌的な姿勢こそが、『釣魚大全』のスゴイところなのだ。それはたとえば、唐突な例だが、樋口一葉が『たけくらべ』で日本人に初めて〝初恋〟の酸っぱさを感覚させたのと似ている。大きな魚を数多く釣ることだけが釣りではない。魚を通じて自然と戯れ、人間と触れ合うことの愉悦を、いまから350年以上も前の釣り人に力説しているのである。

単なる釣り指南書でもなく、単なる釣り自慢の紀行本でもなく、人生にとっては一見無駄に思える釣りがレクリエーションというスポーツであり、生きる力になることを世界で初めて説いたのである。

こういう視点でこの本を読み進めば、〝そんな釣り方はありえない〟とか、〝その釣り方は他人の本の受け売りだ〟とかいう批判は全く的外れなものであることがわかる。

「スタディ・トゥ・ビー・クワイエット」

本書のさまざまな釣りシーンの中で、釣り人ならだれでも思い当たるエピソードを一つ取り上げよう。その場面はこうだ。釣り師がマスを掛け、その都度弟子がサオを置いてタモですくい取るのだが、弟子は不満である。師匠ばかりに釣れてなぜ自分に釣れないのか、きっとサオや仕掛けが悪いからだと思っているのだ。

すかさず釣り師は『では、私のをお使いなさい』と言って、自分は弟子の道具で釣り始める。すると、『ほら、また釣れましたよ』『ほら、また……』と釣り師。弟子は、〝よく釣れるサオ〟を使っても全く釣れず、結局、師匠の釣った魚をタモですくって取り込む役目ばかり。

こうして、釣りは道具や仕掛けではない、芸術という芸であり術なのであり、たゆまぬ練習と観察によってのみ習得できるものなのだと、師は無言で弟子をいさめるのである。

釣り人は魚が釣れなければ、場所が悪い、エサが悪い、サオや仕掛けが悪いと責任を転嫁しがちだ。それらも釣りの大切な要素ではあるが、もっと大切なことは技を磨き、人間を磨くことだというわけである。

こうしてさまざまな釣り方を伝授し、豊富な知識を駆使して釣り哲学を説き、釣り人生を語ってきたウォルトンが、本書で締めくくりに記しているのが次の有名な一句である。

『Study to be quiet（スタディ・トゥ・ビー・クワイエット）』

飯田操訳では『務めて静かでありなさい』

開高健は『おだやかなることを学べ』（「私の釣魚大全」あとがきより）と訳している。

――釣ったバレたと騒ぐでない。釣り人はいつも穏やかであれ――との解釈でよかろうか。

この境地にほど遠い筆者は、いまだ釣りという奥深い迷路を彷徨っている。

アイザック・ウォルトン（1593〜1683）
英国スタンフォード生まれ。結婚して6人の子を授かるが、いずれも死別。ついに47歳で愛妻とも死別。その後、釣りと執筆生活に入り、再婚後の60歳の時に本書を出版。以後、この本は版を重ね、1967年の段階で385版が出版されるという世界的大ベストセラー。

『魔味談』

佐藤垢石

つり人ノベルズ『垢石釣り紀行』に収録

7、8歳ではじめて魚を釣る

生涯で100点におよぶ作品を残している佐藤垢石は『月刊つり人』創刊の中心人物の1人でもあった。取りあげるのは、つり人ノベルズ「垢石釣り紀行」に収められている『魔味談』だが、その前に、垢石の釣り事始めから。

はじめて釣りザオを持ったのは、小学校に入学して間もないころの7、8歳というから1890年代半ば、日清戦争終結のころだろう。季節は5月。初夏の緑の陽光を全身に浴びて、母の手づくりの弁当を提げ、父親に連れられて家の近くの利根川に出かけたのだ。

若アユのエサ釣りである。

『お父さんが、お弁当を食べる間、お前が釣ってごらん』（垢石釣り随筆『父の俤』より）という父親からの言葉にサオを握りしめ、モエビの肉をハリにつけた仕掛けを瀬脇に放り込むと、「ゴッンと当たり込んだ」。夢中で川原に放り上げて跳ねまわる魚を押さえこむと、釣れたのはアユではなくハヤであった。子どもの目に、それは「一尺以上もある大物」に見えた。

釣った魚の引きの強さと複雑さに翻弄され、やみくもに取り押さえたときの興奮と感動。以来、垢石は釣りに魅せられ、とりこになり、足繁く利根川に通う。

多感な思春期は釣りどころではなく、前橋中学時代に学校長排斥のストライキを指導したかどで退学処分となる。それを機に上京し、東京の中学校に編入後、早稲田大学文学部に入学。その20歳前後のころ、再び釣りザオを手に取る。場所は相州小田原の酒匂川。

5月下旬に酒匂川の土手から何気なく水面に目をやると、若アユが跳ねながらソ上しているのが目に映った。そのとき、子どものころの父との思い出がよみがえり、矢も楯もたまらず釣具店に走る。長さ2間（約3・6ｍ）のフナザオと毛バリを買い求め、毎日のように出かけた。そして、「利根川式の鈎合わせで釣ると並んで釣っている誰よりも一番数多く私に釣れた」（同『想い出』より）。

しかし6月も半ばになると、毛バリへのアタリはピタリと止まる。サオを投げ出して川原に寝ころび、友釣り老人が、「一時間ばかりの間に、五、六尾釣りあげて宙抜きに手網で受ける」のを見て発奮。

垢石は子どものころ、利根川の激流に身を躍らせている職業アユ釣り師を岸から見ていたが、「胸のあたりまで立ち込む利根川の釣りは楽しみよりも苦しみであろう」との思いが強く、エサ釣りや毛バリ釣りだけで満足し、大河川の友釣りは意識的に避けてきた。が、成人して心身ともに成長したいまなら、自分にもやれそうだと俄然やる気になる。

まず目の前の老人に教えを乞うが、すげなく断られる。あきらめきれず、翌朝、釣具店で友釣りの仕掛け一切をつくらせ、酒匂川の飯泉橋あたりへ。まずは毛バリで5寸（約15㎝）ほどのアユを釣り、これに撞木式のハナカンを突き通してオトリとして瀬の中へ。

「師匠もない、道具も揃わない、俄仕立ての友釣り」だ。ぎこちないフォームで待つこと5分、「だしぬけに竿先が重くなると一緒に、下流へ猛烈」に引かれた。掛かったのだ。経験したことのない引きに大慌て。グズグズしていたら逃げられると考え、

「やにわに瀬のなかから牛蒡《ごぼう》抜きに掛かり鮎、囮鮎ともに宙へ抜き上げた。と、同時に右の手が無意識に働いて、麦藁のカンカン帽が頭から離れると、二尾の鮎は帽子の底に、音をたてて跳ね続けた」

タモを持っていなかったので、とっさの判断で麦藁帽子に受けたのだ。以後、垢石はアユの友釣りに引き込まれ、やがて東西南北諸国漫遊の釣り人生を送ることになる。

連日の大宴会で満州の〝魔味〟を堪能

つり人ノベルズ「垢石釣り紀行」に収録の『魔味談』は、1946年（昭和21）7月発行の『月刊つり人』創刊号から11回にわたって連載。戦後の釣り文化復活ののろしを上げる連載スタートだった。タイトルページには、垢石自身の手による次のような解説が入っている。

「昭和十九年の八月初旬、南満鉄道株式会社と満州日報社の招きにより、彼の地へ渡って十月

末帰郷するまでの旅行記である」

先の大戦の敗戦1年前に体験した約3カ月に及ぶ長期満州釣り旅行を回想し、書き上げた大紀行文である。そのとき、垢石58歳。

満州の第1歩は安東で踏んだ。安東は現在の中華人民共和国・丹東市《たんとう》で、大河・鴨緑江《おうりょくこう》を境に北朝鮮と接する街だ。

満州日報社・安東《あんどん》支社の社員に出迎えられ、いきなりホテルで酒宴となる。酒は〝白酒《ぱいちゅう》〟。中国の焼酎で、アルコール度数は50〜60度と高い。夜半まで飲み明かす。

安東から国都・新京へ。新京は、大日本帝国が威信をかけて設計・建設した当時の世界最先端の都市。ここでは満州日報と満州文芸春秋社による歓迎会が料亭で開かれる。酒も料理もおいしく、とくにドジョウのかば焼きの大皿盛りに感激。

軍人会館での昼食もご馳走だらけ。中でも、カレーライスは筆舌の味だったようで、「残念ながらひどくおいしいというよりほかに術がない」とまで書いている。諸国を釣り歩き、食べ歩いてきた垢石だが、満州の〝魔味〟に舌を巻き、「頭痛を催すほど、満腹した」という。

さらにその午後のお茶の時間にはウイスキー、夜には鶏料理屋でまたもや歓迎会で、水炊きは大鍋に、鳥の天ぷらは大皿に満載。もちろん、「日本酒も、麦酒も、ウイスキーも、白酒も飲み放題」

敗戦のほぼ1年前だが、日本本土の疲弊に比べ、満州は物資・食材が有り余るほどだったようだ。こんな竜宮城のような世界に迷い込んだ垢石先生は、果たしてその魔境から脱け出すことができるのか。満州国の未開の深山に分け入り、念願の大魚との格闘を果たすことができるのか――。

大興安嶺の河で、60㎝超の大魚と格闘

新京を発ったのは8月20日。東京を出発してすでに10日以上経過。東満州の哈爾浜に着き、さらに北満州を目指す。いくつかの駅を通り過ぎ、停車したある駅の近くに「清い渓流」があり、そこに渓流釣りの姿を認める。そして、次のように書く。

「満州へ入って以来、一度も竿を握ってみない私に、この風景は釣意を唆してやまない」と。やっとヤル気になってきたようだ。

汽車は車輪を軋ませて山を越え、広大な田畑地帯を抜け、密林を走破し、渓を渡り、高山を仰ぎ、「虎の棲む老爺嶺《ろうやれい》山脈」を越え、牡丹江《ぼたんこう》駅で満州の、あの悲壮な軍歌に歌われた凄烈な〝♪赤い夕陽〟を目撃。

満州のけた外れの大きさと豊饒さに身も心も奪われ、垢石の筆は釣り場までなかなかたどり着けない。だがしかし8月22日、渤海国の首都・東京城へ至り、垢石は釣具屋をのぞいて「三間ばかりの延べ竿を、3、4本買った」のである。いよいよ、満州での釣りが始まる。

釣り場は、「東満州における魚の桃源郷」といわれる鏡泊湖《ちんぽーこ》。「日本では見られないほど大物の淡水魚が泳いでいる」というから、期待は大きい。

昼過ぎ、サオを持って湖畔に立つ。案内役は、満鉄の牡丹江鉄道局の釣り名手。名も知らぬ魚類が無数に棲み、アムールイトウや満州紅鱒などもいて、「大きいものは一丈二、三尺に達す

る」から、仕掛けだけは丈夫なものをと教えられる。一丈は10尺、つまり約3mだ。万事が大袈裟な中国流と眉に唾しても、それでも巨大すぎる。「三間ばかりの延べ竿」で歯が立つはずがあろうか。

まず、エサとなるモロコや小ブナなどを釣り、湖から流れ出る牡丹江へ。白魚を1尾釣ると入れ食い状態に。やがて夕暮れが近づき、垢石は毛バリを瀬の真ん中へ投入。すると。「がばという響きが起こったが、そのままなんの手応えもない」。魚がかかった瞬間に、ハリスとミチイトの結び目を切られたのだ。

同行の釣り人もミチイトもろとも引きちぎられ、「凄え奴が、いるらしいのう」と驚嘆。新しい仕掛けに取り替えた垢石が、再び毛バリを打ち込んでひと流しすると、いきなり食いつく。これを合図にまた入れ食い。しかし、いくら釣れても、1丈どころか、尺5寸程度。話が違う。

黄昏が濃くなって帰り支度。魚籠には全員の釣果3、4貫目があった。1貫3・75kgだから、15kgほどか。まあ、数が釣れたので満足としよう。

翌日、鏡泊湖一帯を散々釣り歩くが、大物にはお目にかかれない。そこで牡丹江市に帰って鋭気を養い、ヒョウや満州黒クマの棲む大老爺嶺で満州紅鱒に挑むことに。しかしここも、魚はすこぶる濃いが小物ばかりで、1貫目(3・75kg)以上の超大物は姿を現わさない。

そこで今度は、大興安嶺《だいこうあんれい》の〝満州銀鱒〟、すなわちアムールイトウ、つまりタイメンに的を絞る。哈爾浜で休養をとり、9月1日に大興安嶺に向けて出発。北満州の9月はすでに秋が深く、日本の11月ごろの気配。

一行は貨物列車で出発。登山列車のような急峻な鉄路。やがて野原に出て、徐行運転になり、

『飛び降りろ！』の合図で全員が下車。公器である汽車を勝手に停めるわけにはいかないので、

徐行して飛び降りるよう決めてあったのだ。

数町（400~500m）で相模川ほどの川幅の川へ出た。水は清麗にして激しく、「私の釣意は、勃然として動き出した」と垢石。欣喜雀躍して「熊の毛で作った」毛バリを急流にたたき込む。釣れたのは、1尺5、6寸の満州紅鱒。やはり、もの足りない。

下流に場所を変え、瀬脇の深場へ。今度は毛バリではなく、タイメンには〝野ネズミ〟がエサだと考えて探し回るが、簡単に発見できるものではない。野ネズミはあきらめて、イナゴとコオロギで代用して振り込む。

わずかなアタリを見逃さず、合わせた。ハリ掛かりした。魚は、ありったけの力で底へ、底へと「大きな重い石でも引っ掛けたような愚直の引き方で」抵抗。2間半のサオに、長さ3間弱のミチイト。

「竿先が水中に引き込まれ、果ては竿が延びきってしまえば、それから先の運命は分かっている。糸が切れるか、竿が折れるかである」

運命を神にゆだね、「無念無想の姿となって」見えない相手とやりとりをする。やがて、魚のほうが力尽きた。小石の河原へ引き上げた。「二尺に余る」魚ではあったが、満州銀鱒ではなかった。またもや紅鱒だった。しかし、60㎝を超えるマスを4・5mほどの当時のサオで手にしたとは、まさに神がかりの技だ。

ちなみに、現代本流釣りの先駆者である故細山長司さんが、秋田県米代川で釣り上げた65㎝

／3・5kgのサクラマスは、8・3mのサオに、1・2号のナイロンイト仕掛けであり、取り込みに30数分を要した。

開拓農民たちの夢

昭和19年。7月7日サイパン島陥落、8月11日グアム島陥落…。日本軍の敗走が本格化したこの時期に満州に入った釣り人佐藤垢石は、秋深い9月初めの大興安嶺山中の雅魯河《ちょろる》で、激闘の末に60cmを超える満州紅鱒を河原に引きずり上げた。

しかし、不満足だった。垢石がねらうのは、満州鮪とも呼ばれる満州銀鱒、すなわちアムールイトウ、つまりタイメンであった。それも1mをゆうに超える巨大なやつでなければ、お国を何百里も離れたこの地に分け入ってきた意味はない。

河原で昼食の握り飯を食べ終えて、垢石は先ほどの紅鱒との激闘の余韻を冷ますように草原へ歩き出た。途中、刈草を干している男に出遭った。ゲートルに地下足袋姿、日本人のようだ。『今日は――いいお天気ですね』

声をかけると、怪訝な顔で見返す。『ご精が出ますね』と再び言うと、『お前さま、誰だい』とじろじろ見る。『私は、東京から釣りにきたのですよ』と答えると、褐色に日焼けした顔がゆるんだ。

草原に腰を下ろしてその男の心持ちを聞く。垢石は釣り人であると同時にジャーナリストであり、文筆家だ。〝満州開拓〟という、冒険的で過酷な生き方を敢えて選んだ日本人に対する興味を抑えきれないのである。

男は今春、岩手県から10家族ほどで集団入植したばかり。満州政府から与えられた1戸あたり十町歩（約10万㎡＝東京ドームの約2倍）の土地を開拓して耕作すると5年後に無償で払い下げられるので、一生懸命働いているとのこと。米・麦・高粱などの主食と、馬・牛・豚・羊などの牧畜を2つの柱に、野菜を育て、木綿や麻も植えて衣服にも不自由しない自給自足生産システムを築き、「三年間も稼げば一戸当たり五万円ほどの貯金ができる。おれたちは、それを楽しみに遠い将来をゆめみている」と語り、さらに次のように続ける。

「この北満の広野には人っ子一人いない。原住民の蒙古人や満州人の顔を見ることさえ、稀だ。遠くの方を、汽車が煙を吐いて走る。ただ、それだけだ。十個の茅屋（筆者注＝あばら家）のほかには山、川、草、木、鳥、獣が地上にあるだけである。しかし、おれたちは寂しくない。遠い極楽の日が待っている。子孫の繁栄が待っている。働かねばならぬ。大いに働こう」と――。

垢石はいたく感激し、「農人に幸あってくれ」と心に祈りながら再び河原に戻るのだった。それからほぼ1年後、敗戦のどさくさで満州の大地になだれ込んできたロシア軍により、堅実素朴な開拓民たちのささやかな夢や希望や理想が虫けらのごとく蹂躙されたたことは容易に想像できる。戦後の日本でこの筆を執る垢石の無念は、いかばかりであったろうか。

「夏炉冬扇」の境地を開く

釣り人・佐藤垢石の〝満州の夢〟はまだ達成されていない。垢石たち一行は、いったん新京まで帰って捲土重来《けんどちょうらい》を期す。この新京滞在中に、垢石は釣りの講演を依頼される。講演の主旨は次のようであった。

「釣りは誰でも最初は道楽から入るものであるけれど、人は老いてくるほど、その人に風格が生まれてくるのと同じように、釣り姿にも一種の格が生まれてくるものである」と。そして続ける。

「つまりこれは、松尾芭蕉がいった。／わが風雅（筆者注＝俳句）は、夏炉冬扇の如し。衆にさかひて、もちふるところなし」

夏炉冬扇《かろとうせん》――夏の囲炉裏、冬の扇（扇子、団扇）のように、時期はずれで役に立たないもののたとえ――しかし、この四文字熟語には「時期がくれば、いつか必要になるかもしれない」との意味合いもある。垢石は続けて、聴衆に次のように語った。

「釣穫の多きを望み、並ぶ釣り人を妬み、狭量に陥り、わが腕を誇り、用具に豪奢を極むるなど、これおよそ釣道の亡者である」

筆者を含め、釣り人の多くは、垢石からみれば〝釣道の亡者〟であろう。さらに語る。

「人の多くを釣ったのをみて心騒ぐは、己の努力と工夫と辛抱とを忘れている証拠である。人生も釣りも、ひたすら己の勉強によって風格が生まれきたるものであると思う」

頂を極めた者を支えている膨大な裾野こそが、〝風格〟ということだろうか。裾野の広さ・分厚さ・峻険さ・穏やかさが、山容をつくる。〝裾野〟を鍛えることで、風格は自然に生まれてくるのである。

1mを超える魚に遭遇

「九月九日午前八時、新京発撫順に向かう。秋空高く、麗らかである」

最後の大勝負の地、大興安嶺の帰流川を目指して出発。途中、奉天駅で降りて買い物中に〝空襲警報〟が鳴る。垢石は、「重い背負袋を背中にして、狼狽して走り回った」が、幸いにしてB29の襲撃はなく、無事に撫順へ到着。このころすでに、米軍による空襲が満州にまで及んでいたようである。

撫順では、満州騎兵第二団に所属する少壮の軍人・巽少佐の世話を受ける。

翌、朝食後、一行4人は帰流川の岸辺に立った。

釣り場を探して歩いていると、深い草原の中から騎兵隊の土煙が近づいてきた。匪賊の襲来かと肝を冷やすが、巽少佐の意を受けた蒙古人の軍人10人ほどで、命令により「あなた方の餌捕り」にきたとのこと。彼らは馬を降り、草原に散ってエサのイナゴを捕ってくれたばかりか、ポイントまで案内してくれ、そのうえ護衛まで引き受けてくれた。至れり尽くせりだ。

しかし1日目は不調であった。垢石は満州紅鱒の尺5〜6寸が最大。ほかも似たり寄ったりだったので早くに引きあげた。

その夜のことだ。川に居残って、リールザオにドジョウエサで日暮れまで粘っていた一行の1人が、1mを超えるタイメン＝満州銀鱒を釣って帰ってきた。垢石はその大きさに驚き、その口を開いてさらに驚く。細かく鋭い歯が舌に何十本もはえていたのだ。「私は、これまでいろいろの魚の口を見たけれど、舌に歯が生えているのはこれがはじめてである」と。

しかし巽少佐は、「これはまだ大物の部に入っていない、中物の部」であると言い、さらなる奮起を促す。たとえ大物がハリに掛かったとして、この獰猛狡猾な渓流の王者に対して、果たして太刀打ちできるのか、垢石は身震いするような興奮を覚えるのだった。

長さ4尺、重さ7～8貫目の大魚との死闘

決戦の時はきた。

ポイントは大淵の落ち込み。垢石のサオは三間（約5・5m）の剛竿。あらかじめ釣っておいたアブラハヤをハリにつけ、流れに振り込んで中層を斜め手前に向かって泳がせた。いきなり、「ごつごつがつがつという魚のあたりを掌に聞いた」。合わせた。引っ掛かった。グイグイ深みへ走る。剛竿が満月にしなる。耐える。魚も水底でこらえる。そのようすを、垢石は次のように表現する。

「あたかも大関相撲が土俵の真ん中で四つに組み、まさに水が入ろうとする直前の呼吸に似た兼合である」

がっぷり四つの相手に対して、垢石はチョンチョンとサオをあおって仕掛けると、それに反

応して魚が泳ぎはじめた。剛竿と太イトにものをいわせて強引にこれを草むらに引きずり上げた。2尺強。紅鱒だった。銀鱒ではなかった。煙草を一服つけ、再び土俵に上がる。今度はドジョウエサだ。ガクンときた。同時に、垢石は水際に尻もちをついた。「本テグス一分二厘二本撚りの鉤素」がプッンと切れていた。

落胆はしない。それどころか、闘志がもりもり湧いてきた。

今度は、ハリスをミチイトと同じ太さに付け替え、さらに親バリから2寸（約6㎝）の距離に孫バリをつけた。この盤石な仕掛けにドジョウをつけて、みたび土俵に上がった。

「糸を振り込んで、ふた引き、三引きすると静かな柔らかいあたりを感じた」

大きく鋭く合わせた。深く重い手応え。「水底の岩でも釣ったような感じである。そっと竿先で、相手の動静をきいてみた。しかし、相手は距然《きょぜん》として微動だもせぬ」

魚か岩か、沈んだ流木に根掛かりか——。思案の挙句、サオ先を激しくあおると、それはのそりと動きはじめた。垢石は、それまでの生涯で最強の魚と遭遇したことを確信した。

魚の動きに合わせてゆっくりとサオを立て、ミチイトが垂直に立ったその瞬間、底知れぬ力が垢石を襲った。「人を甘く見たような」容赦のない力が、底へ底へとサオもろとも身体を引きずり込んでいく。サオ先はすでに水面まで引き込まれている。もうひとっ走りされたら、「竿も糸も、持ち去られてしまうであろう」というとき、垢石は禅語を念じて不動・無心の境地へと自らを導いて、この背水の現実に耐える。どれくらいの時間が過ぎたのか。

やがて、徐々に相手の力が弱まってきた。引いては走らせを繰り返し、用心深く岸辺へと寄せる。漆黒の巨体の背中が水面に現われた。ここで、強引に引きずり上げようとすれば、「巨体のひと跳ねで糸は切れてしまう」

『おおい、急いで来てくれ』と垢石は連れを呼んだ。そして叫ぶ。『早く君、魚に抱きついてくれ給え』

服を着たまま、彼は魚の背中に跳びついた。そして、怪力で岸の砂地へ跳ねあげた。「長さ四尺（120㎝）余り、重さ七、八貫目（30kg）もあろう」という、巨大な満州銀鱒だった。

垢石は秋深い満州の空に万歳を叫んだ。

その後垢石は、各地の都市で〝祝宴〟に招かれ、10月15日に満州の地を離れる。そして日本海沿岸の朝鮮・羅津《らじん》の港から新潟行きの船に乗ったのは、同月21日であった。

「汽笛の音、哀愁を誘う」と記された短い文に、去りがたき惜情と日本への望郷の念がにじんでいる。

佐藤垢石（1888〜1956）
群馬県の利根川近くに生まれる。早稲田大学中退後、報知新聞社入社。昭和2年退社して文筆に専念。戦後、昭和21年7月創刊の『月刊つり人』初代編集長就任。釣り、食、酒を愛し、戦時中に発行の『たぬき汁』はベストセラーとなった。

『川釣り』井伏鱒二

岩波新書で昭和27年初版発行。後に文庫化

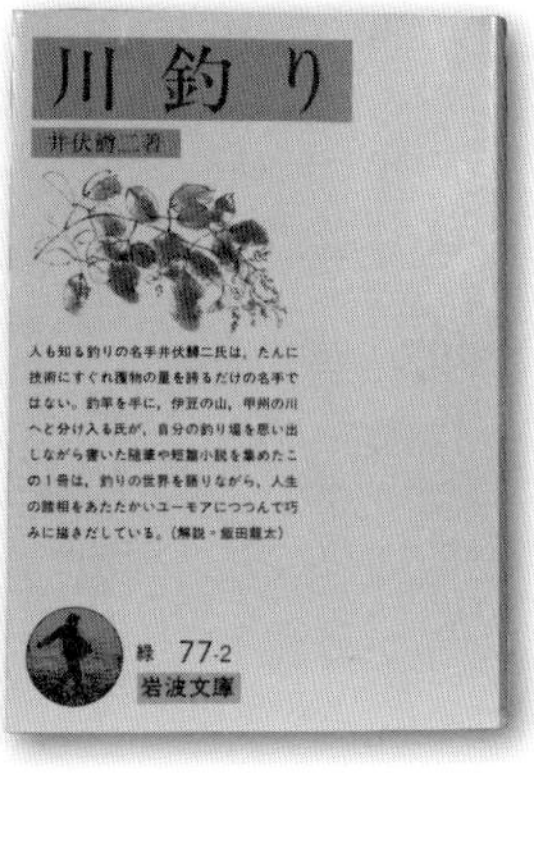

垢石老にアユ釣りを伝授される

井伏鱒二の釣り短編集『川釣り』は昭和27年6月、岩波新書の1冊として刊行され、55年9月に文庫化された。これまで書いてきた「釣りに関する随筆や感想や紀行文など」を集めたものだ。

「私は釣りが好きだが釣りの技術には拙劣である」

井伏センセイはこの本の〝まえがき〟で、このように読者の皆さんにご自分の釣り技術をご謙遜されている。もちろん読者だって、釣りが上手くなりたいがためにこの本を手に取るわけではない。また井伏センセイも、そんなことは百も承知である。では何のためにわざわざ書いたのか、読者は何を得るのか——。

巻頭は『渓流』と題された詩である。

「今日はさっぱり釣れない。／おとりの鮎も／一ぴき曳きころし／一ぴきは逃がした」

アユの友釣りである。いきなり悲惨である。早々に、2尾のオトリを台無しにしてしまったようだ。こんな日は、さっさと家に帰って不貞寝するのかと思いきや、センセイは次のように根性を見せる。

「でも釣りたい。／糸のさきに／石ころをむすびつけ／こうして釣る真似をする」のである。すると、「ごつごつ　ごろごろ／まさに手応えがある」

オトリの代わりに石ころを結び付けて瀬を曳くと、川底の石に当たってゴッゴッと手ごたえがあり、ときに大きな石の間にはさまってゴッンと、まさにアユが掛かったような〝アタリ〟さえ感じられるというのである。〝拙劣〟な釣り技術から生まれた釣り場でのひとり遊びといえようか。しかし、単なる遊びでは終わらないのが、巨匠の遊びである。この詩は次のように結ばれる。

「カワセミのやつ／羨《うらや》ましそうに見ているぞ」

意表を突く結末である。釣れない腹いせに、石ころをオトリ代わりにして遊んでいる風をよそおって、実は川辺の灌木の枝から眼光鋭く魚をねらうカワセミに〝喧嘩〟を売っているのである。このカワセミを、息せき働く人間、あるいは1尾でも多く釣ろうと目の色を変えている周りの釣り人に置き換えると、センセイの標的がよりはっきりする。こうした子どものような負け惜しみ、ユーモアに富んだ反骨精神が全編に流れている。

巻頭詩の次が、紀行随筆『釣魚記』である。「釣りについて私の初めて書いた文章」（〝まえがき〟より）である。求められるままに書いてきた釣りに関する数多くの作品の中で、記念すべき初編とのことである。内容から推察するに、太平洋戦争開戦前夜の昭和15年のことが書かれている。

この年、井伏鱒二42歳。『ジョン万次郎漂流記』で直木賞を受賞して2年後であり、また佐藤垢石からアユの友釣りの手ほどきを受けてからもやはり2年ほど後である。さらにいえば、太宰治と石原美知子との結婚の間を取り持ってから1年あまり後である。作家として長年の雌伏生活から脱却し、確たる地歩を築き始めた時期だ。

この最初の1行目に、「釣りの好きな人は案外せっかちで好色だ」との林房雄の戯言を取り上げている。そして、「そういう濡れ衣を着せられても私は釣りがきらいだとはいいきれない」と釣り好きを自認。

なぜ、それほどまで釣りにハマったのか？　釣りの師・佐藤垢石とともに富士川の身延の川下にアユ釣りに行って9寸のアユを数尾釣りあげ、それで「私は他愛なく釣り好きになってしまった」のである。9寸といえば、27㎝あまり。

富士川は近年まで東日本屈指の大アユ河川であった。当時の流れの勢いのすさまじさは現在の比ではなく、この川底から尺に近い大アユを寄せるのは並大抵のことではない。引きの強烈さ、スリル、タモに取り込んだ時の魚体の太さ。その驚きは、それまでに井伏鱒二が経験していたハヤやフナ釣りとはまったく別の釣りであったであろう。「他愛なく」という、はにかんだような一言に何の思慮分別もなくとりこになったという興奮を読み取れる。

佐藤垢石に関しては先に『魔味談』を取り上げているが、井伏鱒二は師に釣り方だけではなく、釣りの真髄を学ぶ。それは、「釣竿を持つには、先ず邪念があってはいけない。自分は山川草木の一部分であれと念じなくてはいけない」というものだ。釣ってやろうなどという邪心を棄て、自然に溶け込んで純粋な心で釣れという戒めである。

河津川で太宰、亀井らと九死に一生

富士川でアユ釣りに痺れてから、センセイはたびたびで釣り場に通う。お気に入りは、伊豆の河津川。富士川に比べれば川の規模は小さく、釣れるアユもお手頃。谷津温泉・南豆荘に泊まり込み、「朝早くラジオ体操の放送をききながら釣」ったこともある。この「ラジオ体操」という夏の朝の日常のリズムを川面に響かせることで、社会から逃れて早朝から自然の中に没入している釣り人のうしろめたさや負い目のようなものを、さりげなくにじませている。作家の感性がなせる技だ。

そして〝事件〟が起きる。昭和15年7月12日、折からの豪雨のためにアユ釣りで投宿していた南豆荘が水害に遭ったのだ。

井伏は当時、伊豆・熱川温泉で開かれた同郷の劇作家・小山祐士の出版記念の集いに参加した後、河津川でアユ釣りのために南豆荘に逗留中だった。お伴は、文芸評論家であり阿佐ヶ谷将棋会などでも親密であった亀井勝一郎。亀井はもちろん、釣りもする。

そしてもう1人、ある文士夫婦が泊まっていた。河津川上流の湯ケ野温泉・福田家にこもって『東京八景』を上梓したばかりの太宰治が、妻の美知子とともに合流していたのである。余談だが、「福田家」は川端康成の19歳の時からの定宿である。

さて、水害時のようすを井伏はこう書いている。

「夜一時ごろ寝て、間もなく『水だ水だ。』と叫ぶ声で目をさました。電気はまだついていた。とび起きると畳はもう水に浮いていて、私の踏んだ畳は他の浮いている畳の下に滑り込んだ。廊下にとび出すと、無我夢中で二階に駆けあがった」

そのとき亀井勝一郎は、「宿の人が積み上げた蒲団の上に泰然として腰をかけていた」。そして太宰はといえば、『驚くですね、驚くですね』といいながら鞄を抱えて二階にあがって来た。彼はこんな場合に見苦しい死にかたをしてはいけないと呟いていた。

水は渦を巻き、増える一方である。脱出か、籠城か――。夜明けが待ち切れず、泊まり客や従業員が細びき（脱出用の細い縄）につながって階下へおりて、「窓の雨戸をあけると、いきなり滝のように外の水が流れ込んだ。私は素早く戸をしめた。おかみさんが手を広げて『みなさん、諦《あきら》めましょう』と絶望の声を出した」

出口なしの絶体絶命。3人の文士は、まだここで死ぬわけにはいかぬ。井伏には『黒い雨』を書き上げる大仕事が残っており、亀井には『大和古寺風物誌』や『愛の無常について』が、また太宰には『斜陽』や『人間失格』という傑作を世に出す仕事がある――。

やがて夜明けとともに水はしだいに減り、3人の文士は九死に一生を得る。その水が引いていく様子を、巨匠のペンは次のように写す。

「崩れた土塀の根の紫陽花《あじさい》が水面に花をもたげて揺れていた。それがしらじら明けの薄ら明かりのなかに、ぽっかり白く見えていた」

釣りの技に比して、ペン先は冴え冴えととぎすまされている。

その洪水で井伏は「魚籠《びく》や釣竿やズボンや靴」を流してしまう。翌日、河津川のアユ釣り名手〝カワセミのおやじ〟が川端で川を眺めて言う。『もう十五日も待てば、相当でっかいのが釣れるぞ』と。それを受けて、「私は今度また出直してくるといって引き上げてきた」懲りていないのである。下手の横好きと揶揄されようが、井伏センセイはサオを担いで電車やバスを乗り継ぎ、荻窪の自宅から伊豆の南の端に近い河津川まで、アユを求めて通い続けるのである。

井伏流の釣りを学び、生き方を学ぶ

次の『釣魚余談』は、釣り場で出合うさまざまな動物たちの話。

まずは、釣友が出遭ったというクマ。いかにもセンセイらしいのは、「もしクマに遭ったら僕は腰を抜かしてしまうだろう。気絶するかもわからない」と書き、「その方がかえって危険がすくないのではないだろうか」と、〝クマに遭ったら死んだふりをしろ〟の言い伝えを信じる楽観ぶりが微笑ましい。

そのほか、サルやマムシなどとの出遭いのエピソードがあって、センセイが釣り場で遭遇してもっとも驚いた話になる。その動物は、何と〝人間〟であった。

富士川支流・下部川のヤマメ釣りでのことだ。「川岸の大きな岩かげに二人の男女」がいたのだ。男は宿のドテラ、女は和服に白いエプロン姿。「野合の男女」とあるから、どうやら湯治客と宿の女中との密会現場。しかも、「遠景ならまだしも」というわけだから、笹藪を抜けると目の前に……。まさに〝目が点〟の光景が展開されていたようである。ま、これも釣りの楽しみの1つか。

『恐るべき風月老人』では、相模川で10数年ぶりに師・佐藤垢石老と再会し、その面前で見事にアユを掛けて得意満面。ところが、タモに収めてこれみよがしに対岸に目をやると、残念ながら老先生は自分のほうを見ていなかった。そこで弟子は深く嘆く。

「なんだ、つまらない。まるでストライキの球を投げても、アンパイヤが見ていなかったようなものだ」

釣り人ならずとも、思わず苦笑いを禁じ得ない。

そのほか、釣りに関する四方山話が、宝箱や玩具箱、あるいは我楽多箱から、打ち出の小づちのごとくとび出してくるから止められない。

つまりこの本を読むことで、我々は井伏センセイに井伏センセイ流の釣りとは何かを教えられ、サオを担いで歩けば人生なんて怖くない、悩みも吹っ飛ぶぞ、なんてことまで伝授されるのである。この大らかさを、弟子の太宰治が学んでいたらと、太宰ブームのきょうこの頃にふと思うのである。

井伏鱒二（1898〜1993）
広島県福山市生まれ。早稲田大学中途退学後、本格的に文学の道を志す。31歳のとき『山椒魚』を発表して注目され、40歳のとき『ジョン万次郎漂流記』で直木賞。ほかに、『さざなみ軍記』『駅前旅館』『黒い雨』など無骨ながら多彩な才能を示した。釣本も多数あり。

『令嬢アユ』

太宰 治

新潮文庫『ろまん燈籠』に収録

国民的人気作家の唯一の釣り小説

太宰治といえば、『斜陽』『人間失格』、あるいは『走れメロス』……。感想は人それぞれだが、人生で最も困難なことは「生きる」ことに他ならないと、39歳で心中した国民的人気作家は、いまも我々に教えている。

その彼が昭和16年、31歳のとき書いた、筆者が知る限り最初で最後の釣り小説がこの短編である。

物語は、「私」の友人佐野君の話である。「私のほうが佐野君より十一も年上」である。佐野君は大学の文科（筆者注＝文学部）に在学しているが落第確実で、「もうこうなれば、小説家になるより他は無い」と腹を決め、ときどき旅に出て宿の一室で原稿用紙と格闘したりする。

しかしそれは単なる〝ポオズ〟なので長続きせず、散歩がてら釣りに出る。「そんなにも鈎を好きでは無い」のにである。釣りは「餌を附けかえるのが、面倒くさくてかなわない」のだ。エサの代わりに、「東京で上等の蚊針を数種類買い求め」て旅に出る。

アユのエサ釣りは、エサの付け替えが頻繁で面倒だが、蚊針（毛バリ）釣りはラクだ。

その佐野君が今年の6月、「見事な鮎」をお土産に持ってきた。例によって、〝似非文士旅行〟で伊豆の温泉場に出かけたのだ。「柳の葉」くらいのを2尾釣りあげて「得意顔」で宿に持ち込んでフライにしてもらったが、「大きいお皿に小指くらいの『かけら』が二つころがっている様」を見て「頗《すこぶ》るまごつ」き、「あまりの恥ずかしさに、立腹」するほどだった。

それでアユ釣りはあきらめて、魚屋で購入して持参したのである。そのとき、アユの代わりに結婚相手を釣り上げたという〝お土産〟話も聞かされる。この土産話が、この物語の本筋である。

アユ釣り場で蠱惑的な美女に出会う

佐野君は5月31日に伊豆の温泉場に入り、翌6月1日（筆者注＝アユ釣り解禁日）にサオをかついで川へ向かった。途中、「緑いろの寝巻を着た令嬢が、白い長い両脚を膝よりも、もっと上まであらわして、素足で青草を踏んで歩いている」のに出くわす。その蠱惑的な姿に、『やあ！』と思わず声をかけ、しかもその透き通るような柔肌の脚を指差してしまった。この自分の失礼な所業を恥じて逃げるように釣り場へ急ぎ、毛バリの仕掛けをセットして何食わぬ顔でサオをだす。

佐野君は「文人としての魂魄《こんぱく》を練るため」に釣りをしているのだから、「釣の妙趣は、魚を多量に釣り上げる事にあるのでは無くて、釣糸を垂れながら静かに四季の風物を眺め楽しむ事にあるのだ」とどこかで聞きかじった幸田露伴先生の教えに忠実だ。それでも「鮎が、すっと泳ぎよって蚊針をつつく」と目を輝かせ、「ひらと身をひるがえして逃れ去る」と、「素早いものだ」と感心する風をよそおいつつ、ガッカリする。

そのとき突然、『釣れますか？』と女の声。

「振り向くと、先刻の令嬢が、白い簡単服（筆者注＝木綿でできた薄地の夏物ワンピース）を着て立っている。肩には釣竿をかついでいる」ではないか。「歯が綺麗だ。眼が綺麗だ。喉は白くふっくらして溶けるよう」に可愛い。佐野君は、この二十歳にもいかない娘に一目ぼれ！

その心の揺らぎを見破られまいとして悠然と煙草をふかす。

佐野君が全然釣れないと言うと、令嬢は佐野君の蚊針を点検する。仕掛けを見て力量を判断するのは、これは熟練の釣り人の証だ。『これじゃ、だめよ、鯈《はや》の蚊針じゃないの』と一目で見抜く。佐野君、『その針でも、一二匹釣れました』と嘘をつく。令嬢はその嘘をただすこともなく、胸ポケットから金色の蚊針を取り出してハリスに結び、そして言う。

『この蚊針はね、おそめという名前です。いい蚊針には、いちいち名前があるのよ。これは、おそめ。可愛い名でしょう？』

おそめ（お染）は江戸時代から今現在も名声の高いアユ蚊針の名品である。そんなことも知らない釣り初心者の佐野君、言葉に窮して『あなたは、東京の人ですか？』と聞く。『あらどうして？』と返されて狼狽し、顔が赤くなる始末。『あたしは、この土地のものよ』と答えて令嬢もまた赤くなる。まさしく、釣り場で〝赤い糸〟が結ばれようとしている。

事件が起きる。

令嬢が川に落ちたのだ。幸い岸に這い上がるが、「白いドレスが両脚にぴったり吸いついている」というから、目のやり場に困っただろう。彼女の胸に血がにじんでいるのに気づいて、その「胸を指さした」。次の瞬間、今度はその指のやり場に困った。濡れてカラダにぴったり張り付いた、夏用の薄手の木綿生地越しにくっきりと透けて見えるうら若き乙女の双丘の盛り上がりを、指さしてしまったのだ。

しかも血だと思った胸のにじみは、彼女が胸ポケットに入れていた桑の実だとわかる。岩から滑り落ちるとき押しつぶれたのだ。『見ては、いやよ』と言って、令嬢は釣り場から姿を消す。このあたり、戦中の筆であるからそれほどリアルではない。だがしかし、奔放で蠱惑的な令嬢のあられもない姿を目にした佐野君の、うぶな〝どぎまぎ感〟がよく伝わってくる。

美女の正体に愕然とする佐野君

その後佐野君は、ある期待を胸に釣り場に通う。が、令嬢は姿を現わさない。その間、〝おそめ〟のおかげで例の〝柳の葉〟くらいのアユ2尾を釣る。これを宿でフライにしてもらい、いちおう文士釣り師としての面目を保とうとするが、あまりに小さすぎてかえって恥をかいたという始末である。

魚は釣れないし、令嬢にも会えないではつまらない。原稿用紙のマス目ももちろん全然埋まらない。逗留4日で帰京することになった。

昼前に宿を出てバス停まで歩いていると、『おかえりですか』と令嬢に声をかけられる。黄色の絹のドレスを着て、髪にはコスモスの造花。派手である。が、佐野君には「いい趣味」に映る。彼女は手に小さい国旗を持ち、実直そうな田舎の爺さんと一緒である。

なぜ、日の丸の旗を持ち、爺さんと一緒なのか？

聞けば、きのう、爺さんの甥《おい》が出征。かわいがっていた甥の戦地での行末を案じて痛飲のあげく、『ここへ泊ってしまいました』とてれた仕草。令嬢が言葉をそえる。『おじさんが、やっぱり、ゆうべは淋しがって、とうとう泊っちゃったの。わるい事じゃないわね』

令嬢は、泊まり客の爺さんをバス停まで見送る途中だったのだ。

佐野君は〝わるい事じゃないわね〟という言葉に不審を抱くこともなく、『あなたのお家《うち》は、宿屋なの？』ととんちんかんな質問。これには、令嬢も爺さんも苦笑するばかり。

結局、佐野君と爺さんは、令嬢の振る日の丸の旗で、まるで出征兵士のように見送られたのであった。そのとき「佐野君は、なぜだか泣きたくな」ったのだった。

東京に帰った佐野君が、真顔で「私」に訴える。

『いいひとだ、あの令嬢は、いいひとだ、結婚したい』と。佐野君より11歳も年上で、世間を知り尽くしている友人の「私」はもう、何もかも理解している。『そのひとは宿屋の令嬢なんかじゃない』と諭《さと》しても、『そうかあ。カフェの女給か』とまだわからない。『(爺さんが)泊った事を、てれていたろう？』と最後通告を突きつけて、やっと状況を理解する。そして、

「もうこうなれば、小説家になるより他は無い、といよいよ覚悟のほどを固くした様子」を示すのであった。

あのとき1尾でも釣れていれば――

土産話は以上である。その後に4行ほど、「私」の独白が付け加えられている。長いが、全文を引用しよう。

「令嬢。よっぽど、いい家庭のお嬢さんよりも、その、鮎の娘さん（筆者注＝令嬢のこと）のほうが、はるかにいいのだ、本当の令嬢だ、とも思うのだけれど、嗚呼《ああ》、やはり私は俗人なのかも知れぬ、そのような境遇の娘さんと、私の友人が結婚するというならば、私は、頑固に反対するのである」

この短編は、〝娼婦に恋をした世間知らずの坊ちゃん落第生と、それをたしなめる年上の友人の話〟という実にたわいのない心境小説として装われている。しかし、この物語に登場する3人の主要人物が誰であるかを推測し特定すると、この退屈な物語の深淵がのぞいてくる。解読しよう。

主人公の「佐野君」は、まぎれもなく太宰治自身である。では、11歳年上の友人である「私」とはだれか？　太宰治が1909年生まれであることから考えて、これは疑いようもなく、太宰の師である井伏鱒二（1898年生まれ）である。

井伏は、アユ釣りなど川釣りに遊ぶ〝文人釣り師〟の代表格である。太宰は東大・仏文科に入学したその春に井伏に面会を果たして師事し、荻窪（当時は井荻村）の居宅を初訪問した折り、善福寺川で一緒に釣りをしている。この顛末は、井伏鱒二著『荻窪風土記』の〝善福寺川〟に書かれている。しかし、1尾も釣れなかった。それどころかアタリさえなかった。その後も釣りに井伏に同行してはいるが、太宰が魚を釣ったという明確な記述はない。

そして、「令嬢」とはだれのことか？

井伏に師事後、太宰は作家として徐々に認められていくが、1935年（26歳）ごろから薬物中毒になり、37年に元芸者で内縁の妻・小山初代と自殺未遂を起こす。その後初代とは、井伏の説得もあって別れる。「令嬢」は、この小山初代の影が濃い。

初代と離別した翌年、太宰は井伏の強いすすめで石原美知子と見合いして、結婚。『令嬢アユ』は結婚2年目の41年6月に雑誌に発表された。同じ6月に長女が誕生している。このころから終戦近くまでが、太宰の短い生涯の中で、比較的平安な日々であったといわれる。

筆者が思うに、太宰は小山初代と別れたくなかった。美知子との結婚は破れかぶれだった。その両方を仕組んだのは、井伏鱒二である。これが太宰には、気に食わなかった。

井伏鱒二に対する少なからざるわだかまりと、俗人的な考え方に対する穏やかではあるが辛辣な不満とが、この物語の底に深く澱んでいる。結婚してみれば、無頼のはずの人生に子どもできて恥ずかしながら家庭生活という平安を得た。そして作家稼業も順風。その点では師に感謝の念を抱かざるを得ない。だがしかし、負の感情は深く静かに増大。そんな、当時の太宰の複雑な心境が綴られた一編として読みとれるのだ。その意味では、もっと光が当たっていい重要な作品だと思う。

あの善福寺川以来、師弟は幾多の時間を共にして過ごすが、太宰は釣りにはほとんど興味を示していない。たとえば、『井伏鱒二対談選』(講談社発行)の伊馬春部との対談の最後のほうで、井伏談として、次のような件がある。

「アユの友釣りを初めてやったんですが、(太宰は)スタイリストですからね、オトリがクルクルまわっていても竿を構えている。『きみ、熱心だね』っていったら、『でも、こうしてなきゃ怒るでしょう』って」

つまり、太宰は好んで自分からやっているわけではなく、釣りの真似事をしていたただけという体たらくだ。

多くの釣り人は最初の1尾を釣った衝撃で、バラ色の釣りの世界への門をくぐる。もし善福寺川で、魚が1尾でも釣れていれば——。

そうすれば、太宰は釣りの魅力を知ることとなり、文学の師はやがて釣りの友となり得たであろう。だとしたら、太宰のその後の悲劇的な終焉はなかったかもしれないのだ。ただしその場合、『走れメロス』や『斜陽』、『人間失格』といった稀代の名作が生まれたかどうかは、わからない。

太宰治(1909~1948)
青森県・金木村(現金木町)生まれ。東大仏文科入学で上京してすぐ、井伏を訪ね師と仰ぐ。1935年に『逆光』が第1回芥川賞の候補となるが次席。2回目の心中が未遂となり、井伏の勧めで結婚。戦後、『斜陽』などで流行作家となるが、愛人山崎富栄と心中。

『粗朶の海』

永井龍男

講談社文芸文庫『1個 秋その他』に収録

短編の名手が書いた極上の釣り随筆

筆者が永井龍男の本を初めて手にしたのは昭和40年、17歳のときだ。随筆集『カレンダーの余白』という函入りの上製本だった。その本を今回、50年ぶりに開いた。その中に「街中の釣り」と題した超短編がある。その書き出しはこうだ。

「海の近くに住みながら数年釣りをしない」

東京中日新聞の昭和37年4月13日号に掲載されたものである。

そして今回とりあげる『1個　秋その他』に収録の『粗朶《そだ》の海』は、文芸誌『新潮』昭和51年1月号に発表されたが、その書き出しは次のようである。

「今年はとうとう、釣りには行かれそうもない」

14年の時を経て、2つの文章は妙に呼応している。端《はな》から〝否定形〟で始まっているのだ。ここからどんな話が展開するのか、釣りに興味のある読者はもちろん、興味のない人もこれにはちょっと気をそそられて、次を〝読んでみよう〟となる。

こんなところに、短編の名手・永井龍男の技《わざ》がさりげなく隠されている。

平凡に始まり、日常の雑事、出来事が坦々と展開し、その平凡の中から人生の機微、悲喜劇、あるいは闇のようなものまで立ちのぼり、読後に深い余韻を残す。この運びの妙が、まさに技なのだ。

関東大震災と文学への志

明治37年、神田区猿楽町生まれ。現在の明治大学の裏手あたり。余談だが、「つり人社」のビルと目と鼻の先だ。小学校は錦華尋常小学校（現お茶の水小学校）、これも余談だが、夏目漱石はその第1期生。永井は14歳で読んだ樋口一葉『たけくらべ』に衝撃を受け、文学への興味を抱く。

本題「粗朶の海」は、71歳の作である。〝粗朶〟とは海苔粗朶のことで、海苔を付着させて養殖するために海に立てる雑木や竹のこと。いまは棒と棒の間に網を張るが、昔は枝に海苔を付着させていた。遠浅の海に海苔粗朶が立ち並ぶ光景は、海苔漁が盛んだった大森や品川沖など東京湾で普通に見られた。そして粗朶の並ぶ近辺は、ハゼやカイズなど釣りの好ポイントでもあった。

さてこの短編は、先の書き出しの後に、「ほかの釣りのことは、もう考えなくなったが、十月十一月の好日に逢うと、鯊竿を握る心地がよみがえる」と続く。そして、桑名の河口の宿に泊まってハゼ船で遊んだことなどを懐古し、兄２人と一家の歴史をたどる話へ移行していく。

父は肺病で床に伏していたので、長兄は小学校を中退して活版屋で働き、次兄は小学校を出ると給仕係りで一家をたすける。末っ子の永井自身も、小学卒業後すぐ米穀仲買店に奉公に出るが、肺結核が判明して「二十代までは保つまい」と医者に宣告される。

そんな貧しい、生きるのに必死な家庭にあって、長兄は英語を独学して一人前の欧文植字工になる。和文植字工より、賃金が上なのだ。

長兄の唯一の道楽が釣りであり、永井はこの兄に釣りを教わった。15歳のころだ。「医者に見放された私を、なんとかしたいという思いやりがあった」ということは、水辺に連れ出して清新な空気に当たらせることで、少しでも病気がよくなればという長兄の思いだったのである。ハゼ、寒ブナ、タナゴ、ハヤ、マルタなど四季を通じて楽しんだ。

とくに「寒が明けてからの乗込み鮒」が印象に残り、「一尾釣れれば、その場所で必ず二尾三尾と続けて」釣れて楽しかった。しかし、どこで釣ったかの記憶は定かでなく、「枯れた草《くさ》叢《むら》を分けて流れへ出たとか、ほんの小溝ほどの水の落口に綸（筆者注＝イト）を垂れると、たちまち玉浮子に当たりが来た」といったシーンを断片的に思い出す。

また一度だけ次兄が加わり、兄弟３人仲良くタナゴ釣りに行って、「釣れて釣れて始末に困った」思い出もあった。

長兄は釣りで息抜きをしながら、父亡き後は一家の柱となって懸命に働いた。また次兄は新聞社の使い走りで働きながら夜学を卒業し、新聞記者に昇格した。母は母で子供の無事や成功を願って願掛けをした。ただ、永井だけは病気のために家でごろごろしていた。

兄たちの頑張りで暮らしは徐々に上向き、一家は2階建てのかなり余裕のある家に住むようになる。やっと、ラクな暮らしができるところまでたどり着いたのだ。

「しかし、大正十二年九月一日の関東大震災が、私ども一家を丸裸かにした」

長兄の妻子を加えた一家6人は、まだ焼け跡の生々しい東京を逃げ回り、ほうほうのていで神楽坂まで来る。そこで目にした光景に、永井は「胸を突かれ」る。

「見上げる坂の両側に、手つかずの東京の町並みが残っていた」のだ。そして続ける。

「私どもの受けた災難は、東京中の人々が、平等に受けたものと思い込んでいたのに、乳呑子《ちのみご》を抱いた嫂《あによめ》と、それを囲んだ着のみ着のままの一家が、人々の哀れみの眼で見送られていた」

真面目に必死に生きてきた自分たち一家は瓦礫の荒野に投げ出され、神楽坂の住民はほとんど無傷だった。運命の痛烈な不平等の前に、永井龍男は虚脱する。そして、人生は不合理で不平等で不条理であることを思い知らされる。おそらくこの時、文学で身を立てようと心底決意したのではなかろうか。

人はめぐり、運命はめぐる

「二十代までは保つまい」と医者に宣言されていた永井は22歳になり、次兄が開いた「阿佐ヶ谷の中国料理店（井伏鱒二『荻窪風土記』に出てくるシナ料理「ピノチオ」のこと）を手伝う。

そのかたわら小説修行を怠らず、菊池寛や小林秀雄、横光利一らと親交を結ぶ。やがて、彼らの尽力もあって文藝春秋社に入社して編集者となる。永井の暮らし向きはこれで安定した。

さて次兄はその後、中華店を人に譲って有楽町駅前に〝釣具店〟を開く。昭和10年前後のことだ。あまり釣りに熱心でなかった次兄が釣具店を開いたのには理由があった。次兄の新聞記者時代の先輩に佐藤亀三郎という者がおり、彼の後押しがあったのだ。佐藤亀三郎とは、「釣り好きが嵩《こう》じて釣りの随筆を書き、佐藤垢石のペンネームで知られるようになった」人物、すなわち、後の「つり人社」初代編集長であったのだ。

垢石は無類の酒飲み。酒がもとで、店でトラブルとなり、次兄は釣具店を長兄に任せたいと相談。当時長兄は活版屋を辞め、学生相手の安食堂をやっていたが、渡りに船と承諾。

「幼少の折りから苦労をし続けた身が、生涯唯一の道楽だった釣りで生計を立てるのだから、生き甲斐を感じたに相違ない」

たちまち繁盛して、「ようやく長兄にも運らしいものがめぐってきた」と思われた矢先、戦争が激化して釣具店は空襲で焼失。その後の長兄の運命は、「栃木県の疎開先で二度目の妻と死別し、自らは軽い脳溢血に見舞われて、鎌倉の私の家へ寄食《きしょく》したが、その後横須賀の国立病院で死去した。五十九歳であった」

次兄は次兄で、「空襲激化の東京に見切りをつけ、一家をあげて満州新京へ移住」という厄災の道をたどるが、幸い家族無事に帰還を果たす。戦後は、またも仕事を転々とし、やがて肺がんで他界。永井はこう書く。

「二十代を危ぶまれた私は、現在七十歳を越えようとしている」と。

永井龍男とて平坦な人生ではなかった。戦中には、〝満州文藝春秋社〟創設のために大陸へ赴任。余談だが、当時佐藤垢石が「満州日報」に招かれて渡満した折り、永井も数日、釣りのお供をしている。永井としては、次兄の釣具店の一件でいい印象を持っていなかったのだが、松花江で次々に魚を釣り上げるのを目にして、「これはやっぱり垢石はすげェもんだなと思った」と述懐している（昭和52年7月1日発行『文藝春秋デラックス　目で見る釣魚大全』での井伏鱒二との対談より）。まさに、人はめぐり、運命はめぐる。

永井は専務締役になるが、敗戦後に小説家として独立。その後は海に近い鎌倉に住まいを構え、時に釣りザオを握りながら順風満帆な作家生活を送る。

天性の名文家の表現の妙

短編「粗朶の海」の終盤は、再びハゼ釣りの思い出に及び、釣り終えて帰港するまでの東京湾の風情を描く。

「一日舟の上で過ごして、まだ仕舞うには惜しいサオを仕舞いにかかる。お台場がすぐそこで、日は西に傾いている」

このあたりから終わりまで、それまでの単調な文体が一変し、名文家・永井龍男がすっくと立ちあがる。

「船頭のかけたエンジンが、ポンポンポンと弾んで鳴りだす。青い煙の輪が、細い煙突から一枚一枚皿を投げるように空へ上がって、舟は速力を早める」

描写の妙。絶対文感というものがあるとすればこれだろう。

続く2行がまたゾクッとくる。

「『冷えてきたから、膝かけをどうぞ』

船頭はそう云って、煙草に火をつける。そのマッチの火が、もう色づいてきた」

晩秋の海が、冷気を帯びた薄闇に包まれていくようすを、〝マッチの火が、もう色づいてきた〟と表現。この印象的な簡潔さは、誰も真似できまい。次の文がまた溜息ものである。

「魚籠の鯊がしきりに蓋を小突くので、釣り上げて掌に乗せた時の、鯊のあたたかみを思い出す」

〝掌の上のハゼのあたたかみ〟は、釣り人ならではの実感である。潮風に冷えた手肌に海から釣れ上がったばかりの魚は、意外にもあたたかい。夏の熱の残る海水温のほうが高いからだ。

このハゼのはかない〝あたたかみ〟は、先のマッチ棒の火にも通じる。そしてさらに、戦前・戦中・戦後をまがりなりにも生きぬいた永井の2人の兄の〝市井の人生〟にも通じていないだろうか。そういえば〝粗朶〟の本来の意味は、〝雑木の枝〟である。永井はその雑木の枝の名もなき生涯にあたたかく寄り添い、光を灯し、そして鎮魂したのだ。

永井龍男（1904〜1990）
東京神田の生まれ。病弱のため進学をあきらめ、23歳のとき文藝春秋社に入社。戦後、作家として独立。芥川賞・直木賞の選考委員を務めたが、自身は両賞に縁はなかった。短編の名手として『一個　秋その他』など多数の著作あり。

『わが釣魚伝』

福田蘭童

二見書房『釣魚名著シリーズ』の1冊として
1976年に刊行

青木繁『海の幸』と蘭童

2015年の春に東京・ブリヂストン美術館で「ベスト・オブ・ザ・ベスト」と題する美術展が開かれた。同美術館の解体・新築工事に伴う長期休館前の最後の展示であり、同館所蔵の近代洋画・彫刻など内外の巨匠作品がズラリ160点。ピカソ、セザンヌ、マティス、ルノワール、ゴッホ……。日本人では黒田清輝、藤島武二、藤田嗣治、安井曾太郎、佐伯祐三……。

連日、会場は大にぎわい。居並ぶ名品の中でひときわ人気を集めたのは、系列美術館の石橋美術館（福岡県久留米市）から特別展示された青木繁『海の幸』であった。

この絵は縦70・2㎝×横182・0㎝という横長のカンヴァスに、日焼けした裸の男たちが大ザメを2列縦隊で担ぎ運ぶ海辺の夕景が描いてある。タッチは荒々しく、神話的な浪漫が漂う作品である。1904年（明治37）作、舞台は南房総・布良の海。多くの日本人は学校の美術教材でこれを目にしており、絵を見れば「ああ、あれか」となる。それほど印象的な作品だ。

この青木繁の代表作『海の幸』に、今回の『わが釣魚伝』の著者である福田蘭堂の実の母親が描かれているという。絵の中央やや右寄りの奥に、周囲の赤銅色の顔とは異質の白い透明感のある正面向きの潤んだ瞳の美貌が見える。それが蘭堂の母親・福田たねだというのだ。

当時、青木は22歳、たねとは相愛の仲。『海の幸』が画壇で激賞されたとはいえ、極貧にあえぐ中でたねは妊娠し、たねの実家近くの茨城県で出産。その男児は、『海の幸』にちなんで幸彦と名付けられた。それが、後の福田蘭堂である。

青木はその後、父の葬儀などで九州・久留米に帰郷するが、実家もまた貧乏のどん底にあり、長男の青木は実家を立て直すか、たねと子どもと一家3人で暮らすかの板挟みで苦悩。そのうち、世間体もあってたねは他家へ嫁に出される。稼ぎのない青木は久留米の親族との折り合いが悪くなり、家を飛び出して九州各地を放浪の末、28歳8ヵ月の若さで病死。

こうして蘭堂は、栃木県・旧水橋村（現・芳賀郡芳賀町東高橋）のたねの実家で、実の両親と引き裂かれ、祖父母によって育てられることになったのである。

幼少年時代の破天荒な釣りエピソード

この本は《釣魚半生記》《釣友録》《釣三昧》の3部構成。最初の《釣魚半生記》の「五行川の思い出」に腕白極まる蘭堂の幼少期が活写されている。

福田家は宇都宮から益子・笠間方面へ続く国道123号沿いに現在もある。五行川のすぐそばだ。蘭童はこの川に架かる橋を渡って小学校へ通ったが、その橋は青木繁と、幼い〝幸彦〟を抱いた福田たねとの最後の別れの場所でもあった。そんなことはつゆ知らず、蘭堂はこの橋や川を舞台に腕白な子ども時代を過ごす。

「(五行川には)昔からすみついた魚がたくさんいた。主にフナ、コイ、ナマズ、ウナギ、ハヤ、マルタなどだが、秋口になるとサケの遡上も見られた。／わたしは裏の竹藪で細竹を切ってきては竿をつくり、もめん糸にミミズをつけたり、メシ粒をつけたり、あるいはハチの子を用いて魚を釣ったものだ」

現在、福田家の敷地は荒地同然になっているが、サオを作った〝裏の竹藪〟はまだ細々とだが残っている。蘭童は祖父に厳しく育てられ、就学前から1日2時間の習字のノルマを課されていた。「二時間のつらい正座のあとでもあったせいか、魚釣りほどおもしろいものはない」と思うのだった。とくに、ウナギとナマズ釣りに没頭した。同居する病身の小母が、高価で買い取ってくれるからだ。

ナマズは、カエルの子を尻からハリに刺してのポカン釣り。開高健が、空襲下の野池でライギョを釣ったのと同じ釣法だ。ナマズは1尾5銭。「当時、アメっ玉が一銭で十個もあったのだからうれしかった」

ウナギは、ナマズの倍の値で買ってくれたからとくに熱中した。サゲバリというドジョウやドバミミズをエサにした置き釣りと、ウケ(筌＝ウナギ獲り用の細長い竹カゴ)を流れに仕掛けて獲った。ウケは、多い時は30本も仕掛けた。30ヵ所も竹カゴをいけるのだからそれだけでも大変だが、エサの確保に一苦労。〝裏の竹藪〟でミミズを掘り、日照りが続くと枯葉に水をまいてミミズを飼育。捕り尽くしたら、サゲバリのエサ用に田んぼの稲を踏んづけてドジョウや小ブナを追いかけ回す。やることが徹底している。

習字の鍛錬で漢字の読み書きができたので、6歳で小学校に入学。その入学式の当日、「天才画家青木繁」の死を新聞記事で知らされる。

このころから腕白ぶりが加速する。学校帰りに魚取りやエサ取りで田んぼを荒し回り、祖父に梯子に縛りつけてしかられ、祖母は近隣の農家に謝りに回るという日々。高学年になると、饅頭屋の餡子泥棒、近所のニワトリ泥棒を企てるなど、傍若無人ぶりはエスカレートの一途。ついに祖父母も、こんな〝乱童〟に音を上げ、中学1年で東京へ転校させられる。すると、東京・本郷の転居先でも騒動を起こす。

近くの釣堀のオッサンに気に入られ、タダで釣りをしながら時々エサ運びなどの手伝いをしていたときだ。〝釣り大会〟が開かれ、1人だけ数を釣る若者がいた。ベテランたちは羨望の眼差し。若者のサオがまた曲がった。蘭童がタモを用意して待っていると、釣れたのは〝サルマタ（注＝パンツ）〟で、その中に黒こげのメシが包んであった。これが、規則違反の〝寄せエサ〟と疑われ、一触即発の言い争いになる。

この〝サルマタ〟の犯人は蘭堂だった。

1人暮らしで下着の洗濯が面倒なため、黒焦げメシや残飯をそれに包み、家の外に円盤投げの要領でブンブン放り投げていた。その中の1個が、たまたま釣堀に落ちて、これが寄せエサの役割をして1人だけ入れ食いになっていたのだ。真実を知るのは本人のみ。ほかにも魚の代わりにネズミを釣ったり、やることなすこと破天荒の極み。

やがてひょんなことから尺八を習い始め、その帰りに上野の不忍池に注ぐ小川でコイを釣って〝コイコク〟をつくる。さらにはピアノやヴァイオリンも習うようになり、寸暇を惜しんで東京中を釣り歩く。隅田川でハヤ、お茶の水でコイ、大森海岸でボラやセイゴ。釣り熱は都内に収まらず、イトコの実家である奥日光の旅館に大遠征をして湯ノ湖でマスを釣り、茨城の海岸ではタコ突きやクロダイ釣りも。

大ダイを釣り上げて、吉川英治を仰天させる

中学を無事卒業した矢先に、関東大震災ですべてがゼロに。そこで、師匠の免状を持つまでに尺八の腕を上げていた蘭堂は、弟子の珍竹とともに、弥次喜多道中よろしく東海道尺八修行の旅に出る。この顚末は「青春の虚無僧行脚」に書かれている。尺八とサオを携えての生臭い托鉢道中で、笑いあり、悲哀あり、そしてちょっぴり卑猥もありという抱腹絶倒紀行。芦ノ湖ではブラックバスを爆釣してひと騒動も。

さらに「揚子江の夕映え」では、尺八の名手として台湾や中国大陸へ演奏旅行。蘭童25、6歳とあるから、1930年代初め、ちょうど満州事変前後か。もちろん、愛竿持参で、台湾ではスッポンやソウギョを釣り、尺八を演奏して台湾娘の〝陸釣り〟も。上海では揚子江でライギョのブッ込み釣り。

戦時中は、湯河原で過ごした。

「終戦まで」には、船を入手して相模湾などで釣り三昧のかたわら、志賀直哉ら多くの文化人との交遊が書かれている。文豪・吉川英治とは、次のようなエピソードが。

文豪が、『弱ったなア、せがれの誕生日がくるというのに、オカシラつきの魚が手に入らない』と嘆くと、『釣ってきてあげますよ、大ダイをネ』と大見えを切り、網代のなじみの船宿へ。

ポイントは初島手前のサバ根。テンヤ仕掛けに、自ら小川ですくい取った小エビを2尾刺しにしての手釣り。「ハリを上下に操っていると、道糸が動かなくなった。地球を釣ってしまったか」と思ったが、そこは〝百釣錬磨〟の蘭童のこと。大魚の気配を察して5分間ほどようすをうかがうと、急にイトが軽くなり、スーッと引き込まれていった。

『タイだ。大ダイだッ』

40分ほどの激闘の末、浮上してきたのは90㎝／11kgのまさしく大ダイ。カゴに入らないのでコモのムシロに包んで青山・高樹町の吉川邸に持ちこんだ。文豪は仰天感激して魚拓の余白に「神代今、人に見劣る桜かな」と揮毫。蘭堂は料理もプロ級であったから、出刃包丁で華麗にさばいた。すると、40人分の刺身が取れたという。軍人たちがサクラのように戦場に散っていったころである。

後に開高健が伝授された伝説の〝コンドーム釣法〟の詳細も。これには笑えるオチがあって、ある漁師が話を聞きつけて薬局でコンドームを買って試したが1尾も釣れない。見せてもらうと、なんと「イボイボだらけのコンドーム」で、しかも丸ごと1本刺しだった。食い気満々の魚も恐れをなして逃げ出しただろう。コンドームは紡錘形に切ってハリ先にチョン掛けして使うのだ。

本書の中で際立つのは、最終章《釣三昧》の「室生犀星と私」であろう。二・二六事件の雪降りしきる夜、馬込の犀星宅に呼び出され、集まった萩原朔太郎や佐藤惣之助らにうながされて即興的に尺八を演奏。その、時代の暗雲を帯びた哀調の音色は、居合わせた者の心の奥深くにしんしんと響き流れた。

さて、実父・青木繁も釣り好きだった。放浪時代に一時滞在した佐賀県小城市の祇園川沿いに建つ青木の歌碑には、「小流れに鈎を流して手を束ね肥前の国は小城に釣する」と刻まれている。また福田蘭堂の最初の妻との間に生まれた子どもは、元クレージーキャッツの石橋エータローである。彼もまた釣りを好み、『釣った魚をおいしく食べる』の著書を残している。

青木繁―福田蘭堂―石橋エータローと続く3代の血脈は、細いが決して切れることのない、1本の釣りイトでつながっていたともいえるのである。

福田蘭堂（1905〜1976）
洋画家青木繁と福田たねとの間に生まれ、幼少期を五行川のほとりの祖父母のもとで育つ。東京へ出て尺八で身を立て、山城新伍主演『笛吹童子』の主題歌の作曲・演奏で有名。志賀直哉ら文士らと幅広く交友。釣りも料理も上手だった。

『イワナとヤマメ 渓魚の生態と釣り』

今西錦司

平凡社ライブラリーの1冊として刊行

ヒラタカゲロウで「棲みわけ」理論を構築

今西錦司は、中国東北部の秘境・大興安嶺山脈や、ヒマラヤに隣接する岩と氷の高峰群・カラコルム山脈の奥深くにサオを持って踏み入り、純粋無垢な天空のトラウト釣りを果たしている。釣り人としては無名だが、登山・探検家、生物・生態・人類学者としてけた違いの業績を持つ巨人である。今西を抜きにして今日の日本の登山や探検、さらには生態学や文化人類学の世界を語ることはできないといわれる。

1902年（明治35）、京都・西陣の生まれ。幼少期は昆虫採集に夢中。名門・京都一中時代に山登りに目覚め、京都盆地をぐるりと囲む〝山城三十山〟を制覇。京都三高では山岳部を創設。京大進学にあたっては、理学部を選ぶか農学部かで迷うが、最終的に農学部を選択。その理由がふるっている。「迷っていた私を農学部へ決心させたのは山登りだった」（『私の履歴書』より）というわけだ。

京大在学中、日本アルプスなど数々の山を縦横無尽に踏破し、新ルートを開拓するなど山岳界に貢献。山登りの一方、万年雪や森林の生態系などの緻密なフィールド・ワークを精力的にこなし、後に多くの研究成果として結実。

卒業後の1932年、西陣の実家から下鴨へ移り住むが、その大きな理由は加茂川に近かったことだった。京都盆地を貫流する鴨川はかつて、下流を賀茂川、上流部を加茂川と呼称していた。今西は山登りのかたわら、京大時代からこの加茂川で「ヒラタカゲロウの幼虫」研究を続けており、加茂川の〝石という石を全部ひっくり返した〟という伝説を持つ。

ヒラタカゲロウの幼虫は、通称・チョロ虫として、ヤマメやイワナ釣りのポピュラーな生きエサとして渓流マンにはおなじみである。

転居翌年の1933年の初夏のある日のことだった。今西はいつものように川の石をひっくり返していて、突然インスピレーションを得る。長年、根気よく、精力的に採集し分類研究していた数種類のヒラタカゲロウが、「その日になってはじめて、（中略）、川の中にでたらめにばらまかれているのではなく、一定の順序をもって分布していることに、気がついた」（『渓流のヒラタカゲロウ』より）のである。

それは、①流れが弱い所、②流れが少し速い所、③もっと流れが速い所、④流心部の流れの一番速い所という4ヵ所に、それぞれ形態や大きさの微妙に異なる4種類のヒラタカゲロウが「棲みわけ」をしているというものであった。

この発見を契機にして、彼は生物の「棲みわけ理論」を構築し、弱肉強食・適者生存というダーウインの進化論とは異なる、独自の今西進化論を提唱。そしてこの理論は、人間社会の誕生から文明、国家論にまで深化・応用されていく。川底の石にしがみつくようにして生きるあのけなげな〝チョロ虫〟から、人間社会とは何かを解き明かすカギを見出したのである。

カゲロウ研究からヤマメ・イワナ釣りへ

さて、今西が正式に釣りを始めたのは1940年、38歳のときである。いわば〝アラフォーの手習い〟、相当の〝晩学〟である。なぜこんな年にという疑問は、本書「渓流・渓魚」の章の『ヤマメ釣り』で次のように書いている。

「私はそのころまで十年以上も、渓流の中にすむカゲロウの幼虫を研究していた。（ところが種々の事情から研究が困難になって）、カゲロウとは一応縁を切ったのであるけれども、それとともに渓流まで、縁を切ってしまうということが、どうしてもできなかった。／それでこんどは、カゲロウの幼虫のかわりに、それを食って生活している、渓流魚のヤマメ」を釣ることで、渓流とかかわり続けようと思ったのである。

ではなぜ、カゲロウと縁は切れても渓流と縁が切れなかったのか。

「渓流というけれども、それはもともと私にとっては、日本の山というのにもひとしい。氷河と、その上につっ立ったむきだしの岸壁が、アルプスやヒマラヤを象徴するものなら、樹林とその間を流れる渓流は、日本の山を象徴するからである。私は山が好きだったから、山とはなれたくないために、カゲロウという渓流にすむ昆虫を、研究の題材に選んだ。カゲロウの研究をやめたからといって、急に山がきらいになれるであろうか」

登山家として生涯に1500峰以上の頂上に立った今西だが、彼は頂上を目指すだけのピーク・ハンターではない。山のふもとから頂上まで、その垂直線だけではなく横に広がるふところも含めて山のすべてが興味の対象であったのだ。だから海や池の魚には無関心で、渓流のヤマメ・イワナなどマス類以外に興味は示さなかった。

旧満州の広大な山脈「大興安嶺」でマスを釣る

釣り人・今西錦司の最初の大きな成果が、本書「よき時代の釣り」の章にある『大興安嶺釣日記』である。

大興安嶺は、旧満州北部、モンゴルと旧ソ連の国境に展開する南北約1200㎞の山脈。最高峰は2035mと高さはさほどないが、北海道がすっぽり入る広大な密林帯である。

釣りをはじめて2年目の1942年、太平洋戦争でまだ日本が快進撃を続けていたころの春3月。今西錦司は40歳という学者としても登山・探検家としても脂の乗り切った時期に「北部大興安嶺探検隊」隊長としてこれに挑んだ。副隊長は当時30歳の青年昆虫学者・森下正明、隊員には京大生であった梅棹忠夫、川喜田二郎、吉良竜夫ら次代を担うそうそうたる理学系の才能が集結。

この釣り紀行文の始まりはこうだ。

「草原は雪がとけたばかりで、ひとびとはさかんに野火を放って、枯れ草をやいた。火入れは、一日も早く草の芽の出ることを望んでである。その黒ずんで、散髪したあとのように地肌の現われた焼け野原には、早春の希望に満てる空の色を映した、アネモネの青い花が、一面に咲いていた」

今西はさまざまな〝顔〟をもつが、このとおりの〝美文家〟でもあった。本業の学者としての著作は、『生物の世界』、『自然学の提唱』、『私の進化論』……と題名を目にするだけでしんどく感じるが、いざページを開くと実に読みやすく、内容の面白さに吸い込まれていく。

一隊は人間20人、馬車5台、馬29頭の大キャラバン。目指す三河は大河・黒竜江の上流に位置し、ここから本流をたどり、支流へ、山岳の密林へと分け入っていくのである。今西は食糧調達という名目のもと、サオを内地から持ち込んでいた。「獲物が相当大きかろう」と、コイの仕掛けを準備。

ある本流沿いのキャンプ地で、夕食前にサオをひと振り。ところが、荷物を運ぶウマの人足であるロシア人の1人がリールで釣っているのに出くわす。内地流とロシア流の釣り対決だが、最初の日は仲良くオデコ。

それから数日後、本流の渡河を前に1日休憩となる。この機を利用して、今西隊長はロシア人とともに釣りに出る。川が広いため、〝内地ザオ〟は役に立たず、ロシア人のリールザオを借りて、「金属製の靴べらそっくりの」擬餌針をキャスティング。シューカ（＝カモグチ）やレノック（＝コクチマス）、タイメン（＝イトウ）などが釣れ、ほぼ互角の勝負。初めてのリール釣りにしては上出来だ。

釣りの獲物はキャラバン隊の食事に彩りを添えた。ところが行軍を続けるうちに〝靴べら〟が底をつき、そのうえ本流と支流の合流点でロシア人と別れることになった。これからは、日本流で釣るしか手立てはない。そこで釣り人の今西は、テントに舞い込む吸血性のアブをビンに詰めてエサにし、〝内地ザオ〟を手に支流へ入る。

格好の淵があった。アブをすっと投げ込んだ。

「一秒、二秒、虻は水面を静かに流れる。それから、魚の姿が見えたのと、ガブッという音がしたのと、竿を合わせたのとは、すべて一瞬の出来事であった」

25㎝あまりのハイルス（＝ハリウス＝カワヒメマス）であった。カワヒメマスは、ヒメマスの名に恥じない美味魚といわれる。これを合計3尾釣る。

次に、もっと大きくてダイナミックなレノックをねらって本流へ入る。よどみに魚が見えるが釣れない。群がり襲ってくるアブとも戦いながら、粘りに粘る。そしてやっと、魚がエサを食った。

「そのときである。突然うしろから大きな魚が追うてきて、釣れた魚をすっぽりと呑みこんでしまった」

釣れた魚に、さらにデカイ魚が食いついたのだ。まさに弱肉強食のリアル世界が眼前で展開。岸近くまで寄せるが、イトを切られて逃げられる。大きなタイメンであった。〝日本流〟の仕掛けでは歯がたたなかったのだ。

「気がついてみると東の空に、大きな十六夜の月があがっていた。時計はまさに二十二時をさしていた。北の国がいかに日が長いからといっても、これで腹のすかなかったのが不思議である」

時のたつのも、腹がへるのも忘れるほどの熱中ぶりだったのだ。

それから数日後、今西錦司はやはりアブをエサにしてついに、40㎝の見事な魚体のレノックを釣り上げる。登山家・探検家・学者・美文家である今西錦司だが、立派な「釣り人」でもあったということであろう。

魚獲りから釣りへの進化とは

今西錦司は戦中の1942年、40歳の壮年期に大興安嶺探検隊長として、満州北部の未開の密林を踏破。そして戦後、1955年、53歳のときにヒマラヤと肩を並べるように聳える天空の氷河地帯・カラコルム探検においても隊長として参加。その両探検で、重装備の中にひそかに〝釣りザオ〟をしのばせて出発した。前回の「大興安嶺釣日記」に続き、今回はパキスタンのカラコルムにおける「ギルギットの鱒釣り」を取り上げる。

ギルギットでの釣りに入る前に、「渓流・渓魚」の章の「ソフィスティケートされた未開人」という4ページほどの短い文に、今西の〝人間と釣り〟に対する人類学者としての考察があるので紹介したい。

これは、山本素石編著『近畿を中心にした渓流の釣』の序文として、1967年に書かれたものである。

「サルはいろいろな点で人間に似ているが、またいろいろな点で人間とは異なっている。その異なる点を一つ。サルは魚をとることができない」

この出だしは、学者らしい、品性の整った文体である。この後に次のように、信じられないような言葉が続く。

「どうだサルよ、まいったか」

今西錦司の釣りに対する思い入れの深さ、愛しさが表われたものだろう。その後すぐにまた学者としての品性を取り戻し、この短文の本題に入る。すなわち、「魚釣り」はどのようにして原始未開人の間で発見されたかという命題だ。釣り人としては、非常に興味があるだろう。

「はじめは、なんといっても手づかみである。やがて人間が道具を用いるようになって、棒でなぐってとる方法、その棒の先を尖らせて、これで突きさしてとる方法となり、さらにこのさきを鈎状に曲げ、これでひっかけてとる方法に発展した。つぎに、このさきの鈎と棒とを分離して、その間を紐でつなぐということにより、ようやく釣りのしかけの原型を作りだしたのであるだろう。そのころはまだ、人間も魚もどちらもが鈍くさく、こんな不細工なしかけで釣っても、釣れる魚がいたのである」

いわば、魚を獲る方法の進化論といえよう。釣りが、「ただのつかみ、なぐり、突き、ひっかけのたぐいと異なるところ」、つまり進化した点はどこにあるか？　ここが肝心である。学者は言う。

「餌をとろうとして、魚の方から鈎にひっかかってくるところにある。いやちがう。魚のほうが餌にひっかかってくるところを、人間のほうで鈎にひっかけるのだ、といわねばなるまい」

掴む・殴る・突く・引っ掛けるの類から比べると、釣りは「神技に近い」発見であり、進化だ。さらに、大魚が掛かったとき、「(原始未開人は)その毛深い胸をわくわくさしたにちがいない」として、やがて食糧獲得という目的だけではなく、「釣りの楽しさを知り、その楽しさにひかれて、釣りに出かけるようなことが、なかったとはいえないのである」と結論づける。

このように魚獲りから魚釣りへの進化を、実にスムーズに解説している。毛バリもルアーも疑似餌というからには、一種のエサである。また、アユの友釣りは違うじゃないかとの意見もあるかもしれない。が、オトリの動きで野アユを挑発してちょっかいをださせ、それがハリに掛かるのだから、原理としてはオトリもエサと考えてよかろう。

サオは折れ、サオ先を魚に取られる大失態

1955年5月14日、今西錦司を隊長とする京大カラコルム学術探検隊は、パキスタン北辺の天空の王国・フンザへ到着する。そして、フンザからカラコルム氷河踏査の前線基地・ギルギットに移動。

その日の夕方、今西は隊員一同とともにP・A(ポリティカル・エージェント)に挨拶に行く。P・Aはいわば、パキスタン政府のカラコルム出張所所長というべき地域の統括責任者。

この所長の足には包帯が巻かれていて、松葉杖が立てかけてあった。釣りで足をくじいたと聞くや、今西の目がギラリ。

「わたしも釣りが大好きで、ギルギットへ行ったら、ぜひ鱒釣りを試みたいと思っていたのです」。すると、「明日は英国人が二人釣りに出かけるから、あんたも一しょに行きなさい」

渡りに船とはこのことだ。当地はもともと英領であったので、明治時代にイギリス人が日本の日光などに放流したのと同じように、このアジアの高地にも釣りのためにトラウトを放流していたのである。

翌朝、今西は釣りの装備を整え、英国人とともに釣りへ。その英国人は、イギリス一のタバコ会社一族の親子で、息子はケンブリッジ大学の学生。ジープを降りて、〝カルガ〟という水の澄んだ水量豊富な谷沿いの石ころ道を、汗ダクダクで2時間ほど歩き、やっとポイントへたどり着く。

今西はここで、「アミランの一厘をつけ」て、毛バリを流す。アミランは、東洋レーヨン（現・東レ）が戦後いち早く開発した日本初のナイロンイトである。一厘は、現在の1号ほどの太さか。

最初に英国人が釣った。そして、今西にも、「魚が出た。あわした。いつものとおりすぐあげた。そのとき竿がべしっといって折れた。畜生！」

今西は京都・西陣織の大店の御曹司であり、京大の学者である。「チクショ～！」とは、ちょっと下品すぎる言葉である。釣りは人間の本性をあらわにする。しかしだからこそ、現代のテクノ化された閉鎖社会の中で、人間の本性を自然の中に開放してくれる良薬なのだともいえるのだ。

さて、サオは折れても間一髪、魚は宙を飛んで川べりに落ちた。これを、同行した現地の少年が飛んできて押さえこむ。27～28㎝のブラウン・トラウトだった。イギリスの釣りキチが放流した魚の末裔だ。

今西先生は、折れた部分からサオを差しこんで再び流す。すぐにアタリ。合わせる。強烈な引き。するとサオが「へなッと」曲がり、ハリスが切れて毛バリごと逃げられる。サオの差し込んだ部分にひび割れができて曲がったのだ。

そこへ、〝靴べら（ルアー）釣り〟の英国人が下りてくる。釣果は皆、仲良く1尾ずつ。しかし先生は次のように言う。

『ぼくの魚がいちばん大きい』と。

釣り人なら誰もがこの言葉に遭遇して、うしろめたさのにじむあいまいな微笑を浮かべるであろう。

昼食後の夕マヅメとき、気を取り直して岩陰に毛バリを流すと特大の魚が飛びついてきた。引き上げようとした時、折れ口に差してあった所からサオがすっぽ抜けて、対岸へ持って行かれてしまった。こんな失態続きで、とうとうその日は英国人の〝靴べら釣法〟に完敗！

天空の尺マスを釣りあげられるのか⁉

その後、今西を隊長とする京大カラコルム学術探検隊は約2ヵ月間にわたる、過酷な山岳氷河探検を終えて8月24日にギルギットへと帰り着く。日本への飛行機便の関係で、その翌々日にはもうカラチに向かって飛び立たねばならない。自由時間は1日しかない。が、その1日には荷物整理などなすべき雑務が山ほどある。

しかし隊長は、〝自分には水棲昆虫の採集というやり残した仕事がある〟という理由をつけて皆の了解をとり、英国人との釣り対決に完敗したカルガの谷へと、あの時に折れたサオをジープに積み込んで出発するのである。

石ころだらけの道を上り、川べりに下りる。そして学者らしく観測する。標高2460m、気温27・3℃、水温13・4℃。天空の氷河地帯の川なのに、水温は悪くない。次に、この谷川での表向きの目的である水棲昆虫の採集に取りかかる。カゲロウの幼虫採りは、10年間にわたって修行した今西先生のお家芸であるから、あっという間に終了。

いよいよ、リベンジの時である。

見事な流れを前にして、先生の胸は高鳴る。サオを取り出す。折れて、サオ先を魚に持っていかれたあの屈辱のサオで、どうやって釣るのか――。

「竿さきのかわりには、リールザオの竿さきを差しこんで、どうにか一本の竿にした」とある。リールザオをどうして手に入れたのか、また、いつ・どこで・どのようにして補修したのかは、書いてない。

第1投。毛バリを流す。

「それ出た。大きい奴が出たのだけれど、かからなかった」

ああ、やっぱり。そんな、つぎはぎだらけのサオじゃダメでしょう。またきっと大恥をさらすに決まっている——読者の期待は、かようにヘンな方向に向きかけている。

「ふん、つぎはバッタでいこう」

カゲロウの幼虫、すなわちチョロ虫ではなく、バッタをエサに？　実は弁当持ちとして連れてきた現地人に、道すがらエサ用にバッタを採らせていたのである。用意周到だ。

このバッタを毛バリの上から刺して、瀬脇の逆流ポイントへ落とす。間をおかず、大ものが食った。「その魚の頭が水面に出てきた。こちらも一生懸命、むこうも一生懸命。そしてもうひと息というところだった」が逃げられる。

ああ、やっぱり！　悲しいかな、リールザオの硬い穂先に1厘のハリスは、持ちこたえる術がなかったようである。その後、手を変え品を変えてチャレンジ。しかし魚は出るが釣れず、とうとう断念して帰路に着く。

ついに、「靴べら」に及ばないのか。

しかし先生は負けず嫌いである。英国人も釣りに長けているが、日本人も武士道の昔から釣りの伝統がある。魚はいるのに、尻尾を巻いて帰るわけにはいかぬ。

気を取り直して、再度川原に立つ。日の傾いた山陰の平瀬に、バッタを放り込む。「瀬にいる魚のほうがかかりやすい。魚が思い切って飛びついてくるから」との判断だ。

作戦は、見事に的中した。躍り出る魚。強引に抜いて、川原の上に放り投げる。しげしげと魚を見る。

「黄金色に輝く地肌の上に、これはまた鮮やかな漆黒の斑点。まるで蒔絵をみるようである」

23㎝のネイティブなブラウン・トラウト。魚が釣れたことで、今西先生の美文家としての才能も冴えわたる。

1尾釣ったら、もう1尾。平瀬の尻まで釣り下り、ラスト1投を「那須ノ与一の扇のまと」の集中力でねらった場所へ。すると魚が釣れて、また折れるのではないかというほどの強烈な引き。これをエイ、ヤーッとゴボウ抜き。30㎝の丸々と太ったブラウンだった。

翌日の朝、今西先生は心おきなくギルギットの地を後にしたのであった。

今西錦司（1902～1992）
京都・西陣の織元「錦屋」の長男として生まれる。京大卒業後、同大理学部講師となり、蒙古学術調査隊、北部大興安嶺探検隊などに参加。戦後はマナスルやカラコルム踏査探検隊などで活躍。日本モンキーセンター初代所長。『生物社会の論理』『私の進化論』など著書多数。

『アユの話』

宮地伝三郎

岩波新書1960年に発行

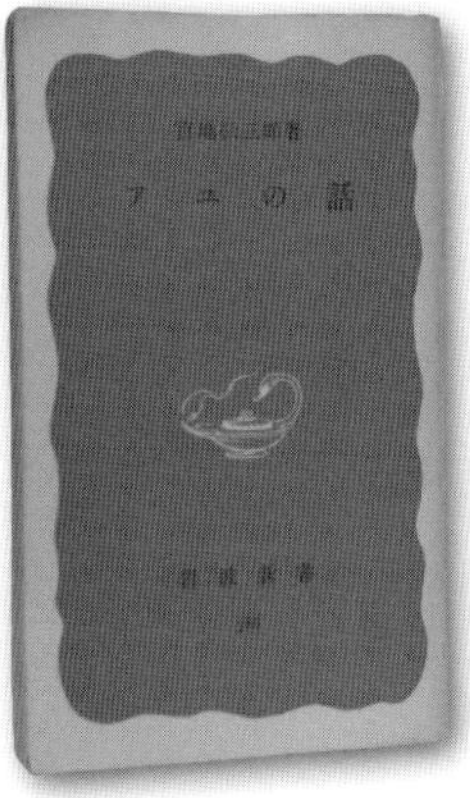

川に張り込んでアユの生態を観察

「さだ子は編物をやめて奥にはいった。食事のためであろう。しばらくして、姿をまた現わした。ふたたび編物にとりついて、一時間以上つづいた」「さだ子は雑誌を持ってきて眺めだした」「それから奥の方へ立っていったままで四時ごろまで姿を見せなかった。現われたときは買物籠を手に提げて裏口から通りに出てきた」「顔がはっきり見えた。整っているが、乾いた顔である。年齢よりは老けた身装《つくり》をしていた」

松本清張の名作サスペンス『張込み』の主人公・柚木刑事が、殺人犯のかつての恋人・さだ子の家の張り込みをする場面を任意に抜き書きしたものである。さだ子のあくびのでるような平穏な生活。その日常の中に隠れている非日常を発見するのが刑事の眼であり勘だ。

「さだ子が出てきた。白い割烹着だが、スカートがいつもの色と変わっているのを柚木は気づいた」

スカートの色の変化で、刑事はさだ子がかつての恋人に逢いに行くと直感。物語はここから一気に動き始め、結末へとなだれ込む。

なぜ清張の推理小説を冒頭に持ちだしたのか不可解に思われるかもしれない。

今回とりあげる宮地伝三郎著『アユの話』は、宮地を頭目とした京都大学の学者や学徒たちの研究グループが、10年間もの長期にわたって酷暑の夏の日々を川に張り込み、アユの生態観察に費やした成果を一般の人にわかりやすく紹介した本である。

その観察・研究の現場は、たとえば次のように描かれる。

「動物の行動を観察するときはいつでもそうだが、根気と体力が必要である。（中略）六月二四日に川口を上るアユの数を一日中調べていた原田さんは、アユが逃げたり、上るのをやめたりしてはいけないと思って、カンカン照りの砂浜に、水も飲まずに動かずがんばり続けた。そして、その日一日で三尾のアユが上ったという。貴重なデータをとり終わったが、自他ともに保証付きのその頑健な体は、日射病でぶったおれてしまった」

原田さん（筆者注＝原田英司）は研究グループの助手的存在の大学院生。ソ上してくる稚アユをカウントするために灼熱の河口の砂浜で、まばたきするのももどかしく流れを凝視し続け、日射病でダウン。その成果はといえば、たったの3尾。それでも、その3尾さえ「貴重なデータ」である。その年のその川のアユのソ上は「六月末まででほぼ完全に終わったことがわかった」からだ。ソ上の最終段階のほとんど捨て駒のような数字だが、結論に至るデータとしては必要不可欠だった。
余談だが、『張込み』の季節は秋である。アユは夏の魚であるから、その〝張り込み〟はまさに苦行であった。

抽象画を思わせるナワバリアユの泳跡図

本書は1960年6月23日に初版発行。発売時から評判となって増刷を重ね、版元の岩波書店に問い合わせたところ累計21万部を刷ったそうだ。現在品切れ中だが、50有余年を経たいまも古本などで読み継がれ、友釣りファンにはアユの生態を知るバイブルとして必読の書である。なぜ、アユの生態観察をすることになったのか?

終戦後4年の1949年の秋、「水産庁とその管理下にある淡水区水産研究所が、いくつかの都府県の水産課長を集めて、アユの放流効果試験についての話を持ち出した」のが始まりだ。戦後復興に電源開発と農業用水は欠かせず、ダム建設が各地で計画されたが、それにともなって漁業補償の問題が生じた。戦前なら行政のいいなりの補償金ですんだが、民主主義の戦後はそうはいかない。また補償とは別に、占領軍の後押しによって漁業法が改められ、内水面の漁業権を持つ漁協には「魚族を保護し増殖する義務」が課せられた。ダムができて川が細れば魚は減る。これでは増殖義務違反になる。

そこで、川の漁獲量・漁獲高の多くを占めるアユ漁に対する補償金の額の算出方法と、アユを増やすための放流事業を最も効果的に行なうにはどうすればよいかということになったわけだ。それが、水産庁による「アユの放流効果試験」の話であった。この試験・調査を、京都府では京都大学に依頼したのだ。

その依頼内容の主眼は、わかりやすくいえば「各河川に最も適したアユの放流適量数を求めよ」ということであった。動物の生態研究に手慣れた宮地伝三郎と京大の学徒はさっそく研究グループを組織し、1951年の春からフィールドワークをスタートさせる。

まず着目したのは「なわばり」である。アユ1尾が持つナワバリの広さがわかれば、その川全体のおおよそのアユの成育適量数を決める目安の1つになると考えたのだ。

彼らは、川に張り込む。川幅5mほどの京都・鞍馬川の、ある区間を「長さ9mに金網で仕切って」実験区としたのだ。ここにいた「アユの数は二五尾程度、そのうち一〇尾がなわばりを持っていた」。ここに、3回に分けて合計10尾を標識放流してようすを観察する。

標識放流とは、個体識別のために〝しるし〟をつけて放流することである。彼らは、野生馬などの野外研究では1頭ずつの顔や体型、毛並み、毛色などからそれぞれに名前をつけてその生活や行動範囲を調べる方法に手慣れている。これを、川の中のアユに用いようとしたのであるが、水面上から、あるいは潜って1尾1尾のアユの顔や色、魚体の特徴をとらえるのはほとんど無理。

「特定のアユ一尾一尾について、その時々刻々の動きを追跡」するにはどうするか。

彼らが採用したのは、「色とりどりのナイロンの布切れを、背びれの前の部分にナイロンテグスでぬいつける」方法だった。「赤や黄の旗さしものを背につけてアユが動くのを、水面の上から観察しようというわけである」

炎天下の橋の上などからの観察だけではなく、ときには「冷たい水にひたって、箱めがねでのぞ」いたりしていた。そんな苦労もしかし、目をつけていたアユが釣り人に釣りあげられたり、1度の出水で石が流れて台無しになったりする。

このような地道極まるフィールドワークの果てに、奇跡的ともいえる「ナワバリアユの泳跡図」が観察されるわけである。目次の前のページに図示された、まるで抽象絵画のように印象的な幾何学模様こそ、彼ら研究グループの汗の結晶である。それはまた、アユという美しくもはかない魚の宿命を象徴する図として、われわれアユ釣り人の胸に迫る。

放流数量の計算式を割り出す

観察・研究は紆余曲折を経ながらも淡々と続く。

ナワバリ観察だけで、実に28例を数えた。その結果わかったのは、「(1尾のアユのナワバリの範囲は)平面積として、だいたい一平方《メートル》以内で、時々動きまわる周りの場所を加えた行動圏は、ふつう二〜三平方《メートル》以内」。そのナワバリアユを釣りあげると、「まもなくそこに別のアユがやってきて、ふたたびなわばりを作るが、その形は前住者のものと全く重なる」ということもわかった。

では、その城主がいなくなった石に後からやってきたアユはどこから来るのか。

研究グループが着目したのは、淵にたむろする「群れアユ」である。先の鞍馬川の実験区のすぐ上手に淵があり、「さらにその上に小さな瀬がある。この瀬の下手側へ、もう一つの金網をはって」、別の実験区を作った。淵にはナワバリを持たないアユがおり、瀬は「なわばり二つ分」の小ささ。この瀬で釣りをしたところ、「一週間ほどのうちに合計十二尾」釣れた。「金網で仕切ってあったのだから、外から入って来れるはずはない」。つまり、淵にたむろしていたアユが、次の城主になったのである。このことはアユの釣り人としてはいまでは常識だが、当時は明確ではなかった。

アユの成育には瀬だけではなく淵も大いに必要だということも証明された。アユの放流の際には瀬につくナワバリアユだけではなく、補充役として淵に集まる群れアユの量数も勘案されなければならないとの結論に達したわけである。

このほかにもさまざまな観察と研究の結果、ある川に適正なアユの生息密度（放流量）の計算式は《平均川幅×川の延長×7／10》という簡単な式で割り出せることに成功したのである。

河川の漁業補償とアユの放流基準などの問題はこれでほぼ解決した。『アユの話』は、その研究の付属物としての意味合いを持つが、アユの釣り人にとってはまさにバイブルとなった。先にあげた「アユのナワバリは平均1㎡」などのほか、友釣りに役立つ情報の宝庫なのである。その金言のいくつかを本書から抜き書いてみる。

●ナワバリアユは特別の事情がない限り、その中に1週間でも10日でもいる。観察では20日間程度。
●ナワバリをねらって橋の上から石を落としても、アユはちょっと逃げるがすぐ戻る。
●ハリスが切れて逃げられても同じナワバリに戻ってくる。
●アユは1日に10時間ほどアカを食んでいる。

●食む頻度は1分間に20回程度。
●アユは生えているアカを全部はみ取るわけではなく、ほぼ上半分を削り取っている。
●アカは成育が早く、天候にもよるが約2日でもとの量まで回復する。
●高密度（アユが多すぎる）になると、アユはナワバリを放棄して群れアユになる。
●砂利底の川へ直径20㎝程度の石を放り込んだら、3日後にアカが付き、5日後にナワバリが作られた。
●ナワバリは居住者優先であり、体の大小や強弱に関係ない。

宮地伝三郎は俳句にも熱心で、「非泥」と号した。「水のことをギリシア語で〝ヒドロ〟という。（中略）それをもじって、重箱読みだが非泥とした」とある文に書いている。仲間からは、ヒドロではなく〝ヒデエ〟と揶揄されたようだが、動物学に裏打ちされた生き物の俳句を得意とした。アユの作品も多く、その1句を披露。

《箱眼鏡形相かえてあゆの追う》

箱めがねで間近に見た水面下のナワバリアユは、あの清流の女王の品格とは想像もつかない闘争心むき出しのヒデエ（非泥）形相であったようだ。

宮地伝三郎（1901～1988）
広島県尾道市の海賊の島・因島生まれ。東大理学部動物学科卒業後、京大講師に着任。昭和17年教授に就任。今回の実験には関西釣の会の亀山素光氏が協力。宮地博士に友釣りの手ほどきもしたようである。

『春鮒日記』

英 美子

1953年『はるぶな日記』として
白灯社から出版され、1994年つり人ノベルズ『春鮒日記』として再編

母子2人、水郷・牛久沼に疎開して釣り生活

英美子《はなぶさよしこ》が家財道具一式を積み込んだリヤカーを曳いて、旧制中学を終えたばかりの息子・淳《あつ》眞《まさ》とともに空襲下の東京から茨城県の片田舎へ丸二日かけて疎開したのは、昭和20年春4月のことであった。この日から始まる母子2人の戦中〜戦後の田園生活を詩情あふれる文体で日記風に綴ったのが本書である。

荷を降ろしたのは、水郷・牛久沼近くのあばら屋。当初は長野の山奥へ疎開予定だったが、息子の淳眞がどうしても承知しない。「ところがある日曜日に、淳眞がこの方面へ釣りに来て、ふと通りがかりに、立ち腐りかけている建物をみつけ」たのだ。

小学1年のころから大の釣り好きだった淳眞は、この地への疎開を喜び、次のように日記に書いている。

「水郷に疎開したことについて正直に、端的にいうならば、自分は戦争に感謝する。戦争があってよかったなあ！　と思う。なぜならば、徴兵にとられるまでの短い期間を、飯より好きな釣り一色で塗り潰すことができるのだから」

旧制中学卒業であるから16、17歳ごろか。徴兵までのわずかな青春を釣りに捧げたいという悲しい願いが読み取れる。息子はまだ引っ越し荷物の整理もすんでいないのに、朝起きるなりサオをかついで家を飛び出す。母親にはそんな息子の行動が嘆かわしい。

美子は明治25年に静岡市の旧家の生まれ。十代後半に結婚するも、30歳のころに離婚し、詩の道を志して上京。文学講演会で左翼の文筆家・井東憲とめぐり会って、「季節外れの初恋」に陥る。が、井東は昭和2年に美子を残して大陸へ去る。そのしばらく後に生まれたのが淳眞である。

母と乳飲み子は、昭和初期の帝都で途方に暮れる。気丈な母は筆耕で身を立て、息子に中学を卒業させた。当時の女性に対する偏見を思えば、これがいかに大変なことであったか。その苦労を子は知らず、日々喜々として釣りに明け暮れている。

まもなく貯えは底をつき、タケノコの皮を1枚1枚はぐように家財や着物を売ったり食糧と物々交換する「筍《たけのこ》生活」に追い込まれる。母親は今後の暮らしについて、息子と相談。すると息子が言う。

『この間、尾張屋の隠居（筆者注＝この地の世話役的な古老）が、鮒と米を取っ換えてくれ、と、いってましたよ——それから、村長さんのおばさんも、米でも味噌でも、野菜でもやるから、釣れたら持って来うよ、といってた』

『それじゃあ……淳眞、当分の間は、お前たいへんでもそうしてくれますか？』

こうして少年淳眞は、「これから一層馬力をかけて釣り、家計を立てようと決心」するのだった。

ヌカエビ漁で暮らしが安定

釣りに没頭する息子。一方の母親は慣れない片田舎暮らしで孤独だった。ある晴れた日には、近くの松山という小高い山に薪にする松ぼっくりを拾いに出かけ、頂から水郷の田園風景を眺めつつ、「子を抱いて詩の道をさすらってきた」東京時代をしのんで涙する。またある雨の夜には、井東憲との愛しき日々に思いをはせる。その個所を引用しよう。

「あの頃……もう終電に間近い時間になってから、ふいと電話をかけて訪ねて来たものでした。『もし、もし、これからそちらへ伺います。僕？　今？　新橋からかけている。では……』…中略…一時間ほどすると、黒いオーバーの襟を立てた彼が、夜の扉をノックする。それから彼は、私の机で書き始める。月刊雑誌の小説の批評や小論や、随筆や小説や。そして間もなくどこか遠くのほうで一番鶏が啼きだす」

切なくも幸せだった夢多き日々も、いまはもう霞の彼方である。

異郷の空の下、母は生きなければならない、息子の未来を信じて。母は「女土方」の荒くれ仕事もいとわず、息子は雨の日も風の日も、釣り場を目指して〝出勤〟する。

あるとき息子がサオをかついで歩いていると、橋を修理していた村の青年たちに『間抜け野郎！　何でえ、毎日、魚釣りなどしやがって……』ととがめられる。容赦のない罵倒は母親にも向かい、『東京の女《あま》、…中略…、お前《めえ》スパイじゃあんめえな』と家にはツブテが飛んでくる始末。


そして突然、戦争が終わった！

戦後の食糧不足の中、淳眞の釣るマブナやヘラブナ、コイ、タナゴは飛ぶように売れた。何しろ、マダイの代わりにヘラブナが祝事の席に供される時代だったのだ。淳眞は新しい〝商品〟を発見する。

「ぬかえび」であった。

漁期は極寒の冬。牛久沼から流れ出す八間川にスギの葉を束ねて沈めておくと、その1束で約1合のエビが採れた。これを100束ほど仕掛けた。1回の漁で100合＝10升だ。「えび一舛に白米一舛と交換相場は決まっていた」ので、米を現金化するとまずまずの額になった。「染めたように赤い乾しえびを桝で量って、風呂敷やザルに入れて渡し、白いお米を米櫃《こめびつ》にざらっとあけて一日を暮らすことが、夢のようでなりませんでした」という毎日。

母は鬼になり、息子の愛竿をへし折る

戦後の混乱が徐々に納まり、家計も安定すると、母には新たな不安が宿った。お金になる

のをいいことに、「のほほん」と釣り暮らす息子の将来に対する危惧である。東京で詩の道を歩み、幾多の文化人と交わり、恋を謳歌し、その後、女だてらにペン1本で育て上げた息子が、このまま鄙に染まり、鄙に埋もれることを許せないのだ。

ある日、母と子は衝突する。

その模様を抜き書きしてみよう。

『まさかお前は一生こんなところで、そんなことをしてゆく気ではないのだろう』

『僕は、東京へはまだ帰りたくない』

『お前の鮒釣りなんかのために一生をこんなゆかりもない土地で苦労して死ぬのはいやです』

『東京、東京って何がそんなに東京がいいんだろう？　そんなに帰りたければ、おかあさん一人で帰ったらいいでしょう』

『お前は、今までは、釣りで食べるより他によい仕事もなかったから仕方なかったものの……みんな、お前のことを笑っているわよ』

『僕は、人に笑われるようなことはしていないよ』

『近所のこどもたちまでが、〝あんちゃん、馬鹿だべ〟っていうし、大人は〝おめとこのせがれさまは、今日もサカナ釣りけえ〟って。釣りがうまいということは、その他のことは何もできないという反証だわ』

『人なんか……何といったって構わない』

『淳眞、お前の心には悪魔がはいったのではない？』

母は鬼となって対抗し、淳眞の愛竿・竿政を手に取ると膝頭に当てがい、『こんなもの。こうしてしまえッ』と真っ二つにへし折ってしまう。

折れたサオを見て母ははたと気づく。「私が、淳眞にぶつけたうっぷんの対象は、実は淳眞ではなく、戦争と疎開生活と、自分自身へであったのではないでしょうか？」と。

鄙に埋もれることを最も怖れたのは、実は母親自身だった。いまだ彼女は詩への夢を捨てきれないでいたのだ。

山村聰に届いたポスターと小包

田舎にいても、紙とペンさえあれば詩は書ける——あの母子の激論の日以来、英美子は田舎に在って「机の生活」に入る意志を強くするのであった。

「もっと、もっと、この寒村の川辺の生活に徹してやろう。浸《ひた》りきってやろう。…中略…野良猫のように逞しく生きてゆこう。雑草のように根強く、人生へ喰い下がれ！」

すると、童謡の作詞や童話劇の脚本などの仕事が舞い込むようになり、上京の機会も増えてくる。

淳眞はといえば、以前に増して釣りにのめり込み、牛久沼、小貝川、旧小貝川、大夫池、豊田ダム、中沼、その他用水堀も池も沼も、また風、雨、氷、雪などいかに悪天候であろうとも狂ったように釣り場に通い、ただ一筋に魚を追い、「一時は、この付近の釣り場には鮒がいなくなった」といわれるほど驚異的な腕を見せる。そして釣り舟まで手に入れる。

釣りの凄腕は雑誌でも認められ、昭和23年9月に新宿伊勢丹で開催された釣り展覧会では、ヘラブナ釣りの俊英として壇上に上がり、釣り人の質疑に応答。当時若干21歳、学生服姿の〝先生〟であった。

ヘラブナを釣れば釣るほど、淳眞にはある疑念が生じた。マブナとヘラブナは交配しないとされているが、混血がいるのではないかという疑念である。人一倍の数を釣りあげてきた彼の研ぎ澄まされた感覚が、その姿形や色はもちろん、アタリや引きなどの微妙な違いを見分けてしまうのである。その主張が釣り新聞に載ると大反響。そんな〝混血種〟がいるはずはないというヘラブナの大家たちと喧々諤々の論争になった。それが世に言う「半べラ論争」である。

この論争は、二十歳そこそこの淳眞の繊細な心を深く傷つけた。

釣りがいくら上手であっても、世間は信用しない。釣りはあくまでも趣味やレクリエーションであって、生業とは認められてない。

「鮒よ——お前は、私の唯一人の子を滅茶滅茶にしてしまう！　いとしい、憎い、水の中の銀色の女王よ。さやかなるヒレある不思議な花よ！」

母親の叫ぶような嘆きの詩は、息子の心に届く。この論争以降、淳眞は釣りとともにギター音楽に本格的に取り組むようになり、週に何回か東京へ勉強や修行に通い始める。

その後、母子は牛久沼のほとりのあばら屋から、旧小貝川・道仙田へ移り住む。淳眞がヘラブナ釣りの理想郷とすべく、この場所を共同出資で買い取り、「ささやかながら三間だけの新しい住まいを建て」て、管理することになったのだ。

ヘラブナ釣りが趣味の俳優山村聰は、この道仙田で英美子・淳眞母子と親交を結んでいる。

著作『釣りひとり』の中の「冬の道仙田」の章によれば、母親は「口やかましい人」で釣り人の間で「糞ばばあ」とののしられていた。が、話してみると「なかなかの知識人で、物の分かった親切な婦人であった」。息子に対しては、「朝から晩まで、ひっ切りなしに、ギターの練習」をする「変人」と評している。

あるとき、山村がさっぱり釣れず昼飯がてら母親と雑談していると、サオを持った息子が来て、「じゃあ、ご飯の間、私がちょっと」と言って釣り場へ。山村が釣り場に戻ると、「彼はもう、十何尾も釣り上げて」いて、「見ている間にも、次々釣った」。山村聰も舌を巻く凄腕の釣り人だったことがわかる。

時は過ぎ、1枚のポスターが山村の元に届いた。

「中林淳真（※ママ）さんの、ギターの個人リサイタルである。道仙田の、あの息子であった」

凄腕の釣り人は、クラシックギターの世界的奏者として大成していたのだ。

さらに時を経て、山村に小包が届く。開くと『ANDROMEDAの牧場』と題する詩集であった。作者は英美子とあった――。

現在、道仙田のほとりに英美子の『川』と題する詩碑が建っている。

川は流れる／ゆったりと／幅のある心で／きょうも　ながれる………

利根川支流の川のほとりで、いがみ合いながらもまっすぐに生きた母と息子。その孤高の石碑には、飛礫のような利根の川風が茫々と音立てて吹きつけていた。

英美子（1892〜1983）
静岡市出身の詩人。離婚して上京し、詩人の西城八十に師事。33歳で第一詩集『白橋の上に』を出版。終戦前〜戦後は茨城に疎開。1970年に詩集『アンドロメダの牧場』を出版。ほかに、多数の詩集あり。息子の中林淳眞は世界的なクラシックギター奏者。

『釣りひとり』

山村聰

昭和49年3月初版発行。
二見書房『釣魚名著シリーズ』の1巻

ヘラブナにのめり込んだ東大卒のインテリ

サオを手にした時、そのズシンとくる重量感に一瞬たじろいだ。おそるおそる振ってみると、手元から穂先まで、まるで生き物のようにしなやかに躍動するのだった。

戦後日本映画界に確固たる足跡を残し、テレビでも活躍した名優・山村聰は釣り、とくにヘラブナ釣りに心魂を注ぎ込み、ついには釣り舟やサオまで自作するほどになった。彼が自作した一竿を持ったときの感想が冒頭である。山村が生前、釣り舟を預けていた横利根川の釣宿「中島屋」でのことだ。山村死後に遺品分けのような形でいただいた〝作品〟だという。

このサオには《湖仙亭　やまむら》の銘がある。アワセをくれるように小さく鋭く振るとやわらかくたわみ、魚は逃げ果せたと油断するが、わずかな違和感に貫かれる。シマッタと思ったときはもう遅い。サオは胴を頂点に美しい弧月を描き、水底で魚が逃げ惑っていることなどみじんも感じさせない。魚は抵抗するほどに自由を失い、消耗する。やがて悟りを開いた仏弟子のように静かな面持ちで湖面に顔をだし、釣り人と対面――。試しのひと振りで、こんな想像が脳内をめぐってしまう。これが、名竿の魔力というものか。

『釣りひとり』は二見書房〝釣魚名著シリーズ〟全17冊の第1巻として昭和49年の春に発行された。時に山村聰64歳。テレビの『必殺仕掛人』で元締め役を演じ、映画版でも同じ役で凄みを発揮した翌年であり、秋からは主演の連続ドラマ『華麗なる一族』が始まるのだが、その間を利用して執筆したものであろう。

一読して、単なる釣り好き俳優の作とは思えない文体と内容に、誰もが身をただす。それもそのはず、山村は旧制一高→東大文学部卒であり、将来は文筆家を目指していたのである。なぜ、俳優になったのか。自伝『迷走千里』（廣済堂出版、平成9年刊）から探ってみよう。

東大在学時、当時住んでいた借家の隣に劇団・太陽座の主宰者がおり、「文学の勉強に大いに役に立つと思い、私はそこの文芸部に入れてもらうことになった」。貧乏劇団だったから、制作・宣伝・役者と何でもやらざるを得ない。というより、何に対しても〝凝り性〟であったから、いつの間にかのめり込み、思い付きの芸名〝山村聰〟は気がついたら劇団の看板になっていた。芝居に入れ込み過ぎて1年留年して卒業。

その後、関西や関東の劇団で舞台を踏み、新派のヒロイン・水谷八重子や、ソ連に亡命した伝説の女優・岡田嘉子とラブシーンの経験も。昭和19年招集。暗号テストで抜群の成績を残し、

「師団のそれまでのレコードを立て」て上官の覚えよろしく、兵隊生活の中で優遇された。

戦後復員して北多摩郡村山村（現在の武蔵村山市）へ一族で移住し、困窮の中で農業に精を出す。そんなある日、昔の劇団仲間がひょっこり訪ねきて言った。

『今、「生命ある限り」という映画を撮っているのですが、裁判所の場面に、弁護士の役で出演していただきたいのです』

その仲間は東宝映画に勤務していたのである。

昭和21年、この「命ある限り」で映画初出演すると、出演依頼が続々舞い込むようになり、昭和25年～26年の2年間には「約四十本も映画に出ていた」とある。

車に釣り具を積んで撮影所通い

釣りの味を最初に覚えたのは一高時代の江戸前のハゼで、「東雲《しののめ》あたりの岸から釣った」。戦時中の劇団生活後、再び釣りに意欲を示すのは、戦後の映画出演が契機である。

本書の「琵琶湖の釣り」の中の〝瀬田川のはえ〟によれば、「巨匠溝口監督の作品に出たことがある。一本仕上げるのに三ヵ月ほどもかかったから、その間には、出番のない休日が沢山あった。美術部の親方は釣りが好きで、よく連れて行ってもらったのが、瀬田川の、はえ釣りである」

はえ（ハエ）は、関東ではヤマベのことだ。〝溝口監督の作品〟とは、昭和22年公開の『女優須磨子の恋』であろう。松竹京都撮影所の制作であるからほぼ間違いない。山村は田中絹代演じる松井須磨子の愛人・島村抱月役で、映画俳優としての出世作である。

公開は8月26日。その2～3カ月前に撮影が終わっていると考えると、3月から6月にかけての約3カ月間、巨匠監督の厳しく執拗な撮影現場での緊張をほぐすように瀬田川に通ったのであろう。

実際、溝口健二は完璧主義者であった。たとえば湯飲み茶碗1個にも、「気に入らぬというので、深夜であっても『どこかで探して来い』と美術部に命ずるが、何を持ってきても気に入らない」。やっと見つかっても、「撮影が終わってみると、その茶碗は、画面のどこにも映っていない」と前出『迷走千里』に書いている。

瀬田川のハエ釣りがきっかけとなり、琵琶湖やその周辺に足をのばす。そして東京では、潮来・霞ヶ浦・利根川水系などへ通い始める。このころはまだ、「行き当たりばったりの釣り師」であり、「海釣り、河釣り、何でも屋であった」。それがある時から、本格的に釣りに没入するようになる。その原因を、「父と釣り」でこう記している。

「終戦後、ある転機にぶつかり、否応なしに釣りに追いやられ、次第に、組織的に深入りすることになった」と。また、「船と水」には、「戦後、ある忌まわし事件があり」と書き、「私の釣りは、脱出であった。意気地のない逃亡が、決して解決にはならないと知りながら、ひたすら脱出した」と続けている。そのころは、場末の旅館を泊まり歩き、「『あんた、車の中で寝てるんだって、釣道具を抱えて!』と方々で、よく揶揄されたものである。新聞のゴシップにも出た」という絶望の日々だった。

ここまで山村を追い詰めた〝忌まわしい事件〟とは、何だったのか。その事件の片鱗が『迷走千里』に触れられている。昭和25～26年の俳優業で最も忙しかった時代に、「練馬の関町に千坪の土地を買」い、家屋と庭を造り、前方には畑、家の裏には家畜舎を建てて「山羊三頭ほど、鶏と家鴨を百羽ほど飼った」。映画出演のかたわら農業に精を出し、釣りに親しむという理想の人生設計をしていたのだ。

ところが、「私は、話したくない失敗から、土地を失」ったのである。1000坪とは、1坪が畳約2枚分として計算すると、畳2000枚分の土地。10畳の部屋が200室の広さ。この夢のいっぱい詰まった広い土地をそっくりだまし取られてしまったようだ。

それで一時期、仮の借家住まいとなり、車には釣道具を積みっ放し。撮影の合い間に海や川でひたすら水面を見つめ、ウキを見つめ、己を見つめて過ごした。このことが、その後の山村聰の釣りに向き合う姿勢を決定づけたといえよう。

そう考えると、「私の釣りは、いまだに、孤独を楽しむ形が濃い。そこはかとない虚無感と隣り合せである」とか、「釣りは、どうしても、一種の人生哲学に行きつかざるを得ない。釣り自体が、遊びを越えて、その人の人生になり得るのである」という山村の求道的な姿勢に納得がいく。単なる憂さ晴らしやレジャーではなく、己の人生、生き方と直結している。

名竿・孤舟の作者「旭匠」への心酔

〝忌まわしい失敗〟で負った傷は、釣りと仕事に没頭することで乗り越えた。昭和30年に釣具店「ポイント」を銀座に開店。そしてしだいに〝何でも屋〟の釣りから、ヘラブナ釣り一色へと進み、釣具店は日比谷へ移転してヘラ釣り専門店のようになる。しかし商売は赤字続きで、「欠損を埋めるために、せっせと、映画出演にはげんでいた」。そのころ出演したのは『真昼の暗黒』『智恵子抄』『夜の蝶』『杏っ子』などで、『鹿島灘の女』と『風流深川唄』では監督をこなしている。

山村は昭和28年に『蟹工船』で監督デビューしたが、その借財もまだ残っていた。それでも、手賀沼や横利根川、河口湖などへ次々に釣り舟を係留。生涯に20数隻を持ち、自分で設計した舟も建造。ひと仕事終わると深夜に車をとばして宿へ着き、舟を出して独り、水と波と風と空と、そして魚の織りなす自然の風景の中にサオ差す日々を常とした。少々の借金や浪費は、映画出演ですぐにペイできたのである。日本映画全盛期で、しかも高度経済成長期の真只中であったればこそである。

そして、溝口健二にも劣らない凝り性の山村聰が、最後に行きついたのがへらザオであり、名竿《孤舟》へのこだわりであった。

それが、この本の中の白眉、「名竿『孤舟』」の秘密」に結実している。《孤舟》の魅力は、その作者・羽田旭匠の厳しく激しく、純粋な生きる姿勢から生まれているとの考えから書かれており、サオというより旭匠への賛歌である。

「旭匠さんはいつも、地金丸出しの裸で横行していた。旭匠さんに接するには、こちらも裸になる必要があった。旭匠さんにとっては、裸であることがもっとも自然な姿勢であったが、私たちは、努力しなければ、なかなか裸にはなれない」

「旭匠さんの竿作りは、へらぶな釣りと全く表裏一体の、求道的な創造活動として始まった」

「へらぶな釣りの入門書をよむと、竿のくだりに、必ず、先調子、七三調子、胴調子などの記述がある。

『ややこしいことはいらん、へら竿は、全体調子や』

旭匠さんは、一言にして喝破していた」

こうした旭匠に対する深い思い入れは、山村聰という孤高の釣り人自身の投影でもある。

山村は最後の章でこう言う。

「竿は生き物である」と。

私が冒頭、《湖仙亭　やまむら》を手にした時の実感そのものだ。さらに続けて言う。

「その生命は、竿が、静物として横たえられている時にではなく、動物として、釣り師に操られるときにこそ、脈々と息づく点が、最も大切である」

これらの言葉に出会うと、和ザオを1本、求めたくなる。

山村聰（1910〜2000）
奈良県天理市生まれ。東大文学部卒後、舞台俳優で活躍。戦後は映画俳優となり、知的重厚な二枚目として小津安二郎、溝口健二、成瀬己喜男ら巨匠監督に重宝される。ヘラブナ釣りに傾倒し、相模湖で尺5寸6分の自己記録を持つ。

『釣するこゝろ』

佐藤惣之助

萬里閣書房より昭和14年発行

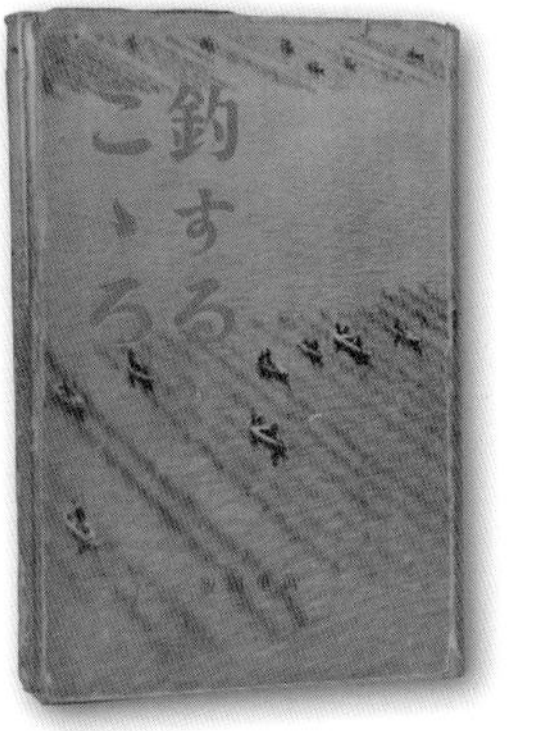

ペンとサオを手に、全国をめぐる

♪青い背広で心も軽く……『青い背広で』♪なぜか忘れぬ人ゆえに……『緑の地平線』♪あわれ十九の春の夢……『青春日記』♪泣くな妹よ　妹よ泣くな…『人生の並木道』♪ぼくが心の良人《おっと》なら　君はこころの花の妻……『新妻鏡』♪おれも生きたや仁吉のように……『人生劇場』♪泣くなよしよしねんねしな……『赤城の子守唄』――。

俳人・詩人として萩原朔太郎や室生犀星らと深く交わり、戦前の昭和歌謡草創期に作詞家として日本人の心を深くとらえた佐藤惣之助。生涯の趣味は、釣り。海釣り、川釣り、湖の釣り。場所も日本列島東西南北、はては遥かリラの花咲く大陸まで、ペンと釣りザオを手に歩きめぐった旅の人でもあった。

釣りは3歳ごろに神奈川県・川崎の生家近くの川でフナやタナゴを釣ったのが始まり。生涯に9冊の釣本を著し（共著含む）、『釣するこゝろ』は昭和14年11月1日発行。当時、48歳で、「釣とはどんなものであるか、釣する心、釣の道というものが、幽かながら、深く、大きく、しかも詩的感情の如く、どうやら解って来た」（序文より）ころだ。

最初の章「私はかく釣る」の初編は「戦線の魚」。書いた日付は昭和13年10月25日。惣之助はその年の9月、武漢攻略戦の従軍文芸家「ペン部隊」の一員として大陸へ渡る。帰国は11月だから、戦地で書いた釣り随筆だ。この〝部隊〟には、戦後に釣り小説『緑の水平線』を書いた林房雄も参加していた。

「こんど従軍するについて、公然とは釣れまいが、もしどこかに待機するようならば、中支の魚も一釣せざるべからずと、ひそかに釣具をリクサック（筆者注＝リュックサック）に忍ばせて行った」と出だしにある。戦争取材より、真の目的は釣りだったようだ。

上海、杭州、蘇州、南京と北上するも、釣りの機会はない。揚子江をたどり、九江の南門湖でやっと本格的にサオをだし、「ヤマベのような三寸から七八寸の魚が釣れた。一二三十釣れた」。10〜20㎝の雑魚が20〜30尾釣れただけ。どんな魚でも釣れさえすれば気が晴れる。釣れた喜びで、待機中の兵隊にミチイト、ハリ、ウキなどを大盤振る舞い。

さらに進軍し、最前線へ近づくとさすがに釣りは難しく、釣りをあきらめて持ってきた釣り道具を全部兵隊に分け与える。そして言う。「今は大聖戦の真只中だ。いずれ平和になったら再征しよう」と。

再征——つまり、再度釣りに来て魚を征服するという意味だろう。

次の「満州魚譜」では、従軍前の満州旅行での釣りのようすだが、釣果は芳しくなかった。今西錦司や佐藤垢石が挑戦した〝大興安嶺〟のタイメン釣りも季節はずれでサオさえだせない有様。ここでも夢を語る。「平和になったら露人、独人、ポーランド、蒙古、満人、日本人と、（タイメン釣りの）腕くらべの競技をやって見たいものだ」と。スケールもデカイ人のようだ。

朔太郎・惣之助、そして三好達治

本章ではそのあと、伊豆半島の富戸や八幡野のブダイ釣り、兵庫県・加古川のアユ釣り、横浜のカワハギ釣りなど多彩な釣りが続き、「榛名の氷魚」となる。これは昭和13年正月2日の伊香保～榛名湖の釣り旅の模様である。今回、妻の周子が同行している。

周子は、詩人・萩原朔太郎の妹で本名は愛子。惣之助とは、昭和8年に結ばれた。愛子はそれまで二度の離婚を経験。一方の惣之助は、売れない詩人時代を支えた糟糠の妻・花枝と死に別れてすぐの再婚だった。

花枝は幼馴染の従妹。惣之助21歳のときの結婚で夫婦仲はよく、詩人である惣之助が作詞の道に足を踏み入れたのは、花枝の入院費用を捻出するための苦渋の選択だったとも。その花枝の葬儀の場で、惣之助は「今後、一生結婚しない」と宣言。しかし、その舌の根も乾かない約6カ月後に、詩友・朔太郎の妹と電撃再婚。

この結婚劇には、裏話がある。詩集『測量船』で知られる詩人仲間の三好達治がからんでいるのだ。達治は朔太郎の妹・愛子が出戻ったころから朔太郎を通じて愛子に結婚を申し込んでいた。が、貧乏詩人だった達治に、愛子は冷たかった。そして、達治がしばらく大阪に行っている間に惣之助と三度目の結婚をしてしまったのだ。愛子という女性、評判の色白美人だったらしい。

これまた余談だが、惣之助の死後、未亡人となった愛子に、三好達治は性懲りもなく求婚。しかもすでに達治は結婚していたが、妻子を捨てての賭けだった。その誠意が実って、愛子は首を縦に振る。2人は北陸・福井の東尋坊にほど近い九頭竜川河口の港町・三国で所帯を持つが、幸せは長続きしなかった——。この三好達治の〝無残な恋愛〟の始終は、朔太郎の娘・萩原葉子の小説『天上の花』に詳しい。

〝花の妻〟と一緒に銀盤の天使を釣る

話が支流から分流へとそれてしまった。本流へ戻そう。

当時、すでに『赤城の子守歌』などで作詞家として大成していた惣之助は、〝♪花の妻〟周子を連れて渋川からバスで伊香保の旅館へ。翌日、ケーブル・カーで榛名へ行き、スキーとスケートを楽しみつつ、ワカサギ（氷魚）釣りのようすを見学。

3日目。いよいよワカサギの穴釣りである。まず、「湖畔亭」で2枚の鑑札を購入。氷上へ出ると、「少し強風だと吹き飛ばされ」そうな粗末な小屋があり、石油缶の火鉢を持ち込んで中へ入る。氷に穴が開けてあり、その穴から水面に届く「光線によって集まってくる魚を釣る」のである。「小屋代が一日三十銭、火鉢が二十銭、鑑札が一日五十銭」とある。ちなみに、現在の榛名湖のワカサギ釣りの鑑札は７００円。
サオは約1尺（30㎝）。ミチイトは2～3ヒロ（３～４・５ｍ）で、枝バリを3～4本に、エサは紅サシ。紅サシは「ハリへ通してから先を切ったほうがよい」。当時すでに〝チョン切り〟の技があったとは驚きだ。

魚の群れは光に向かって上昇してきて、水は澄んでいるので見釣りとなる。「仕掛けを入れて、二三度動かしていると、一寸、一寸五分、二寸、三寸といった公魚《わかさぎ》が、ツィーと集まって来て、すぐ飛びつく、そっと上げるとまた一尾とびついてくるといった具合で、ごく簡単」であり、「少し馴れてくると女のほうが上手で、初めの日は家内のほうが私より数をあげたくらいである」と書く。妻に釣果で後れを取ったことを、さらりと記している。このあたりが、惣之助一流の、相手をおだて上げてその気にさせる油断のならないやさしさである。この手に、女性はコロリとまいるらしい。

昼には、「小屋の扉を叩いて、湖畔亭の若衆が弁当を聞きにくる」ので、「公魚の天丼をあつらえ、酒を1本つけて」もらった。その次の日も、「銀盤の別天地」で熱燗をやりながら、銀盤の天使・ワカサギ釣りに興じる。釣りに飽きたら、骨休めに外へ出て、「榛名富士を安いベストで撮影したり、俳句を考えたり」して厳冬の1日を遊んだ。〝安いベスト〟とは、当時流行ったベスト判の小型軽量カメラのこと。安いといっても、当時の価格で50円ほどだから、今では10万円程度だろうか。

この榛名湖での釣果は、正月3日が３００尾余り、4日が５００尾余り。惣之助にとってはしかし、魚が小さくて手応えが乏しいうえに、寒さに我慢できず、「所詮これは、女性的な釣り」で面白いというほどではなかったと述べている。

ところが翌月の2月2日に、今度は山中湖へしかも1人で出かけて入れ食いを味わっている。それが次の記事「わかさぎ富士」である。「煙草も吸えなくなる」ほどアタリが頻繁で、「多分もう十二時だろう」と時間を忘れ、腹が減っても「ポケットのキャラメルを頬張るだけ」の真剣さで、「一分間に三回は釣りあげ」るほどの大漁だった。

挙句、「厳冬、雪と氷のこういう環境の中に生きることはよいことだ」「氷上のワカサギと雪の富士を見比べつつ、只、いいなあと思った。この瞬間私には詩もない、宗教もない、あるものは単に自然の魅美そのものだけであった」と絶賛の言葉。

榛名湖では寒さにへきえきだったのが、山中湖では逆境の中で釣る醍醐味に感動している。魚が釣れたせいもあるが、やはり〝釣り場に女房〟は、窮屈だったたか。

栓なき道楽・釣りの夢、釣りの心

次の章『魚の世界』に、「釣する心」の一文がある。それは、「人間四十有八、よくも飽きないものに仕事をする心と、釣りをする心とがある」に始まり、「釣道、釣諦、釣心というものは浅い、しかして深い、莫迦な、のろまな、無欲な、逃避的な、古風な、いかんとも栓なき道楽だ。私ごとき軽率な人間でも、どうしても捨てきれないものは、この『釣する心』である」と結び、釣りとは何かに真剣に言及している。

〝栓なき道楽〟、その楽しき道には底がなく、どこまでも奥が深い。惣之助は昭和17年5月15

日、義兄・萩原朔太郎の葬儀委員長を立派に務め終えたが、その翌日に脳溢血で急逝。大陸〝再釣戦〟の希望も、満州・大興安嶺での〝6か国対抗タイメン釣り大会〟の夢も、はかなく消えてしまった。

佐藤惣之助は昭和15年、歌謡曲『湖畔の宿』を世に出した。〝歌う映画スタア〟の草分け・高峰三枝子が、♪山の淋しい湖にひとり来たのも悲しい心……と唄った悲愁の歌は、戦雲下の日本人の心のひだに沁み入り、大流行。阿久悠はその著書『愛すべき名歌たち―私的歌謡曲史』の中で、非常時で警察官の父からレコードを聴くのを禁止されていたが、「ポータブル蓄音機を押し入れに持ち込み、布団をかぶって聴いたものである」とこの歌を懐かしんでいる。

その〝名歌〟の舞台は榛名湖であり、〝湖畔の宿〟とは惣之助が昼飯にワカサギの天丼を注文した、あの「湖畔亭」のことである。仕事と釣りは、惣之助の心の中では一体であり、まさに「釣詩一如」。なお、湖畔亭は今でも（この項を執筆当時）榛名湖畔で営業しており、観光客や釣り客にワカサギ料理やそばを提供してにぎわっている。

※本書引用に際し、旧漢字や旧仮名遣いは現代風に改めました。

佐藤惣之助（1890〜1942）
神奈川県川崎市生まれ。13歳で一度は丁稚奉公にでるが文芸に目覚め、暁星中学で仏語を学びながら文学修行。大正5年処女詩集『正義の兜』を自費出版し、以後20数冊の詩集を刊行。古賀政男と組んだ歌謡曲の名作も多く残す。釣りが趣味で生涯サオを手放さなかった。

『魚になった興義』

室生犀星

国書刊行会『日本幻想文学集成㉜室生犀星』に収録

薄愛の幼少期を「いろ青き魚」にたとえた犀星

「いろ青き魚はなにを哀しみ／ひねもすそらを仰ぐや。／そらは水の上にかがやき亘りて魚ののぞみとどかず。／あはれ、そらとみずとは遠くへだたり／魚はかたみに空をうかがふ（明治三十七年七月処女作）」

室生犀星の自伝的短編『性に眼覚める頃』に挿入された詩である。カッコ内に「明治三十七年七月処女作」とあるのは、犀星の処女詩ということであろう。明治37年7月は、犀星14歳である。その思春期の自分を「いろ青き魚」とたとえ、暗く閉鎖的な水中にあって、空という開放的な異空を夢見ているようすがうかがえる。

その十数年後、犀星は、「ふるさとは遠きにありて思ふもの／そして悲しくうたふもの」

（『抒情小曲集』より）という国民的詩歌を世に出し、萩原朔太郎らとともに大正詩壇に登場。こうして、「いろ青き魚」は、「水の上にかがやき亘」る世界へ見事にデビューを飾ったのである。

犀星は、「いろ青き魚」のように、生まれた時から哀しみの川でもがいていた。

父は旧加賀藩時代に足軽組頭、廃藩後は剣術道場主だったが、女中と間違いを起こして生まれたのが犀星であった。父は64歳の高齢、母は34歳だった。世間体がはばかられ、生後1週間で雨宝院という寺に預けられる。住職の内縁の妻の私生児として養育されるが、この養母が癇癪持ちであった。

幼年期の孤独の慰みは、寺領の森と、寺の脇を流れる犀川であった。とくに犀川では、毎日のように流れに見入り、コイ、ハヤ、アユ、フナ、ヤマメ、ウナギ、ナマズ、マス、ゴリなどあらゆる魚に己の孤影を映していた。

昭和34年に発表した『火の魚』という寓話的な小説の中で犀星は書いている。

「私の初期の叙情詩は魚のことをうたった詩が大部分で、青き魚を釣る人とか、遠い魚介とか、七つの魚とか、魚と哀歌とか、魚は木に登るとか……」

なぜ、それほどまでに魚に取り憑かれたのか？

「さかなはやさしく、女の人のどこかに似てゐて、ことさらに生きてゐるのを握ると、生き物の生きてゐることがはっきりと判《わか》って来て、ちょっとの間、こころも弾む思ひであった」

生後1週間で寺に預けられ、実母の肌のぬくもりを知らずに育った犀星は、その薄愛の哀しみを生き生きと弾む魚の官能的な生命感で癒していたのかもしれない。

死の床で念願の「魚」に化身するが…

今回紹介する『魚になった興義』は、犀星のこうした〝魚への耽溺〟あるいは〝同化願望〟のような性癖を念頭に入れて読むと味わいが深くなる。初出は「中央公論」大正11年1月号であるから、32歳の時の作品だ。

昔、興義という僧がいた。魚の絵が巧みで、とくに「鯉魚《りぎょ》図」を多く描いた。ある日その興義が病に倒れる。瀕死の床際で生きたコイをたらいに泳がせ、そのコイと戯れながらあっけなく息を引き取った。

ところが納棺時に「興義の心臓になほ余温があること」がわかり、暖かくして寝かせていると、不思議なことに「呼吸《いき》をとりもどし」たのだ。そればかりか小僧の丹嶺を呼び、〝檀家の平の助〟の家では今ごろ、『鯉《こい》の膾《なます》を食べている筈じゃ。新しいごりごりした味噌和へを…』と言い、その真偽を確かめてこいと命じるのだった。

わけのわからないまま丹嶺は平の助の家へ出向く。その間、興義が寝込んでいた6日間の夢まぼろしの回想シーンへと物語は移る。

興義はいつの間にか、「蒼茫として魚界を自由に泳ぎ廻って」いた。ついに憧れのコイに化身して、魚界へやってきたのだ。さっそうと水中を泳ぎながら振りかえれば、「うつくしい青青した魚体の、しかもぱつちりした快活な下げ尾の立派さと雄雄しさ」が眼に映り、「自分がこれまで描いた遊魚の図面のことごとくが拙《つたな》く、そして恥づかしい劣作」であることを思い知るのだった。

そのとき、1尾の病弱そうな魚から、『何処《どこ》へまゐられます』？ と声をかけられる。その魚はかつて、漁師の子どもに釣られていたのを興義が「銭一文《もん》」で買い取り、湖に放してやった魚だった。「あぎと（筆者注＝上アゴ）に、白い晒《さら》された釣針の痕《あと》」があり、その古傷が白いアザになって残っていたのを見て、その魚だとわかったのだ。興義は言う。

『お前だったか、餌針にやられぬようにするとよい。お前はいくども ひどい目に遭ってゐるからの』

するとその魚は、『あなたさまもお気をつけなさるように、このあたりは餌針が多うございますから』と忠告してくれる。興義はそれを、笑って聞き流す。

のびのびと優雅に魚界を泳ぎまわっているうち、興義はふと空腹感を覚え、小魚を捕食しようとするが、己は僧であるから殺生は厳禁である。

「そのとき水の上から細いひとすぢの影が、まるで音もなくもぐり込み、そのさきに、美しい餌が芳ばしい色と匂《にほ》ひとを漂はせ、突然に水底ちかくでとどまり、森《しん》として錘《おもり》を垂れてゐた」

その仕掛けは、興義がよく魚を買ってやっている漁師の文四郎のものだった。当然、そのエサに近づくわけにはいかないが、眺めていると空腹感で目が回りそうになった。近づくだけならいいだろう、なめるだけなら……。

『あ、もし……』

先ほどの、あぎとに白アザのある魚だった。危うくエサに食いつくところだったのだ。しかし、もう堪えられなくなって、エサを突っついた。

「はつと気がつくと餌針はいつの間にか、あぎとに銜き立《つ》ってゐた」

哀れ、興義は漁師・文四郎の手練にしてやられたのだ。たちまち釣り上げられて、乱暴にハリを外される。

『文四郎。わしぢゃ。興義をしらぬ筈はない』と言っても、聞こえるはずはない。

“まな板の上のコイ”となった興義の運命やいかに!

興義は生きたまま、檀家の平の助の家の厨房で、まな板の上に横たえられる羽目になった。ナマス（酢味噌和え）で食べるというのである。出刃でひと撫でされ、その切っ先が立った。

『平の助、わしぢゃ。わしを思ひ出してくれぬか』

絶体絶命の声も、むなしく響くだけである。

「ひやりとしたとき、鰓《えら》から熱湯をつぎ込まれたような気がし、ざつくり骨まで切り摧《くだ》かれる刃物の音がした。

——そのとき僧、興義は六日目の仮眠からぼんやり目をさましたのである」


回想が終わったところで、丹嶺が帰ってくる。やはり平の助は、コイのナマスを肴に酒宴の真っ最中だった。それを聞いて興義は、そのナマスをもらってきてくれと頼む。丹嶺は再び門をでて、そして所望のモノを持ち帰る。その最後のシーンは次のように結ばれている。

「うす桃色の、鮮鋭な、洗ひ身は、こりこりにちぢんで、なまぐさく、寂然と、興義の目前にあった。ちぢれた皮片がうづき出しさうで、巻肉は鮮やかに顫《ふる》へて見えた。興義は、凝然《ぎょうぜん》と身ぶるひを感じた。しかも五年わさびの厳しい薬味が、興義の、弱りきった鼻膜をつんざくやうに、玉走ってゐた」

食うべきか、食わざるべきか。興義の恐怖じみた逡巡のようすが手に取るようで、読者の背中を虫酸《むしず》と戦慄が同時に走り抜ける。

なおこの奇談は、上田秋成「雨月物語」の1編『夢応の鯉魚』をアレンジしたもの。釣った魚にいかに成仏していただくか——釣り人にとっても、ちょっとコワイ話だ。

室生犀星（1889〜1962）
石川県金沢市生まれ。高等小学校3年で中退。独習で文学を志し、29歳のとき詩集『抒情小曲集』を発表。『あにいもうと』『杏っ子』『蜜のあはれ』など小説家としても確固たる地位を築いた。苦悩と孤独の幼少年時代、犀川の流れに泳ぐ魚たちを心の慰めとした。

『釣りのうたげ』

室生朝子

1979年、二見書房

『釣魚名著』シリーズにラインナップ

おしとやかで平和な釣り人生

ふるさとは遠きにありて思ふもの
そして悲しくうたふもの

随筆家・室生朝子は大正12年、この抒情詩で知られる文士・室生犀星の長女として生まれた。『釣りのうたげ』は昭和54年7月25日初版発行。著者56歳のとき、犀星が亡くなって17年後にまとめられた釣り随筆集である。

最初の章「釣りとの出会い」の冒頭で、彼女は次のように書いている。

「『犀星先生は釣りをなさったのですか。それであなたもお好きなのですね』／と、私は今までに何度も人に言われてきた。／私が釣りをするようになったのは、ある偶然から始まっていったのである。『釣り』という言葉も家庭のなかにはなかったし、私にとって未知な、そして考えてもみなかった事柄であった」

その「ある偶然」とは、20年ほど昔、城ヶ島に北原白秋の詩碑が建立されたのを機会に三浦半島をドライブしたときの出来事だ。油壷のレストハウスで昼食をとってひと休みしていると、3人の釣り人が、それぞれビニール袋に満杯の魚をさげてやってきた。興味をひかれて、「私は魚の名前を聞いたり、場所などを質問した」

20年前といえば、室生朝子の最初の随筆集『あやめ随筆』出版のころだ。離婚して実家に戻り、偉大な父・犀星の庇護の下にあって、随筆家としての自立に自信を持ち始めていた。釣りに興味のない彼女だが、何でも見てやろう・聞いてやろうという新進の女流随筆家としての意気込みが、赤の他人の釣り人に声をかけさせたのであろう。

釣り人は釣り船の集まる場所まで教えてくれた。そして彼女はその日、小網代湾の浜から、次助という名の船頭の舟で、同行の友人と一緒に海へ出るのである。

「竿も餌のゴカイもすべて舟に備えてあった。／私は泳げないので水が恐ろしい。あとで考えてみると、何のためらいもなく舟に乗ったのが不思議であった」

彼女はこの日、オキギス5尾と赤ベラを釣り、以来、釣りのとりこになった。

「もし、この日に一匹も釣れなかったなら、或いは私は釣りを好きになっていなかったかもしれない」とこの偶然に感謝し、「この日をきっかけにして私の小網代湾に通う日が、続いていった」

上達してヒラメなどの高級魚や赤ヤガラという珍しい魚も釣れるようになり、「小網代湾から大森に帰る道の葉山の堀口大學氏や鎌倉の川端康成氏宅に、魚を届け」たりもした。

当時の朝子は、離婚して馬込の実家に戻って約5年後で、厳格な父・犀星の許可なしには外出もできない日々だった。それではあまりにも理不尽だということで、週に1日だけ外出が許され、今回の三浦半島ドライブで、釣りと遭遇したわけである。その後の小網代湾通いもだから、1週間に1度がせいぜいだった。週に1度、友人の車に乗って海を目指し、溌剌と魚を釣りあげる彼女の若やいだ姿が想像できる。

ところがある日、犀星の厳しい一言が。

『君、今日の昼めしの魚は、魚屋で買ったものではないね、昨日、君が釣ってきたのかね』

『君、釣りもいいがね、第一、君は泳げないではないか。舟がひっくり返ったら命を失うぞ。このあたりで止めておきたまえ』

秘密にしていた小網代湾通いがバレたのである。そればかりではない。

『自動車に乗るのもいいけど、事故が起きてもわしは知らんぞ。夜中に警察から呼び出しがあっても、冷淡のようだがわしは行かんからね』

ドライブも控えねばならなかった。彼女の〝1週間に1度の愉しみ〟は、ここで途切れてしまう。

父・犀星は昭和37年3月26日肺がんで永眠。73歳だった。

葬儀が終わり、朝子は父親に関する「想い出の文章を書き続け、書物となって出版したあと、ようやく私に時間的な余裕が出来て来た」ことから、しばらくぶりにドライブと釣りの旅に出発する。富士五湖めぐりと精進湖でのヘラブナ釣りである。

病に臥してからの父の晩年を克明につづった『晩年の父犀星』が講談社から出版されたのが同年10月であるから、おそらくその前後の秋晴れの日であったろう。

「空は抜けるように蒼い。富士の美しい姿を目の前に見ながら、鳥の囀りと餌がぽちゃんと水面に落ちる」

この心が浮きたつような釣況描写に、自分を厳しく愛してくれた偉大なる父の束縛から自由になった39歳の〝娘〟の解放感が読み取れる。

彼女は当初、「私は元来せっかちな性格であるから、のんびりと何時釣れるかわからないへら鮒釣りの、浮子を見つめていることなど、出来ないと思いこんで」いて、同行の友人がヘラブナを釣るその横で推理小説を読んでいた。が、入れ食いになったのを見るや我慢できなくなってサオを持つに至ったという。

「マッシュポテトの餌を鉤につけるのを教えてもら」い、「タナもとってもらい」、「何度か打ちこんでいくうちに」、「気まぐれな鮒は私の餌に喰いついて来た」。そして次のように続ける。

「この時の喜びは、油壷の小物釣りの最初の釣果よりも、さらに嬉しかった」と。

〝根気は技術を追いこす〟が信条

ヘラブナ釣りは、その後の彼女の生活の『大切なひと駒』となった。室生朝子のおしとやかで平和な釣り人生が、その日から本格的に始まったのである。

ヘラブナ釣りといっても、水が怖いので常に陸釣りである。不器用で仕掛けもろくに作れず、サオの振り方も様にならず、アタリの見分けに手間取り、アワセもほとんど失敗。たまに、マグレで釣れる程度と謙遜する。それでも充分にヘラブナ釣りは魅力的だった。「孤独になりきれること、自己を見つめること、平常の生活から完全に自分を切り離せる」からだ。

『稲取の女釣人』の章では、堤防釣りを楽しむ。伊豆熱川に住む古い友人の昌子に誘われて出かけたのだ。このときも、彼女の不器用ぶりがあらわになる。磯でも堤防でも、釣り場に着いたらまずヒモ付きのバケツを海面に投げて水をくむ。この簡単な作業が彼女にはとても難しい。「何度やり直しても、ほんの僅かしか水ははいらない」とほとんど自虐的でさえある。

当然のように、釣れない。寄せエサだけはセッセと撒いていたところ、「急速にグイ、という大きい当たりがあった。私はためらわず合わせた。確かに手応えがあったのに、急に軽くなった」。引き上げてみると、0・6号のハリスを切られていた。これでが然やる気になり、「それから辛抱すること十五分、終いに大きい当たりが来た」。魚は崇高で愛らしかった。その後、場所を替えて10㎝ほどの海タナゴを釣りあげる。そんな小さな、かよわい魚であろうと、「一匹釣り上げた充実感は、私を幸せにした」

まさしく、室生朝子は幸せな釣り人である。釣りに行くたび「釣れない」「雑魚ばかりだ」などと嘆き、人生の鬱憤を捨てに行くはずの場所で、逆にストレスを背負って帰ってくる釣り人が多い中、彼女のこの天然自然な姿勢は釣りの原点としてわれわれは鑑《かがみ》にしなければと思う。

日光・湯の湖では初のルアー釣り。解禁日で、湖面はボートで埋まっていたが、「私は泳げない」ために例によって陸からの挑戦。

「勢いをつけて右手を伸ばして投げても、糸はたるみ、すぐ目の先にポチャンと落ちる」

それでも彼女は、「根気はいつか技術が下手なことを、追いこすことがある」のを知っていたので、他人の釣果や視線など気にせず投げ続けた。すると、「ビューンと風をきり、小さい音をたてて飛ぶように」なった。

「その時、グウーンと強い手応えがあった。／『かかったあ、たすけてー』／と、私は大声を出した」。沖で魚が2度、3度ジャンプする。隣の釣り人の手を借りてタモに納める。30㎝あまりのブラウン・トラウトだった。

釣果はその1尾だけである。しかし彼女にとってはそれで充分であり、「解禁日の湯の湖は、若々しい声もまじった賑わいで、湖自身も生き生きとしているのである」と結んでいる。

釣り下手を承知しているからこそ、貧果でも幸せなのである。

犀星は釣りをしたのだろうか？

この本を読み終えて、ある疑念が心に引っかかっている。それは、冒頭部分の「『釣り』という言葉も家庭のなかにはなかった」という朝子の文面が腑に落ちないのだ。

本書では室生犀星と親交の深かった福田蘭童『わが釣魚伝』を取り上げているが、その中に蘭堂が犀星の軽井沢の別荘へ自分が釣った大ヒラメを持参したときのエピソードがあり、それには、「オテンバ嬢の朝ちゃん（筆者注＝室生朝子）」が、「『久しぶりで生魚が食べられるッ。

うれしい』」と言ったことが書いてある。前夜に萩原朔太郎が死んだとあるから、昭和17年5月12日のことだ。室生朝子19歳。

さらに蘭堂が戦後に久しぶりに犀星の居宅を訪ねた際、出戻ったばかりの朝子に出会う。そして帰りにバス停まで「相々傘」で見送られたとある。犀星の妻・富子が脳出血で倒れて17年目とあるから昭和30年、室生朝子32歳。小網代湾での初めての釣り体験の3年前だ。

この2つのエピソードは、大の釣り好きであった福田蘭堂と室生家とが、戦後も付き合いを続けていたことを示している。当然、彼がくれば釣りの話が出たはずだ。

さらにもう1つ。朝子は、「犀星は果たして釣りをしたのだろうか」と本文中で問いかけ、「わからない」と書いている。犀星死後、父の作品を隈なく探査した彼女にしては不可解な答えである。犀星著『川魚の記』の〝あゆ〟の項に、「夏晩く予は犀川の上流の岩肌の、ひだの上に立って糸を垂れたことがあった」とあり、また作家としての出世作『幼年時代』には「私はよく磧《かわら》（※川原）に出て行って、鮎釣りなどをしたものであった」などと明確に書いてある。

またあまり知られていないが、釣りを素材にした短編も数本残している。

それなのに、「釣り」という言葉さえ家庭になかったというのは、どうでもいいことかもしれないが、腑に落ちない――。

室生朝子（1923〜2002）
室生犀星の長女として東京に生まれる。病身の母親介護のため聖心女子学院専門部中退。犀星の小説『杏っ子』のモデル。離婚後釣りに目覚めてからは、取材旅行にも釣具を携帯したという。『晩年の父犀星』『犀星の秘密』など多くの随筆集がある。

『釣師氣質』

石井研堂

明治39年博文館から初版刊行。
アテネ書房から限定復刊されたが、本書はその普及版

膨大な仕事をこなすかたわら、釣りに没頭

本文７４０ページ、明治期の釣りの先達・石井研堂の大作である。明治39年12月13日に日本橋の博文館から初版刊行。昭和52年にアテネ書房から限定版（７００部）が復刻されたが、本書はその普及版として昭和62年に発行されたもの。

口絵には、朝焼けの品川沖でのキスの脚立釣りや西洋のパリ・セーヌ川の釣り風景、さまざまなハリや仕掛けの写真などが掲載されており、当時の釣りの興隆ぶりがうかがえる。さらには明治の傑物・矢野龍渓と明治の文豪・幸田露伴の２人が序文を寄せている。

明治の大家たちと親交の深かった石井研堂とはどのような人物だったのか？　ざっと探って

みると――。

幕末の志士が列島をかけめぐっていた慶応元年（1865）、現在の福島県郡山市生まれ。維新後の明治18年に上京して漢学塾に学ぶ。少年雑誌『小国民』に編集主筆として招かれ、企画・編集・取材・執筆と八面六臂の活躍。当時の少年雑誌ブームのけん引者の1人だった。雑誌だけではなく、書籍の編集・執筆にも広く携わり、明治41年にライフワークとなる『明治事物起源』初版を出版。激変する明治期のヒト・モノ・コトの起源や移り変わりを克明に探査・取材し、記述したもので、昭和18年の死の直前まで増補改訂の執筆作業を続け、最終的に全8巻の超大作に至った。

その内容は、たとえばビアホールの始まりは？　斬髪の始めは？　出歯亀の語源は？　秘密探偵業の始めは？　など新旧が激しく交錯する明治という時代空間の森羅万象に及び、それらの1つ1つを、地を這う虫のごとく調べ上げて実証。最近の「オムライスの発祥は？」などの〝雑学ブーム〟は研堂が祖といえる。

こうした雑誌や書籍の執筆・出版など膨大な作業の中で、研堂は釣りにひたすらのめり込んだ。その〝研堂釣道起源〟を追うと――。

露伴も兜を脱ぐ研堂の釣り道楽ぶり

研堂の生涯をたどった本がある。山下恒夫著『石井研堂　庶民派エンサイクロペディストの小伝』（リブロポート／1986年初版）だ。それによれば、研堂は子供のころから釣り好きだったようで、次のような日記の一文を取り上げている。

「おのれ幼少のころ、皿沼に釣を垂れて、昼餉《ひるげ》の時を忘れ、母上の迎ひを受けし事あり、大隈川に膝まで没して終日釣し、脚気《かっけ》といふ病を引き起せし事もありき……」

皿沼は当時〝郡山八景〟の1つに数えられた沼で、釣りも盛んだった。大隈川は大河・阿武隈川のこと。やり始めたらとことん突き詰めねば気がすまない性格は、幼少期からのものだったようだ。なお、脚気はビタミンB1不足で起こる病である。ここでは水に浸かりすぎて、下肢がむくみやしびれ症状になり、それを脚気としたのであろう。

　上京後は釣りを断っていたが、少年雑誌『小国民』の常連寄稿者だった幸田露伴とめぐり合ったことから、眠っていた虫が目覚める。同じ日記の続きに次のように書いている。

「幸田露伴が釣を始（はじめ）しより、おのれも亦旧遊を回想し、三十三年六月三日より中川に隅田川に荒川沖に垂釣の遊を為す事も屡（しばしば）なり」

　露伴が荒川近くに転居し、下駄を鳴らして釣り場に通い始めたのが明治30年の始めである。露伴も凝り性だが、研堂はそれに輪をかけた凝り性である。前出の山下恒夫は同書で次のように書いている。

「露伴によって再燃した研堂の釣道楽は、なんとも ものすごいもので、以後の毎年の日記は、その大半が『釣の日記』といってよいくらいになってしまう。むろん、露伴とはしょっちゅう連れだって、中川や利根川などに出漁している。研堂のこの凝りようには、さすが釣天狗の露伴も兜（かぶと）を脱いだふしがみえる」

　こうして2歳下の文豪・露伴は、研堂を釣りの師と仰ぐようになった。

亭主と家族の釣りをめぐる化かし合い

大著『釣師気質』は上巻（釣遊文草）・中巻（雑釣）・下巻（釣魚術略）に分かれている。メインは上巻で、これはいわば研堂の釣行記。明治時代の旧字体なので読みにくいが、その内容はいま読んでも何の違和感もなく、時に釣りや釣り人をめぐる悲喜劇が面白可笑しく書かれていて痛快。『明治事物起源』の客観的で無味無臭無色な文体とは異なって、行間に情愛や情哀が満ち満ちており、釣りを道楽として心のおもむくままに楽しんだ〝裸の研堂〟の真の姿に接することができる。

たとえば、冒頭の「1月元日の釣」では、まず「毎年この日の快晴なるを嘆く。なぜなら元旦は来客多くして釣りに行くことかなわず、釣り日和の空を仰いでただ指をくわえて恨めしく眺めているだけだからだ。そこに、年始の客が来る。

そこで、自分が釣ったフナの甘露煮と焼きハゼの三杯酢などを肴に客をもてなす。熱燗をやりながら、こんな大きいフナが釣れるんですかと客が世辞を言う。

すると主人、いくぶん反身になって言う。さほどでもありません。先日釣ったのは尺余りありましてね。寒中のフナは掛かっても大人しいんですが、このくらい大きいのになるとさすがに手こずります。魚の力に応じて右に左にあしらい、腹を横にして浮かんできてもなお暴れ、これをなだめて水面をすーっと引いてきてビクに納める。この間の楽しみといったら、サイコ～ですなあ……などと。

客は、しまったと思うがもう遅い。フナやハゼの「肴」はいわば寄せエサで、これに食いついてきた客は、いつ終わるとも知れぬ尾ヒレの長〜い釣り自慢を延々と聞かされる。その最高潮のところで、細君が登場して燗のお代わりをすすめる。客は、もう沢山頂戴しましたと席を立とうとして、それにしてもこのフナは結構なお味でと細君にも世辞を言う。すると細君、あぁ、これは川漁師の爺やが持ってきたもので……とつい口を滑らす。

主人は焦って、おいおい、このフナはオレが釣ったのだろうと言うが、あとの祭り。そうじゃございませんよ。昨日、千住のいつもの爺やが持ってまいったものでございます。じゃあ、オレの釣ったのは、どうしたんだ？

すると細君、いつまでもあるもんですかと真顔になり、半分は焼いてる時に金網の目から抜け落ちて焦げてしまい、半分は昨日のお昼に召し上がりましたもの、と真相をバラす。

焼き網の目から抜けるほどの小物？　主人は額の冷や汗をぬぐいながら捨て台詞を吐く。これは泥っ川の千住のフナか。道理で骨は硬いし、身にうま味というものがないわけだ——。夫婦の口喧嘩が始まって、客はそれに乗じてコソコソと逃げ帰る。

また「五月の鯉釣」では、子どもが『父さん、また釣り？』と言うに、『鯉のぼりほど大きいのを釣って来るから、眠らないで待っているんだよ』と大口をたたいて早朝に出漁。が、夕方になっても釣果ゼロ。粘りに粘り、薄暗くなって二尺五寸（約65㎝）の大ものがまぐれで掛かる。苦闘の末にやっとこさタモに納めると、堤防上の見物人から『バンザイ、バンザイ』の拍手喝采。これを大威張りで持ち帰ると、迎えた子どもが憎まれ口をたたく。

いつもお芋（＝エサのイモ）を釣って来るのに、今日はほんとうのコイを釣ってきましたね

――。

第1巻はこんな、釣り人の悪戦苦釣・抱腹絶釣の物語が、1月から12月まで508ページにわたって満載。

下巻（釣魚術略）は釣り道具や仕掛け、エサの話、釣魚別の釣り方の概要集である。研堂はその前文に次のように書いている。

「各種の釣魚術は、他日『実験釣魚術』を続刊して、世に問わん志なれば、ここには只その要概のみを摘記すべし」

本格的な釣り指南書の刊行を予告しているのだが、実現することのないまま昭和18年にこの世を去った。前出の山下恒夫の本によれば、研堂の遺稿類は相当量あったようで、そのすべては昭和20年の東京大空襲で焼き尽くされた。焼失した原稿類の中に、もし『実験釣魚術』があったとすれば、残念至極といわざるを得ない。

石井研堂（1865〜1943）

福島県郡山市生まれ。上京後、『少国民』『実業少年』など少年向け雑誌の編集長を歴任。43歳のとき、大作『明治事物起源』初版を著す。ほかに『十日間世界一周』『中浜万次郎』など幅広い文筆活動に携わった。釣りの知識も豊富で、腕も一流であった。

『釣の楽しみ』

瀧井孝作

1975年、二見書房の釣魚名著シリーズにラインナップ

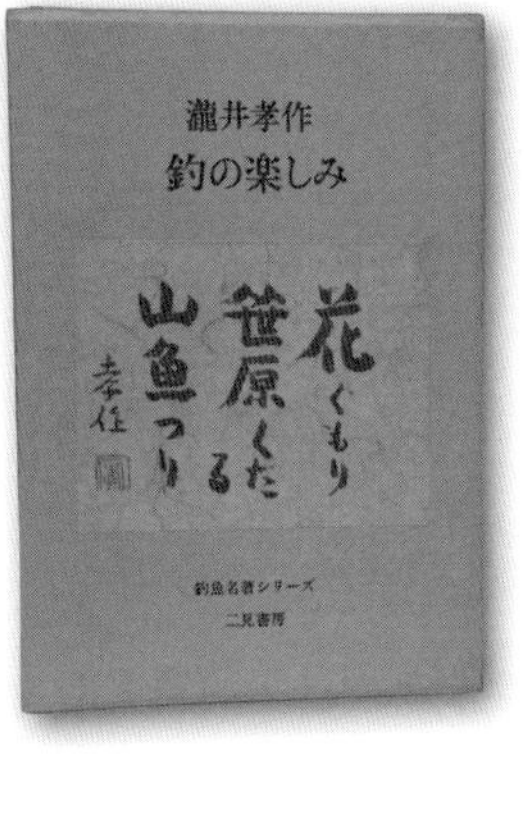

第1回から芥川賞の選考委員を務めた小説家のアユ釣り紀行・小説集

昭和10年に創設された芥川賞の選考委員を、第1回から第86回まで通算47年にわたって務めあげた瀧井孝作。その頑固一徹な選考姿勢は、大江健三郎や開高健、石原慎太郎や村上龍といった時代の潮流の最先端に出現して話題を振りまいた戦後の新人たちに対して痛烈な批判の銛を打ち込んだことでも知られる。

文芸評論家の山本健吉は『瀧井孝作論』の中で、「川端康成がかつて、自分の作品を瀧井氏が読むところを想像すると恐ろしいという意味のことを言った」と書いている。

文壇の雄・川端康成をして、その文学的な眼力は一目置かれる存在であった。

代表作『無限抱擁』は、吉原遊廓の女郎・松子との禁断の恋愛と結婚、そして松子の早すぎる死までを描いた至上の愛の物語である。その装飾を排した朴訥一途な文体は流麗、絢爛などとは無縁。助詞の〝てにおは〟を省略したり、また当て字が頻繁に登場するなどゴツゴツして読みにくい。筆者は今回初めて『釣の楽しみ』を読んでみて、とにかくページをめくるのが億劫でならなかった。それはたとえていえば、角ばった大小の石の河原をつまづき、よろけながら歩いている感じであった。が、我慢して読み進んでいるうちに、イワシの干物をむしゃむしゃかじっているような純真武骨な味わいがしみだしてきて、いつしか夢中になってページをめくっている自分に気付くのだった。

本書は二見書房の釣魚名著シリーズの第4巻として、昭和50年、著者81歳のときに刊行。昭和7年から本格的にスタートしたアユを中心にした釣り人生の集大成本である

瀧井は飛騨高山に生まれ、文学修行時代に各地を転々。とくに志賀直哉に師事して、師に寄り慕うように我孫子、京都、奈良に転居。昭和5年に2人目の夫人の実家である東京の八王子市子安へ落ち着く。36歳のころだ。

八王子は近くに相模川とその上流の桂川、多摩川などがあり、夏になると土地の皆がアユ釣りに出かけるのを、指をくわえて見ていた。「ぼくは鮎釣は六ヶしい（筆者注＝〝難しい〟の当て字）ものと、一人極めで手を出さなんだ」が、転居して2年目の昭和7年の6月15日、「義弟の由ちゃん」の世話で初めてアユ釣りに出かける。場所は「八王子から三里先」の相模川の大島地区。

このとき、毛バリで昼まで釣って「鮎六尾鯇三尾」。ところが同じ場所で同じ毛バリ釣りで

「四五十尾」も釣った人もいれば、全然釣れなくて河原で昼寝の釣り人もいる。一緒に行った由ちゃんは、コロガシという釣り方で毛バリ釣りより一回り大きい「五六寸の鮎と鮠と合せて十二三尾」。また友釣りという釣り方もあり、複雑多彩なアユ釣りに俄然興味を覚える。

4日後の19日には一番列車で桂川の上野原へ。26日にはまた上野原へ出向いて14尾、同行者は30～40尾。このときの帰りの電車の中で、「伴（筆者注＝つ）れのビクの金盥（同＝かなだらい）にはアユが山盛りで提げる網目の上に溢れてみえた」と書く。釣り仲間の大漁が誇らしくもあり、またちょっと口惜しくもありというアユ釣り初心者の心情が行間にこぼれている。

アユ熱は日を追って狂おしく沸騰。中1日おいた28日には1人で桂川へ。7月に入っても多摩川やその支流の浅川も加わり、三日と上げずアユ釣りに通う。

記念すべき友釣り第1号は相模川で釣り上げる

そして7月21日。桂川で〝夕のぼり〟の時合に当たって、17尾。この時期のアユは毛バリ釣りでも大きなのが釣れ、夫人の従弟の国ちゃんの指導の下に、家に持ち帰ったアユでハナカンを刺し通す稽古をする。毛バリ釣りやコロガシ釣りに飽き足らず、難しいといわれる友釣りに興味があったからである。しかしまだ、実釣までは至らない。

待望の友釣りデビューは翌年の7月末であった。場所は相模川の沼本。毛バリでは時期的に釣れず、行き合った15、6歳の漁師の家のせがれの「けふは友釣ならいくつか捕れるから」という言葉に導かれ、オトリにハナカンを刺し通して、緩い瀬へ入れて待つ。

すると、サオが「フト重たくなって引張られるので囮を水の面へあげるとその先きに一尾初めて掛かってゐた」

これが記念すべき瀧井孝作の友釣り第1号である。その日5尾を取り、「以来友釣が好きになった」とさらりと書き流している。以来40年近くに及ぶ友釣り道楽の記念すべき第一歩なのだから、もっと大げさに感動を表現してもよさそうなものだが、瀧井の文体はあくまでもリアリズムの道を踏み外すことはなく、ただ事実だけを朴訥につづるのである。

戦時中は筆をほぼ放棄。そのため、釣り作品も書いてない。戦後の昭和23年に書いた『不漁の記』は、相模川・大島での失敗談である。まず荒瀬の瀬ザクリでオトリを確保。しかし目掛かりでオトリとしては弱い。背掛かりを求めて瀬ザクリを続けるが、根掛かりしてイトが切れる。やむを得ず、目掛かりアユをオトリにして友釣り開始。

この〝瀬ザクリ〟は、〝コロガシ〟釣りが仕掛けを沖に振り込んで流れに乗せて下流へ半扇型を描くように引くのに対し、下流へ投げて直線的に上流へ引き上げる釣り方で、主に狭い流れ用。当時はまだ流域にオトリ店がなく、オトリはコロガシや毛バリ釣りで確保しなければならなかった。

目掛かりのオトリはよく泳いだが、突然サオが軽くなる。ハナカンとの結び目がほどけてオトリを失ったのだ。再び、瀬ザクリとコロガシに戻るが、オトリを取れない。それどころか、夢中になりすぎて「腰の錘袋にいれた、友釣の仕掛巻がどこかで落としてなくなってゐた」。下流に知り合いがいたが、「今始めた所」でだめ。さらに下手の漁師の舟からオトリアユを分けてもらおうとするが、手持ちゼロ。三度目の瀬ザクリ、コロガシだが、またもや仕掛けが切れてしまう。

勝手知ったる相模川の河原を、空箱を提げ、コロガシザオを担いでさまよう文壇きってのアユ釣り名手。

すると、誰かに呼び止められる。毎年荻窪から相模川に逗留してアユ釣りに明け暮れている顔見知りの老人だった。「私の空のオトリ箱みて、そこのイケスからよいのを出してオトリに使いなさい」と助け船。

先ほどの瀬頭へ戻って元気オトリをだすと、すぐにドーンときた。が、瀬の流心に逃げられて身切れ放流。次もすぐきた。強引に引き抜くが、キャッチできず河原にもんどり落ちて弱り、さらに背掛かりなのになぜか片目が飛び出している。まさに、弱り目にたたり目。

それでもこの片目の〝多羅尾伴内オトリ〟が野アユを捕まえる。しかし、バレて逃がす。オトリをやりくりしながら川を歩きまわる。何回目かの〝伴内オトリ〟の出動でやっと背掛かりアユを確保。が、引き抜きミスで足もとに落下。当たり所が悪く、ハナカンをつけて流れに出すが、「水底に腹見せてゐた」という始末。

万事休す。「けふは何（ど）うかしてゐると思って引上げることにした」。どんな名手にでも、こんな厄日があるのだ。

伝説の友釣り漁師・山下福太郎と遭遇

本書の後半部分には、小説風の作品が並ぶ。『奇禍』は、実生活と釣りとの奇妙なめぐり合わせ。『道志川』は、珍しく粋な女人が登場し、山紫水明の釣り風景に紅一点の清々しい艶めきが漂う。

締めくくりは『鮎つりと老人』である。昭和45年の西伊豆那賀川のアユ釣り解禁取材旅行での話だが、ハイライトは井伏鱒二『長良川の鮎』にも登場する伝説の狩野川友釣り漁師・山下福太郎との2度にわたる遭遇譚である。

雨の那賀川の解禁日から、昭和39年7月の馬瀬川での雨中の解禁日に思いが飛ぶ。その日宿の裏手の好場所へ行くと、すでに先入者がいた。「ゴム長の長い雨外套に同じ被《かぶ》りをかぶった背の高い男で、川柳越しに長い竿出して、鮎が掛るとグイと引き抜いて、川柳の上を空中輸送して、足もとのバケツの水の中に入れて、手早くオトリを替えて、また竿を出して居た」。川柳越しに引き抜く難しい場所だが、鮮やかなサオさばきで次々にアユを取る「精悍無言の五十男」

瀧井のサオはひ弱で、釣りにならず退散。馬瀬川の宿に戻って老主人にその男の話をすると、「彼《あ》の男なら山下やでナ、傍へは寄れんワナ、伊豆の漁師のわたり者《もん》でナ、山下の友掛には誰も叶はんサ」と教えられる。

場面は、回想シーンから那賀川の現実に戻る。瀧井は愛竿を仕舞っているとき、昭和8年8月の「友づり初年生」の折りに益田川で遭遇した伊豆の出稼ぎの漁師のことをハッと思い出す。

その男は「素っ裸の一糸もつけ」ず、頭にタモをかぶり「胸の丈けの深ンドを渉《わた》り」、対岸から大アユを爆発的に釣るのだった。サオは、「印籠つぎの竿で、ウルシ塗りもなく素朴岩乗《がんじょう》に見え」、元竿を継ぐと六間（約11m）という代物。ひょっとして、この赤裸の男はあの山下ではなかったのかとの想念が浮かび、調べてみると果たして想像通りであった。
ということは、瀧井が目にした印籠継の11mの豪竿は世に言う〝山下竿〟。山下竿は現在、馬瀬川のほとりの「美輝の里　ホテル美輝」に展示してある。この現存ザオの全長は9・3m／重さ1・35kgである。

瀧井はこの山下福太郎のことを、なじみの釣り記者・高崎武雄に依頼して調べ上げる。伊豆・修善寺「桂屋」の湯番の息子で本名は勇吉。アユ漁師として飛騨萩原に逗留しているうち宿の女房とできて色恋沙汰を起こす。やがてダム建設で岐阜の川は荒れて釣りにならず、「熊野の瀞八丁の上流の北山川に行って、しまいに谷川のアマゴ釣りなどして居て、北山川の山奥で自殺縊死して居た」ことがわかる。瀧井は書く。

「頑固ないつこく者らしい何かすがすがしい死に方、と私は思った」と。

瀧井にしては珍しく哀愁の情のにじむ文章である。この小編を発表した年、瀧井孝作はほぼ40年に及ぶアユ釣り人生に終止符を打った。

瀧井孝作（1894～1984）
現在の岐阜県高山市生まれ。12歳で魚屋に奉公。15歳のとき俳人・河東碧梧桐に師事。その後、芥川龍之介、志賀直哉らと会い、小説の道へ。代表作は『無限抱擁』。井伏鱒二や佐藤垢石らと友釣りを楽しんでいる。文壇一のアユ釣り名手との評価。

『氷雨』

葉山嘉樹

角川文庫『セメント樽の中の手紙』に収録

孤立無援の生活苦の中で、釣りに熱中

魚を釣るか首を吊るか――。

昭和10年10月5日の『葉山嘉樹日記』につづられている悲壮な言葉である。

葉山嘉樹は明治27年生まれ。大正15年発表の長編『海に生くる人々』は、小林多喜二の代表作『蟹工船』に影響を与えたことでも知られる。プロレタリア作家のレッテルを貼られてはいるが、彼は遠洋航海やダム・発電所での飯場生活といった労働の現場体験を通じて作品を生み出す、いわば体験派の作家である。思想と観念に縛られた一群のプロレタリア作家とは、そういう点で一線を画している。

短編『氷雨』は昭和12年12月の雑誌「改造」に発表された。その年の7月7日には、日中戦争の端緒となった盧溝橋事件が勃発。巷には、生涯釣りを趣味とした佐藤惣之助作詞の『青い背広で』が流れ、川端康成の『雪国』や井伏鱒二『ジョン万次郎漂流記』、石坂洋次郎『若い人』が出版された年でもある。戦争一直線ではあったが、文芸・文化はまだ実り多い時代だったのだ。

だがプロレタリア文学系の作家たちにとっては、過酷な日々であった。政治的弾圧という〝ペン〟だけではなく、原稿の注文がないのだ。〝ペン〟だけでは一家を養えないため葉山は、〝パン〟を求めて昭和9年1月から、三信鉄道（現JR飯田線）の鉄道施設工事に従事するために長野県下伊那郡の天竜川の近くに移住していた。しかし満足な給料を得られず、仕事もなくなる。その生活は〝赤貧洗うがごとし〟を地でいくもので、「金も無く、バット（筆者注＝たばこの「ゴールデンバット」）も無く、千金丹（同＝二日酔いや頭痛に効く薬の名）も無く、（中略）、金歯が抜けたから売らうとして、袂へ入れて出かけたが、質屋が目（※ママ）つからなかった」（『葉山嘉樹日記』昭和9年7月16日）、「改造から稿料の内金を送ってくるのを待っているうちにオーバーも服も一切質に入れてしまった」（同・昭和10年12月29日）と日記の文面も自虐の極に達している。

孤立無援の状況下では、釣った魚は一家の食い扶持であり、同時に生活上の喜びになっていた。『氷雨』を書いたころ、毎日のように天竜川やその支流の田沢川、大田切川などへ釣りに出かけている。たとえば、昭和12年10月3日から数日間の日記から釣りの部分を抜き書きしてみよう。

10月3日「午後行くところなければ、釣りに行く。赤魚、鮠とり交ぜて十一尾」（筆者注＝

赤魚はウグイ、鯇はアブラハヤのことか）、4日「午後、チラ（同＝川虫のヒラタ）にて餌釣りを試み三十一尾を上ぐ」、5日「（大雨で釣りに行けず）自分もクサッちまって、夕方から酎（同＝焼酎）二合飲んで寝た」、6日「午後釣り。チラ餌にてモミ釣り三十六尾」、7日「午後釣り。五十六尾。三百匁（同＝1匁＝3・75g）位あった」……。

毎日こんな調子である。そして10月9日に至っては、「原稿の依頼はおろか、手紙も来ない」と文芸ジャーナリズムから見捨てられている自分を哀れむ。書きたいが、発表の場がほとんど閉ざされている。当然、時代に迎合する出版社や新聞社に対して、「ジャーナリズムの骨なさ痛恨なり」と10月20日の日記で憤慨している。

米櫃は空っぽでも、ビクに魚が跳ねている

10月31日の午後、葉山は小学4年生の息子の民樹と1年生の妹百枝を連れて、父子3人でイナゴ取りと釣りに出かける。このときの情景に想を得て、文庫本17ページほどの短編『氷雨』が書き上げられた。

「暗くなってきた。十間（約18m）許《ばか》り下流で釣っている男の子の姿も、夕暗《ゆうやみ》に輪廓《りんかく》がぼやけて来た。女の子は堤の上で遊んでいたが、さっき、／『お父さん、雨が降って来たよ』／と、私に知らせに来た。／『どこかで雨を避けておいで』／と返事をしたまま、私は魚を釣り続けていた」

これが書き出しである。父と子供2人の微笑ましい釣り場の情景である。『どこかで雨を避

けておいで』という言葉づかいには、父親・葉山の子供に対する眼差しのやさしさがあふれている。

兄は妹のために、堤防のクルミの木の枝に干し草を渡して屋根の代わりにして、〝雨宿り〟の場所をつくってやる。兄妹もお互いにいたわり合い、貧しくとも清く正しく、けなげに生きている。

高原の秋はただでさえ肌寒いのに、日暮れが近づき、雨も本降りになってきた。しかし子供たちは「帰ろう」とは言わない。お腹もすいたし、帰りたい。なのに「帰ろう」と言わない。その理由を父親はわかっている。わかっているから、父親は「帰ろう」とは言えない。

そのとき、尺に近い赤魚を苦労して釣りあげるが、ビクに入れる寸前で逃がしてしまう。それでもまだ帰ろうとしない。それは、釣りに出かける前のある出来事に起因する。

「家を出る時に、小学校に今年上った女の児が、／『お母さん。もうお米がないのね』／と、米櫃《こめびつ》を覗《のぞ》き込んで云った」ことである。

小学4年の兄も私もそれを聞いた。が、「私の場合では聞かなくても知っていた」と書く。葉山にとって、米櫃の中に残っている米の分量は、見たり聞いたりしなくても、常に頭の中で敏感に計算されていることなのだ。家に帰っても暖かいご飯はない。どうあがいても無駄なのだが、いまはとにかくここで時間を潰すしか手立てがないのである。

雨足は激しくなり、自作のエサ箱の中の〝チラ〟が見えなくなり、釣りバリも見えなくなった。魚が掛かったので釣りあげても、その中空に跳ねる影さえ見えなくなった。そのとき、「私は、『親子心中』をする人たちの、その直前の心理を考えていたことに気がついた。／足の下には日本の三大急流の一つが、セセラギ流れていた」

その静かな暗い流れには、ぐらりと身が引き込まれていくような甘い誘惑がある。しかしちょうど、仕掛けが根掛かりしたことでハッと我に返り、テグスを力まかせに切って、そしてキッパリと覚悟を決めて、父親らしく言う。

『サア、帰ろうぜ』

子供たちも口々に『帰るの、帰ろうねえ』と声を合わせる。ビクは空ではない。赤魚の大物は逃がしたが、そこそこ釣れていた。これを子供に持たせて、一里ほどを歩いて家路につく。米櫃に米はなくとも、ビクには魚が跳ねている。

主義主張よりも生活こそが大事だ

道は雨でぬかるみ、子供たちは無言で、足早に我が家を目指す。父親はノロノロと歩きながら「生命への嫌悪感！」にさいなまれ、いつしかまた死への想いにズルズルと沈んでゆく。心の中で声高に、こう叫んでみる。

「もう政治とは絶対に縁を切る！」

その途端、その言葉の虚しさに気付いてがく然とする。生きるか死ぬかは、政治信条とは無関係なのだ。そして、次のように悟る。

「要するに生命と云うものは、動物的なものなのだ。この動物的な生命を、生き甲斐のあるようにするのには、動物的な生活態度が必要なのだ」と。「動物的な生活態度」とはいかなるものか？

「兎や雷鳥が、雪の降る時に白色に変り、草の萌《も》える時に、その色に変るように、カメレオンのように、絶えず変色したり、尺取り虫みたいに、枯枝と同じ色をして、力んでピンと立っていれば、生命と云うものは保つものなのだ」

こういう態度は「何ら卑下する必要のないこと」だが、人間は「勿体《もったい》をつける」ために、ライチョウやカメレオンになることが難しい。しかしいまの彼は、そんな自尊心とかプライドとかにかまっていられない。「私はもう、私に見切りをつけ」、「人生の食い潰《つぶ》しであることを自認したのだった」

こう開き直ると、死神は遠ざかり、人生に自由が生まれてきた。皮肉である。社会人類の階級的平等や自由を叫んでいた自分が、そのイデオロギーに縛られて自由を失っていたことに気づいたのである。

そこで、子供たちに楽しく面白く、思い出に残る体験をさせてやろうと、きょうの「釣り兼蝗《いなご》取り」が実施されたわけだ。「これなら金がかからないで、子等の弁当のお菜が取れる。その上川魚は頭ごと食えるから、第二の国民の骨格を大きくする為のカルシウム分もフンダンにある」。「第二の国民」とは、第二国民兵役のことで、体格的に兵隊としての役割があまり果たせそうにない人のこと。魚を骨まで食べればカルシウムで骨が育って第二国民は減少し、日本のために戦える。

〝クワとペンとサオ〟の夢の満州暮らし

部落はずれの一軒の「荒《あば》ら家」まで来て、その家で以前、釣りの帰りにガラスのない、吹きさらしの窓からのぞき見た光景を思い出す。囲炉裏には火もなく、鍋もかかっていない。そこで亭主が、女房に吊るし上げを食っていた。

「『お前だけ酒を飲んで面白いかもしれないが…』／それだけ私は聞き取った」

米代を酒ビンに費やして飲んでしまった亭主の無様。その哀れな光景は、葉山自身の立場そのものである。

やっと家に帰り着いた。女房が工面したのか、ご飯があった。しかし、一家4人の胃袋を満たすにはてんで足りない。

「下の女の児は一杯食った切りで、『御馳走様《ごちそうさま》』と云って、サッサと寝床にもぐり込んだ。／男の子は三杯目に、／『御飯未《ま》だあるの』／と、女房に訊いた」

子供たちが眠りに就いてから、父はこっそり家をでて、雨降りしきる夜更けの村を、すきっ腹を抱えて奔走した。村の家々を回り、米を譲ってもらうためである。

「明日はどうなるであろう」

ここで、この短編は終わる。

明日はどうなるであろう――葉山嘉樹はこの後、活路を大陸に求める。満州開拓農民として荒地を耕しながら、その辛苦を小説にたたきつけ、ときに大陸の大魚と格闘する――こんな夢を見ていたはずである。〝クワとペンとサオ〟の満州暮らし、悪くない。

ついに念願かなない、当時住んでいた長野県・山口村から満州開拓団員として日本を発つ。昭和20年6月のことだ。7月、開拓村に到着。8月15日、敗戦。10月18日、夢崩れて引き上げ列車で帰国途中、ハルピン南方の徳恵駅近くで病死。51歳であった。

その生涯は小林多喜二の29年間よりも、幸せであっただろうか。

葉山嘉樹（1894～1945）
福岡県生まれ。早稲田大学予科文化に入学するも中退。セメント工場で働くが、労働組合を結成して馘首される。労働争議で逮捕・釈放を繰り返す中で小説を読み漁り、『淫売婦』『海にいくる人々』などを発表、プロレタリア文学の旗手となる。釣りは天竜川でハヤの後、木曽川でアユ釣りに熱狂。

『思い浮ぶこと』飯田龍太

中央公論社より1978年発行

釣りの腕は師・井伏鱒二をしのぐ

「私は三十何年来の、井伏先生の釣り弟子である」

俳人・飯田龍太が井伏鱒二著『川釣り』に寄せた「奥義賛―井伏先生の釣り―」の最初の一文である。

飯田龍太は、高浜虚子門下の俳人・飯田蛇笏《だこつ》を父として、大正9年に山梨県に生まれた。父の影響下、俳句を志し、家督を継いで山河に暮らしながら句を詠んだ。その作風は正岡子規―高浜虚子―飯田蛇笏と続く〝ホトトギス〟の正統を戦後に受け継いで、凛として清廉。

井伏鱒二との関係は、昭和27年10月、井伏が文芸講演会に出席のため甲府へ赴いたおり、同行していた俳人・水原秋櫻子に紹介されたのがはじまり。ときに龍太32歳でいまだ新進、井伏は54歳の壮熟期。ほぼふた回りに及ぶ年齢差だが、「釣り」という共通の趣味もあって、以後長きにわたって師弟の交わりを結ぶ。その親交ぶりは、『井伏鱒二・飯田龍太　往復書簡』（角川学芸出版刊）にくわしい。釣りに関するやりとりも随所に散見される。たとえば次のように――。

「前略／大変楽しい釣行を過ごさせていただきました。／御厄介に相成りました。御礼申し上げます。／釣果もまずまずの成績ではなかったかと存じます。なによりもますます御元気のご様子に欣喜いたしてをります。／御無礼致しました。御礼まで」（昭和43年5月17日の龍太から井伏への封書）

対して井伏は翌日、このように返信。

「おかげさまで愉快に新宿駅へ着きました。けさ見るとテッセンが一つ咲いてゐました。（以下略）」

これは井伏が、5月14日に下部温泉の不二ホテルに建立の〝三田村鳶魚《えんぎょ》終焉之地文学碑〟除幕式に出席した後、龍太と合流して〝楽しく〟〝愉快〟な釣りに遊んだときの手紙である。井伏が旅の道連れに、愛竿を携行していたことはとみに知られている。富士川か笛吹川のどこかの支流に入って大釣りしたのであろう。

龍太が「御無礼致しました」と恐縮しているのは、師よりたくさん釣ったからだろうか。実際、龍太の釣りの腕は師をしのいでいたようだ。生家のすぐ裏を狐川という細川が流れ、子どものころから川釣りに親しんでおり、井伏がヤマメ釣りの名手と認める下部温泉の床屋・ヤマメ床の主人が「不漁で自棄酒を飲んだ日、同じ川で龍太さんは十三びき釣った」、と「飯田龍太の釣」という小文に書き残している。

弟子の技量を認め、「龍太さん」と呼んでいるのがいかにも井伏らしい。なお、テッセンはキンポウゲ科のつる性植物で、季語は初夏。前年の春3月、弟子から師へ贈られたもの。このさりげない〝テッセンの花一輪〟の書き込みから、師弟の交わりのあたたかさ、ゆたかさが匂ってくる。

肘打つ雨の中、渓流にサオをだす

《大粒の雨が肘打つ山女釣》

飯田龍太の〝釣り俳句〟は意外に少ない。この作品は、昭和43年の作。釣りたどって深山に分け入り、驟雨を浴びた際の一句であろう。脇を締め、肘を90度近くに軽く折ってサオを構える釣り人。礫《つぶて》のような雨は、背中でも、肩でも、腕でも、手首でも、ましてや顔でもなく、肘を激しくたたく。渓流の名手は、肘とサオを一体化してエサを流し、誘い、そして合わせる。その〝肘〟に感覚を集中した隙のない釣り姿勢が、〝雨が肘打つ〟に表出している。大自然の中に孤立する釣り人の無念無想の心象までも描き出し、まさに釣りと俳句の両方の名手ならではの感覚の冴えだろう。雨を風景としてではなく、皮膚感覚でとらえているのが異例である。

随筆の名手でもある飯田龍太には、句集のほかに吟行・随想集も幾多ある。今回取り上げる『思い浮ぶこと』は中央公論社から昭和53年10月20日発行。30編ほどのうち、釣りを題材にしたものは4編ある。

まずは、「川釣り」である。昭和49年に読売新聞に掲載。釣りの思い出や風景を思いつくまま、目にするままに書いたものだ。

鶏小屋が狐に襲われ、飼っていた15羽のうち生き残ったのは1羽だけという未明の惨劇にはじまり、家の裏手の渓流でアブラハヤなどの雑魚を釣った子ども時代の話になり、笛吹川からの富士山や大菩薩峠の眺めを愛《め》で、その大菩薩峠から流れる日川で、「木の枝を投げ込むと、尺ヤマメが二、三匹いっぺんに串刺しになった」と言う、地元のおっさんの法螺っ気たっぷりの昔話へと筆が移る。

そして先日、いつもの釣り場へ行って、白髪白髭の老人が、「ハッとするような面だちの」17、8の娘に見守られて釣りをしている光景に出くわす。老人は龍太の目の前で2尾のハヤを釣り、ゆっくりと風格漂う仕草で手元に寄せた。そのとき、「老人と娘さんの頭上を、二羽の春鳶がゆるやかに輪を描いていた」

この光景を見て、《春の鳶寄りわかれては高みつつ》という自身の旧作を文末に添えている。この《春の鳶――》の句は昭和21年、龍太25歳のときの、いわば〝出世作〟である。「私の俳句作法」（P91〜92）によれば、この句の原作は《春の鳶寄りてはわかれ高みつつ》だったそうだが、雑誌に発表されたとき見ると《寄りてはわかれ》が《寄りわかれては》に加筆してあったという。当然憤慨するが、活字になった後では仕方ないとあきらめる。時を経て、「句集（筆者注＝第一句集「百戸の谿」）に入れる段になって再度眺めると、なるほど加筆した作品のほうがいい」と気づく。「内容にふさわしい、ほどよい速度がある。『寄りてはわかれ』では中だるみだ」ということなのだ。

五七五の17文字の世界は、ことほど左様に精妙巧緻な言語世界なのである。おそらく釣りの世界でも、名手同士にあってはこのように微妙な腕か、仕掛けか、サオかの違いが、釣果に差を生むのであろう。

50歳で「禁漁」を宣言

次の「釣りのことなど」は、翌年の毎日新聞に掲載。ここで龍太は重大な宣言をする。「私は、かれこれ二十年ほど続けてきたヤマメ釣りを、今年からふっつり止めることにした」

理由は、「渓流釣りの定年は五十歳だそうだ。その定年を、何年か過ぎていることに気付いただけのことである」。そして近ごろの、何かといえば平等を声高に主張する人々に「磯の小物釣りをおすすめしたい」と提案。理由は、「人間とちがって、魚は公平無私。釣れる釣れないはそのひとの能力次第である。それぞれの能力が、いかに不平等のものか、それが愉しみながらいっぺんで分る」から。こうも言う。「平等をあまり主張するのは、不平等のもとだ」と。能力や技に平等、不平等を持ち出すのはナンセンスということであろう。

3編目の「ヤマメと手打ち蕎麦」は、早川でのヤマメ釣りのために西山温泉の自炊宿に泊まり、食べ物を売りに来た近在のオバサンから仕入れた手打ちそばに舌鼓をうった思い出だ。「焼畑で育てた蕎麦である。小麦粉など入れない蕎麦粉だけのものだ。その上、石臼の手碾きだから、たっぷり殻《から》も交じる。黒くて短くて太い」

これを釣りから帰ってひと風呂浴びた後に食べると、「山の霊気もいっしょに胃の腑に溶け込むような気分になった」

だが、「もっとも私は、二年ほど前から、ヤマメ釣りを止めた」と現実に戻ってちょっと寂しげである。しかし、「(新聞記事に)今年は、甲州の各河川に、ヤマメをドッサリ放流したと出ていた。それを読んだ朝、しばらく動悸が静まらなかった」と渓流釣りに対する未練がまだくすぶっていることを示唆する。

釣りに没頭のあまり、俳句を得ず

4編目「ヤマメと桃の花」は、「渓流釣りの定年は五十歳。それを越えると、必ず魚のタタリがある」と、渓流釣りとの決別宣言のダメ押しで始まる。そして、「ヤマメをしばしば貫目釣り(筆者注=一貫目は3・75kg)した」友人は、鉄砲水で流されたそうである。素っ裸の死体で見つかったとき、「その手にはしっかり愛用の竿が握られていた」という。これを聞いて日清戦争の「木口小平は死んでもラッパをはなしませんでした」の軍国美談を思い浮かべ、「川立ちは川に果てる」の言葉を思い出す。

次に、「釣りというのは勘である。(略)どんな名手でも、現役を離れたらたちまち勘がにぶる」と続ける。そういうものだろうと思う間もなく、大手出版社のなじみの編集者から、釣り取材の電話が入っていたことがわかる。

「釣れる釣れないは、どちらでもよろしいのでございます。春の渓流を楽しむ、そんな気分で気楽にいらっしゃっていただければよろしいのです」

そんな内容の、なじみの編集者からの電話だった。もう、イケナイ。打ち止めにしたはずの、釣りの虫が羽化して頭の中をぐるぐる飛び回る。

今回限りの「臨時のパートタイム」の気分でなどと言い訳をしつつ、釣り取材の申し出を快諾。「釜無川の支流の塩川の、またその上流の本谷川《ほんたにがわ》」にねらいを定め、〝精妙巧緻〟なる2泊3日の温泉宿泊付き釣行計画を打ち立てる。編集者とカメラマン同行である。

何尾かのヤマメやイワナを釣り上げ、写真も取材も成功。原稿もすらすら書き上げた。すると編集部から、「できたら俳句も二、三作ってほしい」と〝加筆〟依頼の電話。そこで、「一句も生まれなかった。二兎を追わぬところを、しがない釣師のせめてもの晩節と解してはもらえないだろうか」と言い訳を付け加えて終わる。

龍太の性格からして、俳句を作っていないはずはない。久々の釣りに欣喜のあまり、納得のいく作品を得られなかったのだ。それをこのように、軽いユーモアに包んで弁解することで、読後に隠し味のような面白味が加わっている。しかし、俳句をもらえなかった編集者は困っただろう。読後に、その困惑顔が思い浮かんで、編集の経験もある筆者は思わず苦笑してしまった。

なお、この取材釣行をもって、飯田龍太は渓流釣りを真に打ち止めとした。

飯田龍太（1920〜2007）
山梨県境川村に生まれる。父は俳人の飯田蛇笏。早大中退。父主催の句誌『雲母』の編集を手伝いながら、自らも俳句修行。第4句集『忘恩』で第20回読売文学賞。昭和29年に第一句集『百戸の谿』刊。井伏鱒二を釣りの師と仰ぎ、ヤマメ釣りに精進。

『石鯛釣り』

團伊玖磨

1979年朝日新聞社『エスカルゴの歌』に収録

長寿随筆「パイプのけむり」の前奏曲

日本オペラの代表作「夕鶴」をはじめ、混声合唱組曲「筑後川」、行進曲「海の若人」などのクラシックばかりか、「真空地帯」「夫婦善哉」「無法松の一生」「馬鹿が戦車でやって来る」などの映画音楽、「ぞうさん」「やぎさんゆうびん」「おつかいありさん」などの童謡と、作曲家として幅広い活躍をした團伊玖磨。昭和39年、40歳の春から「アサヒグラフ」誌上でスタートした『パイプのけむり』の連載随筆は精妙洒脱な文章で好評を博して、平成12年に同誌が休刊するまで続いた。

その『パイプのけむり』の前奏曲（プレリュード）ともいうべき随筆集が「エスカルゴの歌」である。27編が収められており、前半の14編は「師であり友であり恋人であった、三浦半島の自然と私との交流」(「初版あとがき」より)記であり、昭和30年代の初めに書かれたものを書き改めたものである。

目次の最初に登場する『うみがめ』は、当時住んでいた葉山の汚れなき砂浜にまだウミガメが産卵にきていたころの話で、その結びの文は次のように鮮やかである。

「かめは、産卵するときに涙を流すといわれている。しかし、もう、(人間に荒らされて)この海のどこかでは、産卵することの出来なくなったうみがめ達が、産卵のとき流す涙よりももっと悲しい涙を流していることだろうと思う」

このように、自然を侵食破壊してやまない文明を嘆いたかと思えば、いきなり前ぶれもなく次のような艶笑譚が飛び出す。『鯛』と題された小文なのだが話はタイからカツオに移る。

「カツオという語は、イタリー語では男性のなにかのことである」と書き、イタリーに留学していた團の友だちがカツオ節を削っていると、それを見た下宿のマダムがそれは何だと聞くので、「乾したカツオである」と答えたら「吃驚《びっくり》仰天」して「茶色の一物を撫でたりさすったり」、挙句はその一片を口へ——。

「それから数日後、ある夜更けに、このマダムは友人の寝室に侵入した。理《わり》なき仲となったあと」、彼女は言った。「乾してもあんなに立派なのだから、なまのはさぞ壮大なものだと期待していたけれども、大したことはないのね、イタリー並みよ」と。

その後にさらに同類の話が続き、とどのつまりは「おタイ屈様」で終了。

お堅い作曲家の脳内には、硬軟入り混じった旋律が流れているようで、読んでいて実に愉快である。

アタリがないので岩の上で酒盛り

作曲家は五線譜と格闘し、脳内で♪（おんぷ）が暴れはじめると心身のリフレッシュのために近くの砂浜や護岸、小磯でサオをだしてキスやメゴチ、ベラ、ウミタナゴなどを釣り、たまに背伸びしてクロダイ釣りに挑戦したりする。

そんなあるとき、「石鯛釣りをせにゃあ磯釣りを語る資格はない」と鎌倉に住む漫画家の那須良輔に言われて挑戦することになった。その顛末を綴ったのが『石鯛釣り』である。團はこのころ25歳前後、葉山に引っ越して本格的に始めた釣りの面白さが分かりかけていて、「何か目先の変わったスケールの大きな釣りはないものかと思っていた矢先だった」ので、この大物釣りに興味を抱いたのである。

イシダイを釣り上げるとなると、まずサオも仕掛けもこれまでの〝雑魚〟釣り仕様とはわけが違う。「人間がぶら下がれるほどの強竿」、「デパートなどでよく使っている包み紐ぐらいの太さの」ナイロンイト、そして「三本捻りから七本捻り」のワイヤーがハリスで、これに「大きく頑丈な石鯛用の鉤」を結ぶ。エサは貝のサザエである。

準備万端整え、「那須恩師」同道で、「僕が二階の書斎の窓からいつも見ていた沖の小島」である権太郎島に小舟で渡った。磯にピトンを打ち込み、尻手縄を用意し、「島から前方三十メートルあたりの、いかにも水深のありそうなところに仕掛けを遠投」して、あとはアタリを待つばかり。

「もう来る頃だ、もう来る頃だ」と期待するも、「待てど暮らせど全く当たりが」ない。たまにサオ先が震えて一瞬緊張するが、「それは外道《げどう》のかわはぎやふぐ」。やがて外道のアタリも間遠になり、「少々退屈した僕達は、どちらともなく、ウイスキーを呑もうや」となり、ポケット瓶をキュッと開けて琥珀色の液体を舌にころがす。肴はエサのサザエ。薄く切って海水で洗えば、潮味も利いて極上だ。

魚のエサが肴になるとは、これいかに？

やがていつしか、例によって「那須さんも僕も、連日の仕事の方の疲れが出たらしく、岩を枕に大の字」になって大いびき。「三月の磯の上はぽかぽかしていて寝心地が良かった」ようである。

夢にまで見た豪快なやり取りに大興奮

一度の失敗ぐらいでは動じないのが、大作曲家である。むしろファイトが湧き、「その翌日から、毎朝、さざえを一貫匁ずつ持って、まだ明けやらぬ四時にうちを出」て、知り合いの漁師のエビ網漁の船に便乗して沖の小島へ渡る。一貫目は3・75kg、サザエ1個200g前後として20個近くである。

「すがすがしい早朝から午《ひる》までねばること三日目」、イシダイらしき大きなアタリがあったが、「この日はとうとう食い込まなかった」

その翌日の「忘れもしない午前七時十二分過ぎ」のことだ。

「数度の力強い当たりの後、竿先きがぎいぎいときしみながら海中にひきしぼられて行った」待望の本格的なアタリである。しかし慌ててはいけない。サオ先が水面に届くほど深く食い込むまで我慢し、「力一杯に合わせた。がっちりと鉤掛かりする手応えがあった」。そして、「聞きしにまさる、夢見ていた豪快なやりとりが始まった」

この力勝負の行方が見えてきた。

「朝の光に澄んだ真青に美しい海底から、七本の黒い縞目もあざやかなシルバー・ブルーに輝いた石鯛が、ぐるぐると弧を描きながら上がって来るのを見た」

ズシリと重い魚体をタモに捕り、「岩の上に横たえた魚の傍へ僕はへたへたと坐って、君に逢いたかったんだ、君に逢いたかったんだ、と我知らず口の中で叫びながら、爽やかに冷たい魚体を撫でた、涙さえ出た」と感激。

魚1尾釣り上げただけで何ゆえに涙が出るのか？　作曲家はその後に続ける。「思えば釣師とは妙なものである」と。涙のわけは本人にもわからない。釣りとはそれほど人間を無我の境地に誘うものであるということだろう。

結局、この日は1時間後にもう1尾釣れた。「家に帰って計ると、九百匁と六百匁、大きい方は二尺前後の体長があった」というから、ナント約60㎝。当時はこんな大魚が、葉山の海の底を悠々と泳いでいたのである。しかもそのシーズンは4～5月の2ヵ月間、ほぼ毎日通って「総計二十三枚の石鯛を釣った」

それはそれで、大変うれしいことだったが、1つだけ不都合が起こった。「岩と海面双方からの照り返しで恐ろしいほど陽にやけた」のである。日焼けは釣り人の勲章であるが、職業柄まっ黒な顔と手はちょっといただけない。そればかりか、サザエのぬるぬるで指は荒れ放題、髪の毛は潮風で色褪せてぼさぼさ。こんな魁偉な容貌では、聴衆の面前で指揮棒を振るには適さないと誰もが思う。

「その頃東京で逢っていた女性は、僕の日増しに魁偉化する容貌を嘆き悲しんで、駄目よ、もっとピカピカにお洒落《しゃれ》をしてよ」、「これでは一緒に歩いていてもなんだか恥ずかしいわ」と毛嫌いもされた。

そこまで女性にさげすまれても、先生は凛として己を貫かれる。

「(女性よりも)海の魅力のほうが素晴らしく思えて、ピカピカのお洒落などはする気にもなれなかった」

心根はイシダイイザオのごとく硬派一本のロマンチストなのであった。そして先生はこうもおっしゃる、「釣りをする。そのことは僕にとっては目的ではない」と。では、何が目的なのか?

「海の美しさ、自然の素晴らしさの中に融け込むため、そして融け込んだ上で大自然の素晴らしさを知るための一つのよすが」こそが釣りであると言う。

「水平線に昇る太陽、早朝の澄んだ海を渡って来る冷たい空気、岩礁に泡立って砕ける波の音、潮の干満、潮流の時間的な変化、水温、水深、磯に棲む小動物たち」、これらが構成する大自然の時間に「融け込む」ことの素晴らしさが、作曲家・團伊玖磨にとっての釣りであった。

その大自然に融け込む素晴らしさは、女性の比ではないということだろう。

ところで、團伊久磨の長寿随筆『パイプのけむり』にも、釣りに関する小文がいくつか登場する。「続パイプのけむり」に、『釣れますか』というのがある。タイトルだけで、釣り人は「ハハーン」と苦笑を禁じ得ないだろう。釣り場で話しかけてくる〝釣れますか?〟おじさん（近ごろはおばさんもいる）の話である。

「こちらは魚を寄せるために海辺に蹲《うずくま》っている訳なのに、魚よりも先に、必ずと言って良い程人間が寄って来て、何だかんだと話しかける」のは不思議であると、まずは軽くジャブを放つ。彼らはだいたい釣りの「つ」の字も知らない人が多く、海岸の堤防で魚籠をのぞき込んで、「大きな鮒ですなあ」「せっかく釣っても、へら鮒はあまり美味くは無いでしょう」などと知ったかぶり。作曲家は憮然として、「これは黒鯛ですよ」と答える。すると、「この辺では、へら鮒の事を黒鯛と言うのかなあ」って。

クラシック音楽家の、このいぶし銀のユーモアセンスには、絶倒するほかはない。

團伊玖磨（1924～2001）

東京生まれ。7歳からピアノを習い、12歳で山田耕筰に感化され作曲家を志望。昭和25年のＮＨＫ創立25周年記念管弦楽曲募集コンクールで「交響曲第一番イ調」が特賞（芥川也寸志と同時受賞）。オペラ「夕鶴」が代表作。晩年は八丈島に別宅を設けて魚釣りに興じた。

『江戸前の釣り』

三代目三遊亭金馬

中央公論新社・中公文庫

「金馬急病につき休演」、実は……

昭和26年、戦後の混乱が収まり、民間ラジオ放送が開局したころ、笑いに飢えた日本列島に落語ブームが湧き起こった。当時の三名人といえば文楽・志ん生・圓生で、この三人は落語という大衆芸能を芸術の域にまで引き上げたという点で高く評価されている。だがしかし、一般大衆に大受けしていたのは、実は三代目三遊亭金馬であったという。

金馬の芸風は、声がよく通って発音も正確であったから、〝楷書で書いたような〟と称された。わかりやすくて耳によく通ることで誰にでも好かれたが、玄人筋にはなぜか評価が低かった。

小柄な身体に大きな顔、丸めがね、ピッカピカの頭と乱杭歯がトレードマーク。大の釣り好きで、「ぼくは子供のころから普段は日記をつけたことがないが、釣り日誌だけはたんねんにつけている」というほどの入れ込みよう。釣りのために寄席を抜ける（休む）こともしばしばで、「金馬急病につき休演」の貼紙が出ると、それを見た客もさるもので、「金馬、また釣りか」と納得だったというからスゴイ。地方へ行くと、時間ぎりぎりまで釣りをして、釣りの服装のままで一席しゃべったなんてことも。

　もちろん、釣りを噺の素材にもよく使った。たとえば次のように。

「相変わらずの教育落語でございます（ヒソヒソ笑）。まことに相済みませんが、18歳未満の方はロビーに出て、タバコ…、あ、タバコは飲めないか（笑）」で始まる艶笑小噺の一席である。

「あたくし、今夜2時に相模川の田名という所へアユを釣りに行っちゃいます。明日は解禁日なんです。17、8のピチピチした若い娘さん…、解禁前の！（笑）」と、まずはジャブを打ち込んで、その年の正月にテレビ取材で山中湖にワカサギを釣りに行った話に移る。氷上穴釣りである。

「穴を、案内人に掘ってもらうんです。どっかいい穴、掘ってくれってぇと、新しい穴ばっかり掘らねえで、よその人の掘った後家穴も釣れますよ」で大爆笑。さらに続けて、「後家穴だって、いい穴にあたりゃあねぇ」と追撃砲を放って、場内大喝采！

　実はこの噺の元ネタは、本書第1章「釣って食べて、また釣って〈釣り十二ヵ月〉」の〈一月〉ワカサギの項に出ている。ただし、ここでは艶笑のニオイはきっぱり断ってあり、「ほかの人が掘った後家穴も案外釣れることがある」と後家穴が釣り人の間で言い古された釣り用語の1つであるかのようにサラリと書き流している。まさに、噺家と釣り人の分をわきまえた絶妙の使い分けといえよう。

熱中のあまり列車に跳ね飛ばされる

金馬の釣りは、父親ゆずりの筋金入りである。

「明治の初期、水場の本所に住んでいた職人のおやじは、三度のめしより魚釣りが好きで、自分で弁当をこしらえて」釣りに出かける。が、「その（せっかくつくった）弁当を忘れて出かける」こともしばしばあった。また「ぼくを連れて（弁当を持って）釣り場へ行っても、昼飯を（食べ）忘れていたことがある」と言うから、まさしく「三度のめしより魚釣りが好き」な父親だった。

そんな父親ゆずりの釣りであるから、一生懸命のあまりトラブルも多々引き起こす。その最大は、昭和29年の列車事故だろう。釣りは魚種を選ばずどれにも全力投球で遊ぶ。その災難に遭ったのは2月の千葉県佐倉での寒タナゴ釣り。熱中のあまり、「鹿島川の鉄橋で汽車にはねとばされ、半年も入院したのだから、実にあっぱれなものと自分でも思っている」と書いている。

命にかかわる事故を起こして釣りは自重しなければと思うのが普通人の感覚だが、全く意に介していないどころか、それを勲章が一つ増えたと自慢している。

その釣りキチ振りは恐れを知らず、3月のフナ釣りでは、「フナは足で釣れ」などと言い、釣りから帰ってその日釣り歩いたところを地図でたどってみると、なんと「十里歩いていたということがたびたびある」と書く。十里とは、1里約4㎞だから、40㎞……。そうして何食わぬ顔で高座をつとめるのだからおそれいる。

玉川に住んでいたとき、「竿を持たずに（多摩川の）河原をブラブラ歩いてみたが、一丁（100m余り）も歩くとすぐに飽きてしまった」が、「釣れても釣れなくても、竿を持って河原を歩いていると、何とはなしに心がはずんで二子玉川まで二里以上も歩いて、電車に乗って帰ってきたことが何度もある」

とにかく釣りどころか、サオさえ持っていれば楽しくて仕方がないという有様。

映画出演の合い間にもサオをだす。戦前の昭和14年6月のこと。『風流浮世床』の撮影で、知り合いの曲芸師と2人で京都太秦へ。撮影は支度や天候待ちでとにかく待ち時間が長い。太秦撮影所は嵐山渡月橋近くにあり、2人は抜け出して、若アユのドブ釣り。「蚊針荒巻の八ツ橋」が大当たりして、60数尾を釣り上げた。その時の釣り姿は、「二人ともチョンマゲの弥次喜多のような衣装で、尻をまくって膝まで立ち込」んでいた。出演時間が近づくと、「渡月橋の上から助監督が、／『撮影が始まりますから早くきてくださーい』と、大声でどなる」ので、「橋の上を見ると黒山の人だかり」だった。面目なかったので、釣ったアユを塩焼きにしてスタッフに振る舞うと、大いに喜ばれた。

関東大震災の後、本所太平町に住んでいたころは盛んにテナガエビに通った。

「寄席をはねて家に帰り、一杯飲んでぐずぐずしていると、夜中の一時ごろになる。それから、（テナガ）エビ釣りの仕かけをつくり」、「ボロ服に着替えて家を出るのが夜中の二時半ごろ」

になる。

金馬の釣り服は、自分で〝ボロ服〟と書いている通り、ヨレヨレのおんぼろを着ていた。理由は、「なるたけ、はなし家とわからないような服装をして往来を歩く」ことを心がけていたからだ。そのため、たびたび巡査に不審がられる。その夜も「途中で巡査にとがめられた。身分の証明をするためには、そこで一席しゃべるほかはない。覚悟を決めて一席ぶちはじめた。不審の顔をだんだんほころばせながら、その巡査は言ったものだ。『きみもずいぶんものずきだねえ』」

そうしてやっと葦の繁茂する細堀へ着くと、まず「藻刈り鎌で五、六ヵ所穴を開け、釣り場をこしらえて一ぷくする」

落ち着いたら、キヂ（ミミズ）をハリの大きさに合わせて切って刺し、サオを2〜3本並べている間に、もう玉ウキがツンと水中へ引き込まれる。

「今度は横へ持っていく。まだ餌は食っていない。両手で持って、どこへいって食おうかと迷っている。うかつなところで食っていると、自分より強いヤツに餌をとられる。せっかくみつけた餌を、他人ではない、他エビにとられてなるものかと、用心深く持ってまわっているのが、やっととまった」

エサにありついた用心深いテナガエビのようすを、落語家の口が微に入り細にうがつ描写をする。もう大丈夫だろうと、テナガエビが警戒を解いた瞬間を見計らって、「水ぎわをうまく引きあげる」。すると、「大空いっぱいに両手を広げて『金馬君バンザイ』というかっこうであがってくる」

ちっちゃいが手は異常に長いテナガエビが、大空いっぱいに両手を広げ、しずくを散らしながらあがってくる――この描写のおおらかさは、釣り場においては子どものように無垢な、金馬師匠の精神状態そのままである。

志賀高原の渓流で尺超えイワナを釣り上げる

ほかに、アオギスの脚立釣りの妙、当時はまだ人気だった江戸前のボラを100本釣った話、ハゼ釣りシーズンには江戸前の川筋一帯に釣り人が何千人と押しかけ、一番電車とバスは寿司詰め超満員だったことなど。なお陸釣りだけではなく舟釣りもハゼは人気で、「ゲジ舟」とは「船の両側に竿がゲジゲジの足のように出ていたからである」というように、旧き良きニッポンの国民的娯楽であった釣りの面白話やうんちく話が続く。

そんな中で、自身の釣り自慢の話が登場する。毎年8月に、仕事を休んで志賀高原で避暑を兼ねて楽しむ渓流釣りでのことだ。

「朝起きて顔も洗わず、二尺つぎ、二間半の竿に腰ビクさげて、ぶらりと飛び出す」。釣り場に着いて「川で口をすすぐと歯にしみて、目がさめる」。そして、川虫やイタドリ虫などを採って、「笑うような声で鳴」く鳥の声を聞き、サオを差しながら渓流の奥深くに分け入る。その清々しい心境を次のように描写する。

「ぼくは数千年前の太古の昔にいるようで時代を忘れ、大きな原始林の中にただ一人、世俗を離れ、いっさいを忘れて、しばし無我の境」にあると。釣りは落語家をしばし哲学者にする。

エサを変え、場所を変えながら釣り上がる。「青葉カゲロウ（エサの虫）をつけ、息を殺して静かに水の上面を流すと、どこから飛び出してきたか、いきなりガバーッと、もうれつな引き。あまりにも突然なので、全身の毛穴が総毛立つ」

大きな魚が食いついたのだ。「竿は満月、魚の引くままに五、六間下《しも》へさがる。ためつなだめつするうちに、ちらりと見えた一尺以上もあるイワナの顔。—中略—人間と魚の闘い。手が震える。胸は高鳴る」

「針素《はりす》は一厘、玉網は無し」。そこで、かぶっていた帽子を裏返し、「左手ですくいあげてみると、みごとな大イワナ」であった。時計を見ると11時。「アッ、いけねエ、朝めし食うのを忘れてた」とオチをつけることも忘れない。

巻末には、海老名香葉子（初代林家三平夫人）と香葉子の実兄・中根喜三郎（和竿職人・四代目竿忠）の金馬をめぐる語りおろし対談を掲載。それによれば、金馬は戦前から竿忠（三代目）の贔屓客であった。ところが、昭和20年3月の東京大空襲で竿忠の店は被災し全焼。父母と祖母と5人兄弟の一家8人のうち、生き残ったのは、沼津に疎開していた香葉子（当時国民学校5年生）と、彼女の2つ上の兄・喜三郎だけ。家族も家も財産も失って途方に暮れる2人を引き取って立派に育て上げたのが、金馬だった。

三遊亭金馬（1894〜1964）
東京本所生まれ。19歳のとき三遊亭圓歌に弟子入り。7年後に真打に昇進し、翌年三代目三遊亭金馬を襲名。絶妙な語り口の『居酒屋』が十八番。江戸前のハゼ、シロギス、ホソのフナやタナゴ釣りなどを好んだ。

『わたしの隅田川』

鈴木鱸生

1974年、光風社書店より発行

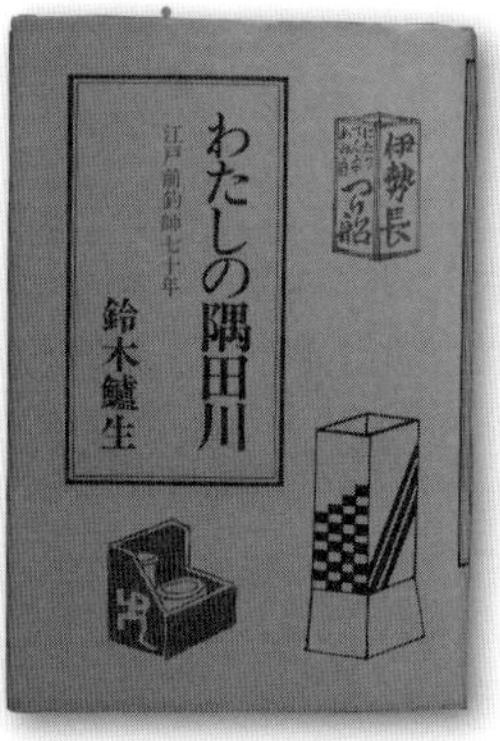

テナガエビ釣りの競技会もあった

本名は鈴木雷三。明治31年、隅田川のほとり、向島小梅町生まれ。この本は昭和49年10月発行で、副題に「江戸前釣師七十年」とある。当時すでに荒れ果てていた古きよき墨田川や江戸前の釣りを、江戸っ子の歯切れのいい文章で回顧した釣り随想集である。

「鱸生はペンネーム。佐藤垢石の『水の趣味』に鈴木を洒落て鱸生としたら、垢石がロセイと呼びならし、それが今日まで続いてしまった」（巻末の自己略譜より）

姓の鈴木（すずき）を魚の鱸（スズキ）と、江戸っ子らしく洒落て見せたのだ。

最初の「隅田川回顧」によれば、鱸生は7歳の頃にすでに近くの古池や小川で小ブナを釣り、釣り好きだった祖父と父親に連れられて大川（隅田川）でハゼやボラ、セイゴなどを釣っていたそうである。当時の釣り好きたちは外輪船の乗り合い蒸気船に乗り、中川や水郷方面にまで足をのばしていたとある。

「大橋を出て、小名木川を往き、途中いたるところが水郷の釣場で、好むところの船着場で降りればよかったから、日本橋、神田方面の釣師たちは皆この船を利用したので、休日などは釣師たちで満員になること、現在と同様であった」

鉄道の新橋～横浜間が開通したのが明治5年。文明開化の波は水運にもおよび、明治10年に外輪蒸気船「通運丸」が就航。黒煙を吐きだし、船体の両側にある水車を回しながら進むこの船は、〝川蒸気〟と呼ばれ、蒸気機関車とともに文明開化の花形だった。

航路は東京深川扇橋から、小名木川、江戸川、利根川、渡良瀬川、そして思川の生井河岸（現栃木県小山市）を往復。釣り人はこれに目を付けて釣り場を目指し、「休日などは釣師たちで満員になるほど」だったというのだから、当時の庶民の釣り熱が伝わってくる。

また、「隅田川、中川の釣」では、隅田川流域でのさまざまな釣りのようすが描かれている。わずか三尺のサオに千金を投じる道楽の極みであるタナゴ釣りの話も興味深いが、面白いのは〝手長蝦（テナガエビ）〟釣りだ。当時は、タナゴ釣りとともに、「妙に人気」があった釣りで、明治のころは「手長蝦の乗合船」が出ていたというから、その人気ぶりがわかる。

それどころか、戦前までは「手長蝦の競技会が随分とあった」というのにも驚く。競技会場としては、鶴見川や市川の原木《ばらき》川などがあった。また、有名釣場だった千住では、〝手長蝦の鬼殻焼〟が名物だったそうである。

現在でもテナガエビは手軽に釣れておいしく食べられるので人気だが、まさか競技会が盛んだったとは初耳である。

粋でいなせな江戸前「ケエズ」釣り

江戸前の釣り人たちの〝粋な釣り方〟とは――。「大正十年の江戸前」と題された随想に、そのようすが偲《しの》ばれる。

大正10年、文学の世界では武者小路実篤や志賀直哉、有島武郎ら白樺派が全盛で、巷では♪七つの子、♪赤い靴などの唱歌がはやり、♪船頭小唄が発表された年である。その年の5月、鱸生は「道流のケエズでもやってみようか」と思い立つ。江戸前釣りの好ポイント、道流杭でのケエズ（カイズの江戸なまり）釣りだ。思い立ったら、ことは早い。馴染みの船宿〝鈴音〟へ使いを出して、明日の予約を入れる。翌朝4時半に起きて、隅田川の土手を歩いて吾妻橋の際へ。

ここには、吉原の朝帰り客をあてこんだ車夫がおり、これに揺られて船宿まで約15分のひとっ走り。着くや否や、

『若旦那、飯ができていますよ』

とおかみさん。鱸生の祖父の代からのなじみなので、〝若旦那〟と呼ばれている。朝飯は「蜆《しじみ》汁と漬物」が基本で、今朝はこれに「鰆の生干《なまぼし》が添えてあった」。次に続く、おかみさんとの会話が実によい。

『へーえ、もう鰆かね、早いね』

『若旦那、その鱚、よく見て下さいよ。そりゃあ白じゃあ御座んせんよ、脚立のですよ』

なるほど、ひっくり返してみるとアオギスだ。

『ほんとに青だね。私しゃまだ脚立に乗らないから初物だよ』

アオギスの脚立釣りが盛況であったころの、立て板に水のようなやりとりが耳に心地よく響く。『白じゃござんせんよ』の白は、いうまでもなくシロギスのことで、『脚立のですよ』は、脚立で釣ったということなので、アオギスだ。江戸前の脚立釣りは、毎年八十八夜（5月2日ごろ）が解禁日だった。

『旦那、そろそろ出かけましょう』

船宿の頭の音さんと出漁。両国橋をくぐり、エンジンの軽快な振動を感じながら道流杭へ。鱸生のカイズザオは「野布袋《のぼてい》の強いのに柄が継いである」代物。野布袋は和竿の一級素材である布袋竹製で、露伴の『幻談』に登場するのは野布袋の丸（ノベザオ）であったが、鱸生はこの継ぎ（継ぎザオ）を船宿に預けているのだ。

ケエズ釣りのエサは生きエビで、これを泳がせながら杭の根本を探る。仕掛けは、カミツブシをつけただけのフカセ釣り。潮に流されてエビが杭から離れやすく、2度、3度と入れ直すがアタリがない。

「五度、六度と流して、やっとコツときた。間をおいて合わせると、張合のない手ごたえでゴボウに抜き上げたのが、チンチンの兄貴分ぐらいの二歳カイズ、これでも今年の初物だ」

クロダイは、その成長過程により関東の釣り人の間ではチンチン（1～2歳、20㎝前後）―ケエズ（カイズ＝2～3歳、25～35㎝）―クロダイ（4歳以上、40㎝前後以上）と名を変えて呼ぶ。初物が「チンチンの兄貴分」では、ちと物足りないというわけだ。

その後、潮が速くなってアタリなし。船頭の音さんが言う。

『杭をあきらめてボッカをやって見ましょう』

ボッカとは、古い海苔ヒビ周りのポイントのこと。海苔ヒビは、海苔を付着成育させるために海中に差し込んである雑木や竹の枝のこと。その根元に魚が付くので、杭と同様に釣りの好ポイントだったのである。

舳の「竿先がボッカに届く位置」に座り、2本の置きザオで釣る。

「煙草に火を付けていると、竿先が動いたような気がする。上眼づかいに見ていたのではっきりしないが、たしかに動いた。右手の竿尻を握っていると、竿先がグッと曲った。合わせる。かなりの引きだ」

ボッカから魚を引き離し、しばらくなやして（いなして）すくい取る。どうやら、満足のいく型だったようで、船頭の頬もゆるむ。さらに、2枚釣りあげたところで、「遠くでドンが鳴った」

ドンは、時を告げる空砲射撃のことで、この場合は〝昼ドン〟で、正午を告げる空砲のことだ。つまり、午前の仕事は終わり、ランチタイムですよというわけだ。

さっきから音さんは七輪をバタバタあおいで湯を沸かし、茶を入れる。鱸生は、弁当箱を開く。これは、特注で作らせた漆塗りの重箱で、サオとともに船宿に預けてあるものだ。これに船宿のおかみさんが手作りの料理を詰める。「鰻の蒲焼や、芝蝦の煮付け、鶏と牛蒡《ごぼう》の炒め物、あとは奈良漬でも入っていれば充分である」とはいうが、釣り弁としてはかなり豪勢といえよう。船頭の音さんは、ブリキの弁当箱だ。

豊かな江戸前は復活できるのか

「弁当を終わったら、ウロ舟が寄ってきた」

このウロ舟は、あちこちに浮かぶ釣り船をまわって釣り客に茶菓を売る商売の舟。そのウロ屋から餅菓子を買って、船頭と食後の茶飲み話の後、ゆっくりと午後の釣りに入る。

「潮はもうすっかり引いて、ヒビは半分以上出てきた。黒い海苔より青い海苔のほうが多くついている」

ここでは、海苔のうんちくをチラリとひけらかしている。海苔は普通、黒いほうが味わいが深くて高級だが、その年は青海苔の割合が多いので、不出来だと暗にほのめかしているのである。ちなみに筆者は、青海苔は味の奥深さはないが磯の香りが高いので、青海苔の割合はやや多めが好みである。

午後になると潮は一層速くなり、2度根掛かりして仕掛けを取られるなど難しい釣りになったが、それでも「三歳ケエズを二枚上げ」て一応納得して、帰り支度に入る。

江戸前の釣りがもっとも盛況だったのは、戦後の昭和23~26年ごろだったと、「幻の江戸前」に書いてある。朝、蒸しイモ2、3本持って釣り場に出かけ、エサのゴカイは採り放題。アオギス、ボラ、クロダイ、カレイ、アイナメなど「一日で二十キロの魚はやすやすと釣れ」、「夕刻重い魚籃いっぱいに魚を持って帰ると、家中がたちまち大饗宴」――この先、江戸の恵み豊かな川や海は復活できるのだろうか。

鈴木鱸生（1898〜1983）
東京の向島小梅町生まれ。明治大学2年中退後、渡満して満州を放浪。帰国後は水族館の設計の仕事で日本国中、台湾などもめぐる。三代続いた江戸っ子で、子供のころから近くの古池や溝でフナ釣りで遊び、7歳ごろから江戸前のハゼやボラ、カイズを釣り、隅田川をこよなく愛した。

『戦場の博物誌』

開高健

講談社文芸文庫
『戦場の博物誌　開高健短編集』に所収

文豪はなぜ釣り場を目指したか

1969年刊行の『私の釣魚大全』に始まり、『フィッシュ・オン』、『オーパ!』、『河は呼んでいる』、『もっと遠く!』、『もっと広く!』、『オーパ、オーパ!!』……。開高健は世界の魚を求めて地球各地を踏破し、おびただしい数の釣りルポルタージュを矢継ぎ早に発表した。

これほどまでに壮絶に、徹底的に世界を釣り歩いた人間はほかにいないであろう。なぜ、文豪は突然釣りに魅入られ、没入していったのか？　文庫『戦場の博物誌』には5編の短編が収録してあるが、その表題作『戦場の博物誌』にその答えがある。

開高健は1964年の11月から3ヵ月の予定で朝日新聞社の臨時海外特派員としてベトナム

戦線へ旅立った。東京オリンピック（10月10日〜24日）が終わった直後である。スポーツの祭典の熱気の冷めやらぬ日本から、殺戮と絶望の戦場へ空間トリップ。その後、約15年にわたって世界のホットスポットを駆けめぐる。彼がそこで見た光景は『ベトナム戦記』や『輝ける闇』に結晶し、『夏の闇』に昇華した。

戦場の次に彼がトリップした先は、世界の釣り場であった。その戦場と釣り場との境界線上、たとえれば海水と真水の混じり合う汽水域に、短編『戦場の博物誌』は位置している。博物誌は、いわば生物図鑑である。戦場で脅え闘い叫び笑い悲しみ、そして死ぬにしろ生きるにしろ、開高の視界から消えていった人間たちはほぼ書き尽くした。そこには累々たる言語の屍が転がっている。それでもまだ書き残していることがあった。それが、戦場で見た生き物たちの記憶である。

ページをめくると、最初に［ハゲワシ］が登場する。ビアフラの最前線、死肉の甘い匂いに群がる［ハゲワシ］。次がイスラエルで出合った［カモシカ、ラクダ］。砂漠の戦場の只中を遊牧民がラクダを連れて悠然と通りすぎるシーンは圧巻だ。

そして［イナゴ、ヤモリ、ライギョ］の3種類が登場する。ここに至って開高健は突然、太平洋戦争下の大阪で生き延びた彼自身の少年時代にタイムトリップする。

まずは［イナゴ］である。1945年、終戦間近。大阪はB29の空襲にさらされ、中学3年生だった開高は駅の操車場に動員されていた。小学校の教師だった父親はすでに亡く、食い扶持を失った一家は食うや食わず。極貧生活改善のために祖父と叔母、妹たちは疎開し、家には母と自分だけが残っていた。

腹の底がうずいて眠れないほどの空腹を抱え、空爆死よりも餓死に脅えていた少年は口に入るものであれば手当たり次第に胃袋に放り込んだ。ビタミンは雑草で摂った。タンパク質は、なけなしの母の衣服とジャガイモを交換するために出向いた先の田舎のあぜ道を飛びはねるイナゴで摂った。その件《くだり》は次のように書かれている。

「左手には長い糸をつけた木綿針を持ち、イナゴが飛んだらすかさず右手を払ってつかまえ、針に通す。糸の尻は玉にしてあるからイナゴは落ちない。一匹、一匹、そうやってつかまえては刺していく」

こうして、穴の開いた古銭を紐に通して保管する要領でイナゴの束を持ち帰り、塩や代用醤油をつけて金網で焼いたり鉄板で煎り、「頭をむしり、指で腹を裂いてウンチをとって」むさぼり食べた。その肉の味は「上品で淡泊、ねっちりとしたところもあり、食べつけるとやめられない」とある。

田舎の土蔵には、やせてかわいらしく、陸のハゼといった顔立ちの「ヤモリ」がいたが、それさえも少年の眼にはご馳走に見えた。

餓死と空襲に脅えながらライギョと格闘

タンパク質がイナゴだけでは、育ち盛りの少年の胃袋は満たされない。そこで彼は魚を釣る。釣りといえばフナだが、「日なたにゆっくり腰をおろして藻のはずれに浮かぶ浮子《うき》を静観していなければならないフナ釣りよりは、岸から岸へ草むらを歩きまわるカエル、ナマズ、ライギヨ釣りのほうが私には向いていた」

カエルは食用ガエルである。トノサマガエルなどとは比べようのないほど大きくて力強い。

「この三種は猛烈な跳躍をしてくれるのでいつも心臓がはためくし、何よりも体にたっぷりと肉を持っている」

釣る楽しみと、高タンパクな栄養を摂る楽しみ。そのうえライギョときたら、「脂のみなぎった白い厚肉は母と私の枯れかかった体にはさざ波のようにキラキラと栄養を手と足のさきざきまで走らせてくれるのである」からたまらない。

ここには明確にされていないが、フナ釣りをしない理由がもう1つあった。開高健の自伝的長編『青い月曜日』にそれは書かれている。

「空襲警報がいつ鳴るかわからない――だからのんびり池のふちに白シャツ姿ですわりこんで」いるわけにはいかないのだ。日差しに光る白シャツは、敵機の的になるだけだ。

食用ガエルは「三本鈎《さんぼんばり》に赤い切れ」をつけて、金色の瞳の前をちらつかせるだけで釣れた。ライギョは、まずトノサマガエルなど中小のカエルを釣り、そのカエルをエサにする。

「藻のはずれをひそひそと叩いたり、水音をたてたりすると、突然、藻が揺れ、水が裂ける。そこをこらえ、いきなり竿をしゃくらないで、一、二、三とかぞえてから全身の力で一気にのけぞり、ゴボウぬきでひったくってしまわなければならない。六〇センチから七〇センチもあるライギョが釣れると、よろよろするほどである」

やっと釣り上げると、「狂気の瞬間の痛切な感触」に襲われる。

「夏のうるんだ空が見え、何かの木が見え、草むらでずっしりとした体をのたくらせていた。

蛇にそっくりの、ライギョの真っ黒の眼が見える。虚無と驚愕をみたした、不安をおぼえるほど新鮮で精悍《せいかん》な二つの眼が見える。草を噛んだ白い歯も見える」

実は田舎生まれの筆者も小学高学年時代のある夏に、近くの大池でこの釣りに挑んだ。カエルの上あごにハリを引っ掛けて岸辺を抜き足差し足で歩きながら、藻の繁茂する湖面のすき間にカエルを躍らせる。すると、水面が裂けてカエルはひと飲み。サオをしゃくりあげると猛烈な引き。岸にずり上げて驚愕した。全身を覆う異様な斑紋と爬虫類に似た顔付き、そして暗く鋭い目。恐怖のあまりハリをはずすことができず、タコイトを切ってその怪奇な生き物を池に蹴り込んで逃げ帰った。この日以来、ライギョ釣りはしていない。

ベトナムの最前線で〝少年期の自分〟を目撃

魚はブサイクなほどうまい——開高健はことあるごとにこう語っている。確かにフグ、クエ、オコゼ、ハゼ……。ライギョも然りである。少年はこの醜魚をいかに料理し、食したのか。この短編にそれは書いてない。が、『青い月曜日』にはこう説明してある。

「私はその白い、厚い肉が好きだった。よくあぶらがのっていて、七輪のうえでぼうぼうと火と煙をたてる。照焼にするとうまい。ナマズに似た味がする」

豊満なタンパク質と照り輝く脂肪は口から空っぽの胃に、滝のようにすべり落ちてたちまち全身に運ばれた。ヒリヒリするような飢餓のどん底で釣り上げ、母と2人で分けあったこのライギョの記憶を、作家として大成し、胃袋が満たされた開高健はすっかり忘れ去っていた。ところが、なんと20年後、ベトナム戦争の取材中にこの記憶が突然よみがえる――。

それが次の章「ライギョ、ヤモリ／マメジカ、コオロギ、ヒキガエル／ブタ、トビハゼ、ホタル」に書かれている。

場所は、喧噪のサイゴン・中央市場。「放埓《ほうらつ》にほうりだされるまま、夜のものとも朝のものともつかない鮮烈な精力をほとばしらせて、もがいたり、くねったり、泡を吹いたりしている」一群の河魚の中に、「黒い眼、精妙な斑紋、しっかり食いしめた口」の魚がいた。おまけにその魚の口には、釣りバリが食い込み、釣りイトがはみ出しているものもあった。そのとき、終戦前のライギョ釣りの映像が開高の脳裏をフラッシュバックしながら走った。その場面の描写はこうだ。

「この魚を目撃すると、二十年前の少年時代のことが、河と泥と藻のきつい匂いのさなかで、まざまざと思い出され、私は恍惚となって、泡を吹きつつのたうちまわっているこの蛇と魚の混血児の顔に見とれたものだった」

不遇時代に別れた女と再会というロマンチックにはほど遠い姿形の魚ではあるが、他を圧倒する釣り味と食い味の思い出が身体の隅々から立ち上がり、長く体の奥底に閉じ込められていた震えるような獰猛な引きと胃袋の歓喜がよみがえったに違いない。

それればかりか開高は、従軍取材の最前線、「メコン・デルタの農村地帯」の、そのいたるところでライギョを釣る農民たちを目撃する。

「砲撃、銃撃、ロケット、連射、単発、さまざまな炸裂《さくれつ》音がひびきわたるさなかで農民はただ蛙を藻の切れめあたりで蛙泳《かえる》がせ」、悠々とライギョ釣りにふけっていたのである。かつて彼も戦乱の空の下でライギョを釣っていた。それと同じ光景が時空を経たいま、目の前に広がっているのだ。

「(ライギョ釣りを) 目撃したときには唸ることも忘れてしまうくらい感動した。そのときはもう私はすれっからしの三十五歳になっていたのだけれど、鮮烈な驚きで目を瞠《みは》らせられたものだった」

ここで、「ライギョ」と釣りに関する記述は終わり、次にヤモリの話になり、マメジカ、コオロギ……と続き、この短編は完結する。

開高健は少年だったころ、空腹と栄養のために、B29の空襲に脅えながら決死の釣りを敢行していた。それから20年を経て、銃砲弾の飛び交うメコン・デルタの水田地帯で悠然とサオを構えているベトナムの農民たちを目にして、あの時代のライギョ釣りの日々を思い出したのである。

――ライギョがカエルを飲み込んだときの鮮烈な震え、眼のくらむような強引な格闘、草むらでバタバタと跳ねる獰猛を抑え込む――少年時代の開高健はライギョを釣ることで、希望の見えないどん底生活にあって、血が逆流するような生きる実感を味わっていたに違いない。

世界の戦場を駆けめぐり、人間に対する絶望を背負ってさまよい、その果てにサオをかついで釣り場を求め、地球の奥地に入り込むことになったのは、人間社会からの逃避でも、精神の均衡を保つためでも、疲弊困憊《ひへいこんぱい》の人生に対する癒しのためでも、そしてまた文学的な行き詰まりからでもない。時間の彼方に置き忘れていた、ひ弱だがたくましく凛々しく懸命に生き延びた太平洋戦争末期の少年時代への、果てのない追憶と鎮魂の旅であったのだという気がしてならないのである。

開高健（1930〜1989）
大阪生まれ。1954年壽屋（現サントリー）宣伝部に入社し、PR誌『洋酒天国』やウイスキーのコピーで注目を集める。58年『裸の王様』で芥川賞を受賞し、執筆に専念。『ベトナム戦記』『輝ける闇』、釣りルポルタージュ『フィッシュ・オン』『オーパ！』は現在も幅広い層に読まれている。

『釣人物語―緑の水平線』

林 房雄

昭和48年（株）浪曼より発行

奥さん手作りの弁当を持って釣り場を目指す

林房雄といえば、大作『大東亜戦争肯定論』である。『中央公論』の1963年9月号から65年6月号に連載され、その後単行本化されて喧々諤々の物議をかもした。禍々《まがまが》しいタイトルだが、先の日本の戦争を江戸末期以来の欧米列強との100年戦争の終焉と位置づけた独自の歴史観は、戦後70年のいまに至るも埋火のような熱を放射し続けている。

その林は『大東亜戦争肯定論』を執筆のかたわら、まったく毛色の異なる小説を書いた。その中の1編が、自身の趣味を生かした釣り娯楽小説『釣人物語―緑の水平線』である。発行は1964年、版元は講談社。その後、1973年に浪漫という出版社から再発行され、5年後の78年に二見書房の〝釣魚名著シリーズ〟にラインナップされた。そういえば、『大東亜戦争肯定論』も時代の波を漂いながら浮沈を繰り返し、中公新書で3度目の復活を果たしている。そういう意味では、2作とも〝不死身の書〟といっても、かいもく見当違いではなかろう。

主人公は、林房雄その人と思われる〝白井さん〟という明治生まれ、満55歳の釣り好き文士。根気なく、忘れっぽく、怒りやすい性格で、映画やテレビを見て意味もなく涙を流す情にもろいところも。鎌倉に居を構え、原稿書きの合間を縫って釣りザオを持って三浦半島や房総の海をめぐり、また川や湖でもサオをだす。

きょうも、白井さんは奥方の鈴代さん手づくりの弁当を持ってバスに乗り、列車を乗り継いで釣宿を目指す。

「釣はひとりのほうがいい。相手は海と魚だけでたくさんだ。人間同士の交渉はできるだけ避けたいものだ」と常々思っているにもかかわらず、『やあ、白井君、きみもか!』とサオケースを軍刀のように振り上げた釣り仲間に声をかけられる。一代で財を築いた東光精密電機株式会社のワンマン社長だ。その社長、恥知らずにも愛人同伴で、自家用の釣船で一緒に釣らないかとのお誘い。もちろん、丁重に断って久里浜の乗合船へ向かう。

やっと1人になれた白井さんが、久里浜駅で降りて港へ向かうと、『やあ、お早う』とまたもや声をかけられる。振り向くと、目も鼻も顔も丸く、短い脚。名前は知らぬが釣船ではよく顔を合わせる常連さんだ。職業は探偵なのだが、舌が達者。きょうは〝仕事〟を兼ねての釣りなのだという。釣り場に俗事は持ちこまない主義の白井さんだが、探偵が仕事で来ているとなると好奇心が頭をもたげる。聞けば、同じ船に乗る〝イケメン釣り師〟が標的だという。釣り場通いが頻繁すぎるので、奥さんが心配して「ほんとに魚だけ釣っているのか調べてもらいたい」という浮気調査依頼だったのだ。

物語はこうして、正しい釣り人・白井さんを中心に、金満ワンマン社長とその愛人、おしゃべり探偵とその標的のイケメン釣り師ら一癖も二癖もある男女が複雑に絡み合い、釣りの舞台も種類も四方八方に飛び、ときにずっこけ、脱線しつつ、恋の香りも漂わせ、またいくつかの謎をはらみながら浪漫の海へと漕ぎでる。

巨大イシナギが、来たぁ〜！

登場人物も多彩だが、釣りの種類もさまざまだ。釣魚たちをざっと挙げると、シロギス、小アジ、カワハギ、ベラ、メバル、サバ、オコゼ、クロダイ、イサキ、タイ、イシナギ、ターポン、シュモクザメ、ノコギリザメ、エイ、大マグロ…。淡水はマブナ、ナマズ、ウナギ、ニジマス、コイ、アユ、ブラックバス……。

数々の釣り場面の中でクライマックスは、金満ワンマン社長との房州・勝浦「大イシナギ」釣り対決だろう。

深夜2時半に出港し、途中でエサ用のイカを50パイほど釣る。

「太陽が水平線上の雲を破った。焼けた鉄のような光線。イカを釣っているあいだに、海ははげしい夏の色に変わっていた」と、情景描写にも熱が入る。船は、「波のうねりのはるか彼方に、水鳥のように群れている漁船団の青い影絵」の中に突き進む。

最初に「ううっ！」と唸り声をあげたのは、ワンマン社長だった。しかし、釣れたのは「海の底」。ナイロン40号のミチイトに、28号のハリスという大仕掛けなので、これをはずすのも一苦労。船を動かして20分以上もかかってやっとハリスを切る。イシナギは周りの船に掛かるが、途中でバラシたり、イトが絡んだりの大騒動。

気がつくと、白井さんの「糸が指の間からするりとぬけた」「大魚の感じではない。指先でひきとめると、糸ののびはとまり、かすかな重みだけが残った」。イトを手繰ると意外に軽い。調子に乗って締めると、「両手を棒でなぐられたような衝撃」が走り、大魚が本気の抵抗をはじめる。次には、「ぴたりと底にイカリを下ろした」ように動かない。油断しているとナイロン40号の極太イトが突っ走る。また止まる。引き剥がす。突っ走る。「二ヒロ手繰っては二ヒロ持ちこまれ、五ヒロ引きあげては四ヒロ持ちこまれる」の繰り返し。

突然、「右手の指に火傷のような痛み」。見ると、手袋代わりの自転車のゴムチューブがすり切れ、指の肉が出ていたのであわてて新しいゴムとはめかえる。「魚はまだ三分の一も上がっていない」。焦る。自信も失いかける。「痛む腕と指をいたわりながら」頑張るしかない。「太陽はもう眉よりも高くのぼっていた。その光線が金色の矢の車になってひろがっている紺碧の水の中に、始めは青白く、やがて黒々とした魚の巨体が浮きあがってきた」。「人間の頭がすっぽりと入りそうな巨口」に大型の手かぎを打ちこみ、麻縄でしめあげて船べりに引きずり上げる。「若い船頭が樫の木槌を脳天にたたきつけた。木槌の柄が折れてふっとんだ」船頭が言った。

『十二三貫（約五十キロ）ありますな』

勝負は決した。しかし白井さんは、それほどうれしくはなかった。力だけが勝負の釣りは、「一年に一尾だけ」でたくさんだと思うのであった。

ベラだって、食えばウマイ！

釣った魚の料理法も出てくる。
たとえば、釣り人に毛嫌いされるベラだ。タイが釣れると聞いて江ノ島に駆けつけた白井さん。1投目からアタリ。熱帯魚のように美しいアカベラだ。これが、続けざまに釣れた。船頭が言う。『旦那、そんなにベラばっかり釣って、どうするんだ？』／『食うんだよ』／『うまくねえだろう』／『うまいよ。食い方があるんだ』
そこで、戦争中に逗子・小坪の小物釣り名手から伝授された調理法を披露。まず、ベラの南蛮漬け。「酒を強めにきかせた三杯酢に、ショーガ、ミョーガ、シソの実、タマネギ、セロリ、トーガラシ、ピーマンなどの香辛野菜を適度にきざみこんで、その中に頭をとってカラ揚げにしたベラをほうりこむだけ」で出来上がり。味は『ハルピンで食った魚のロシア漬けよりもずっといかすぜ』となる。
うまさの秘密は、当時発明されて間もなかった新兵器〝アイス・ボックス〟のおかげ。新しもの好きの白井さんはこれを買いこんでいて、「新鮮であれば何でもうまい」といい、ベラの刺身にも舌つづみ。アオベラよりも、『アカベラのほうが肉が甘くて濃い』とも語る。

また、古今東西の釣り名士たちもランダムに登場してくる。『釣魚大全』のアイザック・ウォルトン、『老人と海』のヘミングウェイ、『幻談』の幸田露伴、釣りの著作を多く残している詩人・作詞家の佐藤惣之助、〝コンドーム釣法〟の福田蘭童、それに井伏鱒二、竹内始萬、永田一脩……。

◆林センセイの釣り名言・金言集

物語にちりばめられた、釣りの薀蓄《うんちく》や警句の類もまた面白い。釣りと人間と人生の達人だからこその金言が、ストーリー展開に沿って披露されているのだ。たとえば、次のように――。

【釣の苦労はバスの中から始まる】　さわやかな朝、すでに表情に疲労と倦怠を漂わせる出勤バスのサラリーマン。その前で、「のんきそうな釣服姿の白井さんにあつまる視線におのずから針がふくまれているのもむりはない」

【ゴルフなら相手がいるが、釣はひとりのほうがいい】　人間同士の交渉を極力避けたい向きは、釣りにかぎる。

【およそ女人を連行すべからざるものに、銭湯と釣と吉原通いがある】　これは佐藤惣之助の受け売り。銀座の厚化粧の女人を、「真昼の太陽の中で見た」ら、一夜の恋も覚めるだろう。

【釣師というやつは、見たところ、楽しそうで、のんきそうだが、実はみんなさびしんだ。みんな脱走者で脱獄者なんだ】　しかし結局は人生から脱走できない。もし本気で脱走したら、お金がなくて釣り道具が買えなくなる。

【（釣師は）みんな心の中に、傷をもっている。しかも、その傷が何の傷だか、自分では知らない】　心に傷がないのは、本物の釣師ではないというわけである。

【武器よ、さらば！　銃剣のかわりに釣竿を持とう】　林房雄は従軍作家として南洋で見た米軍捕虜たちが、戦場から解放された安堵感を漂わせていることを見抜く。それと、人間社会から「自発的捕虜」として一時的に釣り場に避難中の釣り人とを重ね合わせた言葉。

【出発の時に不機嫌な釣師はいない。釣師が不機嫌になるのは、釣れない日の帰り道だけだ】　釣れない日の帰り道だって、「次はきっと釣ってやろう！」とやる気満々。だが、家が近づくと、やっぱり憂鬱が増してくる。

【竿がバイオリンなら、腕は弓だ】　上等なバイオリンも、〝腕〟がなければいい音が出ない。

【保守も革新も釣には関係ありません】　身分も階級も収入も関係ない。

【あせればあせるほど、その人にだけ釣れないのが定跡である】　では、どうすればよいか？　釣れない時こそ、おおらかに笑うのだ。

【釣は愚行中の愚行で、無邪気無害の完全遊戯】　賢者を気取っても魚が釣れるわけではない。釣りは単なる遊びと心得よ。

【私が釣っているのは、魚ではなく、少年の日の夢なのであろうか？】　これは「あとがき」の中の一文である。

林房雄（1903〜1975）
大分県生まれ。子どものころから釣りに親しむ。東京大学法学部政治学科中退、プロレタリア作家として出発。36年に「プロレタリア作家廃業宣言」。39年、巨編『西郷隆盛』の執筆を始める（70年に全11巻完結）。『大東亜戦争肯定論』『息子の青春』『悲しみの琴──三島由紀夫への鎮魂歌』など。

『秘伝』

高橋治

1984年講談社より刊行

タイ釣り名手2人の静かなる対決！

「あんたにあいたか／五月十日の四じに／式見のみなとに　べんとばつくって　まっとるけん／きてくれまっせ」

「あんたに逢いたか」「弁当ば作って待っとるけん」――どこかのうら錆びれた港町の情の濃い女からの恋文のように思えるが、そうではない。長崎県・西彼杵《にしそのぎ》半島の北海岸・式見漁港の漁師、岸浪庸助（75歳）が、同じ半島の南海岸にある茂木漁港の漁師、永淵良造（61歳）に宛てた〝果たし状〟である。

果たし状とは今時物騒だが、2人は〝茂木ん永淵〟、〝式見ん岸浪〟と称され、近隣にひときわ名の聞こえたタイ釣りの名手であった。茂木港と式見港は、長崎市街をはさんで直線距離で約20㎞の近くに位置し、お互いは名声を聞き及びながら、これまで背中合わせのままで一面識もなかった。

老い先短い岸浪が、拙い筆を執って生涯一度の〝恋文〟をつづったのである。

「わしゃもうすぐ死ぬとじゃけん／ながふちさん　あんたにきてほしか／死んまえに　ふたりでイオ（うお＝魚）つりばしたかと」

その平仮名だらけの文面からあふれ出る直情に応えて、長淵は5月10日の午前四時、峠を二つ越して式見の港で待つ年上の〝恋人〟に逢いに行った——。

東大卒、松竹映画で監督を首になり、金沢で学校の講師をしながら水俣病の告発記事などを書いて糊口をしのいでいた高橋治は昭和57年、小津安二郎の生涯とその時代を撮影現場からの視線で描いた『絢爛たる影絵—小津安二郎』を執筆し、これが直木賞候補となるが落選。しかし、このチャンスを逃さじと、連続して新作を投入。その渾身作が今回紹介する『秘伝』である。老練な魚釣り名手2人の技と情と意地がぶつかり、交錯し、溶け合い、魚と海と自然に対する尊厳が響き合う骨太作であり、見事に昭和58年度第90回直木賞という大魚を手繰り寄せた。

両者は、まだ夜の残る式見の港で見合った。

さっそく、岸浪は「行こうや」と留めてある船へ向かう。といっても、その老漁師は「膝に草鞋《わらじ》のようなものをくくりつけ」、「その膝と手で、すたすたと永淵の先を動いて行く」のだった。5歳のとき、脊椎カリエスで両足が不自由になり、以来、立って歩くことは不可能になったのだ。後に従う永淵もまた、奇妙な歩き方だった。戦争で足を撃たれ、右足が切断されて15㎝ほど短く、左右に大きく揺れながら歩を進めているのだった。

両者は、タイ釣り名手であることでお互い意識し、尊敬し合い、また「脚が不自由である」ということで不合理な人生を共有し、共感もしている。が、しかし同時に、その心の奥底に近親憎悪に似た、鉛の塊のようにやっかいな荷物をも抱えこんでいた。

「相手は化けもんたい」

「岸浪は錨を上げ終わるとエンジンをかけた」

まだ眠っている海を起こすかのように「八の字の波を立てて」出港。目指すポイントへまともに進めば、名手の操る船はたちまち他船に追尾され、餌食になる。その「根性くされ」たちの船を欺いて、複雑な入り江の、切り立った崖の前の、ある1点に「山を合わせた」

岸浪は言う。

『こん下に、イオのおっと。……わしが十年ば越してつきおうとるイオの』

10年越しの魚(イオ)とは一体、どんな魚(さかな)なのか。

岸浪が永淵に用意した仕掛けは、10㎝もあるハリ。ハリスはワイヤー。イトも相当に太い。そして、イケスからイカを3パイすくい、ハリに刺してエサとするのであった。生きイカ3パイのエサ――、明らかにタイ釣りではない。

『相手は化けもんたい』

岸浪は平然と言う。そして、自分も老いぼれて、その化けもんをハリ掛かりさせたとしても、体力的に「上げきらん」と悟っており、どうしても永淵に釣ってくれというのであった。それは、ほかの漁師（根性くされ）たちには絶対に釣らせたくないということでもあった。

名手が名手に見込まれたのだ。

その日、1度のアタリもなかった。しかし、2人は巨大な「まっで、鯨のごだる」魚影が、右舷の海にゆるやかに浮上し、船下をくぐって消えるのを目撃した。

「あやつたい‼」

岸浪の声は震えを帯び、永淵の心は激しく音をたてる。

10年前の「麦の穂が生え揃ってくる」5月の大潮の日、タイの乗っ込み時に、「あやつ」は岸浪の3号のハリスをあっけなく切って逃げた。翌年は6号のハリスが切られた。次は8号が、そして9号、10号、ワイヤーは切れなかったが、金属の〝より戻し〟が伸びた。特大のより戻しで臨んだら、今度はミチイトがブツッ。

そして、何年目かの夕刻、岸浪は偶然「あやつ」の正体を目撃する。「体長は2メートルに近」く、重さは「ざっと、百五十キロはある」、その化け物は「イシアラ」、正式名、イシナギであったのだ。

永淵良蔵もまた「化けもん」に取りつかれた。

永淵は小学2年のときから、茂木港で古今随一の魚釣り名手といわれた父親の清次から、殴る蹴るのスパルタで釣りを仕込まれて育った。しかし、17歳のときに大失敗をしでかし、お前は漁師に向かないと引導を渡され、上海の伯母の家に奉公に出される。

そして、戦争で脚が不自由になって復員した際、父親は息子のために、櫓漕ぎの小さな船を用意してくれていたのであった。父と子の和解。そして二人三脚の漁と切磋琢磨の釣り技術。

やがて、息子は父をしのぐタイ釣りの名手に成長した。

一方の岸浪庸助は、豆腐屋のせがれ。脊椎カリエスで両足が不自由になったのでは、豆腐売りの天秤棒をかついで売りに歩くことはできない。そこで両親は、せがれが12歳のときに船を造って与え、それっきりあの世に行った。せがれはたった1人で、見よう見真似で、櫓の漕ぎ方に1年、操船に2年、釣りと山合わせに2年の合計5年をかけて、やっと格好をつけた。

同じ名手といえど、境遇は異なる。一方はムチでたたき上げられ、もう一方は独力である。

いま、邂逅を果たした両雄の目的はただ1つ、「化けもん」を釣り上げること以外にはない。

そして、捲土重来を期して、永淵はまた式見へやってきた。

愛憎を超えて巨魚に立ち向かう

『行こうや。……どげんしてん敗けられん。……あんたが釣ろうと、わしが釣ろうと、敗けられんこつだけはたしかなことばい』

永淵は、道具箱からこの日のために準備した紀州のビシマ仕掛けを取り出した。30号のミチイトに、16号のハリス。これに、生きイカのエサを静かに投入……。

『来た‼』。全身を反らして合わせる。『こらえろ。……こらえにゃいかんとぞ』

岸浪がサオの曲がりを見ようとして顔を上げたとき、「その顔を、ひと粒の雨が叩いた」

同時に永淵は、頬に嵐の前触れの風を感じた。

西の空は、真っ黒に荒れていた。怒涛がすぐそこまで近づいていた。このままでは危険だ。

命を捨てる気か、イトを切れと命令する岸浪。せっかく仕留めた〝化けもん〟をここで逃がすわけにはいかないと反発する永淵。

その緊迫した仕掛けを、岸浪の包丁が切断する。こうして2人は、命からがら港に帰り着く。そして翌年もまた、今度は永淵は茂木港から自分の船を操舵して式見へとやってきた。

「ガバッと永淵が体を船の床へ投げた。／『来たな？』／『来た』／『食わしたとか』／『食わした』／『敗けちゃならんぞ』／『ほんなこて』／『名人永淵の名のすたるぞ』……。

巨魚VS名手2人の格闘は、ここでも完結することはない。そして、最後の最後に、〝秘伝〟が繰り出される。が、これ以上は実際に本を読んでいただいて、その醍醐味を味わっていただくしかあるまい。

高橋治は、出生地の千葉の佐倉で川釣りを覚え、転居して千葉の海でハゼ、シロギス、クロダイを。松竹入社後は、大船撮影所に近い葉山で沖釣りに目覚め、千葉の竹岡で名手にタイ釣りを仕込まれた。また、「松竹をクビになった直後に結婚して、金がないとボートで出てはキス、カワハギをおかずに釣っていた時期がある。切実な釣りだった」と釣り随筆集『つれ釣れなるままに』に書いている。

釣りは、家計を助ける——。ただしこれは、名手にのみ充てはまる言葉である。凡人が勘違いして家計のための釣りに走ると、家計はほぼすべからく火の車となる。

高橋治（1929〜2015）
千葉県生まれ。東京大学文学部国文科卒。松竹に入社するが、35歳のとき退社して執筆活動に。『秘伝』は小説現代に発表し、第90回直木賞受賞。ほかに、『風の盆恋歌』など。釣り関係は、随筆集『つれ釣れなるままに』『さすらい波太郎』シリーズなどがある。

『八畳の滝』

森下雨村

1969年岳洋社『猿猴 川に死す』に収録

ウナギのヒゴ釣りを愛した雨村

江戸川乱歩、夢野久作、横溝正史といえば、怪奇幻想探偵小説の三傑だが、彼らの才能を見出し世に送り出したのが、雑誌「新青年」（大正9年、博文館より創刊〜昭和25年終刊）の初代編集長を務めた森下雨村である。

自らも探偵小説を執筆し、昭和6年に博文館を退社して作家専業となる。『白骨の処女』『三十九号室の女』『丹那殺人事件』などの執筆のかたわら、出生地の高知県佐川町にたびたび帰郷して釣りに明け暮れる。そして太平洋戦争が始まる、50歳すぎのころ、それまで築き上げてきた地位も名声も、そして東京も捨てて故郷にUターン。以後、〝釣りと晴耕雨読〟の余生を送る。

雨村の故郷・高知県佐川町は、蛇行する仁淀川の清流に抱かれるように在り、東に物部・奈半利川、西に四万十川、そして四国山脈を越えれば四国三郎・吉野川の激流に至る。また、南に下ればすぐに土佐湾の荒波という、まさに川と山と海に囲まれた、釣り人にとっては天然自然の理想郷といえる。

釣り随想『猿猴　川に死す』は、雨村没後の昭和44年に関西の釣り社（現岳洋社）から刊行（平成8年に再刊）。

初めて釣りの味を覚えたのは、ウナギ釣りである。小学2～3年のころだ。雨村の故郷は当時、〝佐川うなぎ〟と呼ばれるブランドウナギの里として知られ、ウナギ料理自慢の料亭が数軒あり、遠方から足を運ぶ食通もあった。生家近くの春日川筋がその主要な漁場だったことから、「人の釣っているのを見て、自分も釣ってみたくなったのであろう。父にせがんでヒゴをけずり鈎もつけてもらって、ごみだめのみみずをひろって」釣り場へ出かけたのである。

ヒゴというのは、1mぐらいの竹の棒の先を細く削って、ウナギバリを付けた穴釣り用の仕掛け。エサのドバミミズをハリに刺し、護岸や水底の石穴などに突っ込むと、ウナギが食ってきて「グウグウと引きこむ」ので、「力まかせに引きぬ」いて、「尻尾でからみつこうともがき狂ううなぎを、わたしはヒゴを振りまわしながら五、六町（5、600m）を夢中で家へ駆けつけた」（以上、引用は『とおい昔』より）。

この釣りは、ウナギと人間の綱引きのような直接的な力勝負の中に、生命の震えるような、繊細な躍動が感じられ、雨村は生涯を通じて〝ヒゴ〟を手放すことはなかったという。

旅程4日の吉野川激流釣り

ウナギ釣り以上に雨村をとりこにしたのが、アユの友釣りである。

「ある年の夏、帰省して釣仲間と新荘川遅越《おそ》の淵にどぶ釣りに出かけた時、淵いっぱいの大鮎が手を変え品を変えても、鈎につかないのに業をにやし、(中略) 見よう見まねの友釣りを試み、幸運にも四、五尾釣ったのが、そもそもの病みつきであった」(『友釣りの師』より)

博文館を辞し、小石川から吉祥寺に転居したころだから、友釣りを覚えたのは昭和8、9年だろう。それからは、ひと夏のほとんどを佐川の実家で過ごすようになり、友釣りに明け暮れた。その釣遊記の真髄ともいえるのが、『八畳の滝』と題された吉野川での激流釣りである。

仁淀川や新荘川は旱天渇水で魚影が見えず、こんなときこそかねて行きたいと思っていた「吉野川の激流が面白かろう」と、旅程4日間の遠征に出る。土讃線穴内駅に下車し、現地の釣友M君とサオをだすが、「結局M君がやっと一尾上げたきり」という貧果。

『折角、ここまで来たからには、ついでの餅だ。田井まで上って見たまえ』

そこで翌日、田井の久米川老人を頼るが、ここも釣況は同じ。

『折角ここまできたついでじゃ、舟戸まで足をのばしなされ』といわれ、さらに4里(1里＝4㎞＝16㎞)近い上り道を喘ぎ喘ぎ歩いて午後4時に、久米川老人に紹介された舟戸のAさん宅に転がり込む。

ところが、『この日照りつづきで(中略)、一日やっても二、三尾がむつかしい』と困惑顔。

しかし、「八畳の滝」まで行けば粒ぞろいが釣れるという。

『折角、ここまで来なさったからには、今夜はこの上《かみ》の宿屋に泊まって、明日、八畳の滝へ行ってごらんなされ』と、Aさんはオトリを1尾持たせてくれたのである。

『折角、ここまで』が3度重なったわけである。果たして、3度目の正直はあるのか⁉

大アユが入れ掛かり

その夜は山峡の旅籠に草鞋を脱ぎ、翌朝4時起床で八畳の滝を目指す。滝壺までの2里半の曲がりくねった道なき夜道。木の根や岩角につまづきでもしたら、オトリ缶の水がこぼれて、たった1尾の貴重なオトリは一瞬にして台なしだ。

すでに夜は明け、宿を出て2時間近い。缶の中では、オトリが虫の息だ。駆け足で滝へ急ぐ。目印の小屋が見える。その脇から淵へ転がるように下りて、缶を流れにいける。が、オトリは白い腹を見せている。穴内―田井―舟戸と三日がかりの難行が水泡に帰すのか。

『ああ、やんぬる哉』――。

のるか反るか、10匁（1匁＝3・75g＝5円玉10個分）ものナマリを付けて滝壺にオトリを投げ込んで引き回すが、徒労に終わる。

万事休す！

悄然と河原に座り込む雨村。やがて、滝の轟音に気づく。飛沫の向こうに数段の瀑布。その滝壺の下には幅100m近くある大淵があり、それは「両岸にそそり立つ山の狭間に森閑として眠るように横たわっていた」。太古の大自然そのもののような神々しい景観に魅了され、雨村は感動を禁じ得ない。

そのときだ、素っ裸の少年が岩角から突然姿を現わした。「箱ビンと引っかけの道具を手に、獲物の鮎を腰の褌にぶらさげた十五、六歳の少年」だった。

『君、引っかけをもってるね。囮を一尾とってくれないか！』

少年は渋ったが、必死の頼みに折れて、箱ビンで水中をのぞき、短ザオに仕掛けたイカリバリで水中のアユを引っ掛けようとするのだが、なかなか掛からない。2時間近くかかってやっと、30匁のが1尾、背掛かりで獲れた。すでに、昼近くである。

一度はあきらめかけた吉野川での友釣り。雨村はそのオトリにハナカンを通すとき、指先に震えを覚えた。やっと通して流れに放すと、元気よく沖へ出てイトがピンと張る。

その瞬間、サオを持つ手に衝撃が走って、「からみあい、もつれあう二尾の鮎の強引な引きが、五間竿（約9ｍ）の穂先を弓のようにたわめて、ゆっくりと獲物を手網に取りこむまでの刻々はいっさいこれ忘我、友釣りならではの釣三昧の境地であった」

それからは入れ掛かり。またたく間に大ものが10尾近く釣れた。昼食時、少年にも仕掛けを作ってやると、下手の岩陰に消えた。雨村の釣りの邪魔にならないようにという、少年の心遣いに感心する。

午後もよく掛かり、途中、驟雨に見舞われてずぶ濡れになっても釣り続け、少年があがってきたころには、あたりは夕靄に包まれていた。

その夜は、少年の家に一宿一飯。ほの暗いランプの辺鄙な山中の一軒家。中に入ると、ズラリと並んだ位牌が30基以上。いずれも、すすけて黒光りしている。どうやら、由緒ある平家の落人の末裔のようだ。どぶろくと山の幸で、少年の父・福島さんと差し向かいである。福島さんが言うには、かつては30数軒あった家が、いまは7軒に減ったそうだ。そして、続ける。『よくもまあ、こんな山の奥で先祖代々何百年も暮らしてきたとお考えになりましょうが、山で生まれたものは、やっぱり山におるほうがまちがいがのうて——』

そこに、聞き取りにくいラジオのニュースが流れてくる。雨村の耳に、「不拡大方針だの、盧溝橋だのという言葉が断片的に聞こえてきた」。すると福島さんは、『また戦がはじまりましたが、火ぶたをきったからには、どうせこのままではおさまりますまい（後略）』というや、日露戦争で負傷した長男の写真額に瞳を移し、『このわたしも、いつ何時でも（国の）お役に立つ覚悟をきめております』と低い声で続けるのだった。

雨村は心中でこう呟く。

「——山の奥には人がいる。日本はまだまだ亡びはしない——と」

泥沼の日中戦争の発端となった盧溝橋事件が勃発したのは、昭和12年7月7日、アユ釣りシーズンがいよいよこれから盛期に向かおうという時節である。

森下雨村（1890〜1965）
高知県佐川町生まれ。早稲田大学英文科卒後、博文館に。30歳で探偵小説誌『新青年』の編集長。江戸川乱歩ら作家を見出しただけではなく、世界の探偵小説を日本に紹介し、探偵ブームの仕掛け人となった。本書の序文に松本清張、井伏鱒二、横溝正史が名を連ねているが、雨村の業績と人柄を物語っている。

『魚影の群れ』

吉村 昭

1973年新潮社より刊行された
短編集『海の鼠』に収録。現在はちくま文庫で読める

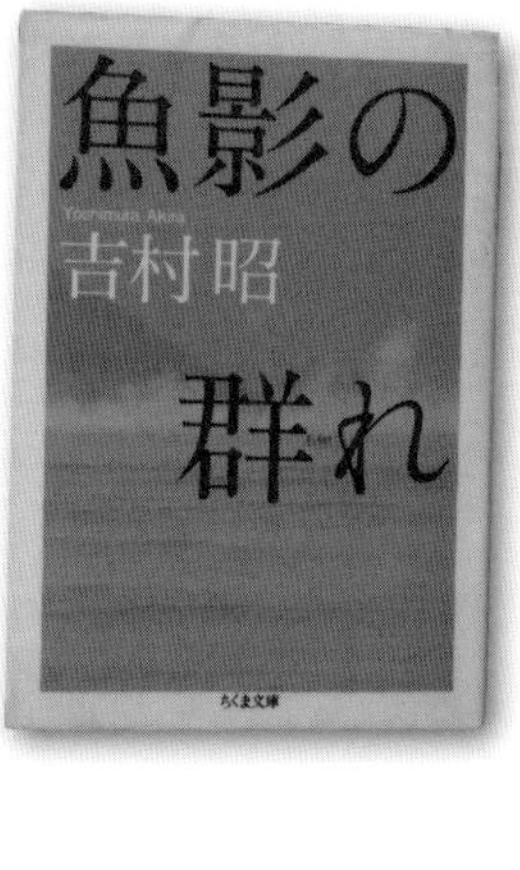

終戦前後、浦安の海でハゼ釣りをしていた

《夕焼けの空に釣られし小鯊かな》

この俳句は、吉村昭の作である。芭蕉の「古池や――」のような奥深い技巧はない。夕焼けと鯊《はぜ》釣りの季語はともに秋で、季重ねになっているが、そんなことにもかまいはしない。ただ、詠んだ、それでいいのである。

この句について、吉村は『わが心の小説家たち』（平凡社新書）で、次のようなエピソードを披露している。

「ちょうど二年前（一九八七年）に私が還暦を迎えたときに、句会の友人たちが私の句集を

十六部だけ作ってくれ」たのだが、俳句は素人同然なので人に見せるのははばかられる。だが、どうしても欲しいという知人に1部分け与えた。後日、その知人から感想の手紙が届き、句集の中で一番いいのが、冒頭の句だと書かれていたそうである。

この手紙に、吉村は「とても傷ついた」という。なぜなら、「夕焼けの――」の句は、「私が20歳のときに作ったものだから」である。

「私はこの歳になって、一生懸命句会で俳句を作っていたのに、二十歳の句が一番いいというのでは、あんまりではないか。この十年近くの間やってきた句作に何の意味もないわけで、むしろ進歩どころか退歩していたのだということになってしまう」

あの『戦艦武蔵』や『生麦事件』『桜田門外ノ変』などの骨太記録文学作家が、こんな自虐的なユーモアのセンスの持ち主であったことに、筆者は軽い驚きを覚える。同時に、一挙に親近感がわいた。

吉村昭は、昭和2年、東京・日暮里生まれ。20年4月の大空襲で家を消失し、一時浦安で避難生活。終戦の玉音放送は、浦安の路上で聞いた。当時の吉村は、肋膜炎の発病以後、肺浸潤、結核と連続して病に臥し、勤労動員も学校も休みがちだった。そのころ読書にふけり、また健康や息抜きのために、浦安の海でハゼなどの釣りにいそしんでいたのである。

文藝別冊『吉村昭　取材と記録の文学者【増補版】』（河出書房新社／2013年発行）に、生前の吉村と立松和平の対談が載っているが、その中に次のような箇所がある。

「**吉村**　小説の中に浦安町の変わり方を書きましたが、僕は終戦の時に一年ほど住んでいまして、その後も投網やハゼ釣りなんかでよく行きました」

冒頭に紹介した俳句の舞台が浦安であることは、ほぼ間違いないだろう。そして、吉村は釣りの経験もそれなりにあったことがわかる。ハゼだけではなく、少年期にはフナ釣りで遊び、作家として大成後は船釣りも楽しんでいる。

マグロ一本釣り漁に生きる男の苛酷

さて、『魚影の群れ』は昭和48年（作者46歳）、『小説新潮』2月号に掲載。短編ではあるが、下北半島のマグロ一本釣りに命をかける漁師の誇りと孤独と苛酷、そして男の人生に翻弄される女たちの運命を描いた力作である。

マグロ一本釣り漁師の房次郎は、手早く腹にかき込んだ朝飯の仕上げに、娘の登喜子が用意した生卵3個を、「咽喉骨《のどぼね》を動かしてのみこむ」と、釣り道具を入れた籠を手に、入口の板戸を開けた——。

こんな、漁師の家のせわしい朝の情景から物語は始まる。

俊一は、18歳になった娘の登喜子が突然連れてきた婚約者だった。「生白い顔をした華奢《きゃしゃ》な体つきをした背の高い」23歳の頼りなげな若者で、「入婿《いりむこ》しマグロ漁の漁師として房次郎の跡をつぎたい」というのだった。

しかし、妻に去られ、登喜子との父娘2人だけの漁師暮らしに馴染んでいた房次郎にとって、俊一は「無遠慮な闖入者《ちんにゅうしゃ》」でしかなかった。そのひ弱な若造が、「マグロ漁を習いたい」と申し出てきたのだ。

マグロ漁は苛酷である。町の製材工場のサラリーマンである俊一が、その労働に耐えられるとは到底思えなかった。『あの男は、漁師など出来やしねえよ』と房次郎は鼻にもかけない。

ところがある日、出漁のために「家の板戸を開けた房次郎は、路上に鉢巻をした俊一の姿を眼にした」のである。当然、彼は無視して漁に出るが、翌日から毎朝、板戸を開けると彼が立っていた。俊一は会社を辞めて近くに移り住み、漁に連れて行ってくれと頼み込む。もちろん、登喜子も一緒になって懇願する。

とうとう根負けして、「明日から船に乗せてやる」と約束する。が、それは本心ではなく、「俊一の申出を拒みつづければ登喜子も自分のもとをはなれてゆくだろう」との危惧があったからである。

このあたりの、父娘の近親相姦的なつながりに、俊一が現われたことによる波紋が重なり、物語の緊張感はいやが上にも増してくる。

本マグロの大物が掛かった瞬間、悲劇が起こった

『お早うございます』

出陣の朝、房次郎が板戸を開けると、俊一の明るい声が待っていた。房次郎は気が重かった。2人を乗せた船は、港外へ出た。が、たちまち俊一の端正な顔はゆがみ、「船べりから頭を突き出し咽喉を鳴らした」。船酔いである。すると、「房次郎は漁師の苦痛にみちた生活を思い知らせてやりたい衝動にかられ」て、さらに「潮流の激しい海面に容赦なく船を進めさせた。鉢

巻をした俊一の嘔吐《おうと》している姿が、小気味いいものに感じられた」。

その日、一日中船は無駄走りして港へ帰った。獲物にはありつけなかったが、船酔いで船底に身を屈している俊一の哀れな姿を見て、房次郎は満足であった……。翌日も、その翌日も、俊一は船で嘔吐を繰り返した。しかし、「六日目に船酔いから解放された」

ちょうどその日、房次郎は俊一の目の前で「百キロ足らずの本マグロ」を揚げた。満足感はなかった。マグロ船は一人で操作するものだと思う彼にとって、同乗者がいるということは癪であり、恥ずかしいことだった。

9月末、マグロ漁の終盤であり、大物の季節である。

その日も2人は、マグロの海へ出た。正午近く、「海水を逞しい体で押し分け進んでくる大魚の群れの熱気」を感じた。房次郎は、食べかけの、登喜子が握った握り飯を捨て、「生簀に手網を突き入れると烏賊《いか》をすくい上げ、その背に鉤をつけた。そして、軍手をはめ、一升瓶を傾けて水を咽喉に流しこんだ」

今年最後の本マグロとの格闘が始まる。

「食った、かれはエンジンを全開にすると舵《かじ》をにぎった。

その瞬間、短い叫び声が傍でふき上った。その方向に眼を向けた。俊一ののけぞる姿と、籠の中の釣糸がまき散らす飛沫に虹《にじ》がゆらいでいるのを見た」

マグロの食った瞬間の疾走により、仕掛けのイトが一瞬で籠から跳び出し、それが俊一の頭に巻きつき、肉に食い込んでいるのだった。勢いよく出ていくイトの切断は無理である。エンジンを全速にして、逃げるマグロを追尾することでその場をしのぐ。やがて、事態が落ち着いたのを見計らい、房次郎はイトをはずす。血が、新たに吹き出した。

一刻も早く病院へ運ばねばならない。そこで、彼は刃物を持って釣糸の切断にかかる。マグロを取り込んでいては手遅れになるからだ。

そのとき、房次郎の脳裏に亡父の「欠けた人差し指がよみがえった」。釣りイトが絡みついて切断されたものである。それでも父は、そのマグロを仕留めた。「たとえ傷ついてもマグロとりの漁師は自ら釣糸を切ることは許されぬ」のだ。彼は刃物を捨てた。

血だらけの俊一が助けを求めるが、「辛抱しろ」と怒鳴る。それは、「傷ついた俊一を放置している嗜虐《しぎゃく》的な感情か、それともマグロとりの矜持《きょうじ》」なのか。

結局、房次郎は「百六十キロの本マグロ」を曳いて港に戻ってきた。幸い、俊一は命をとりとめ、やがて退院。そして、俊一と登喜子は町の神社でささやかな結婚式を挙げ、新婚旅行へ出かける。そしてそのまま、行方知れずになる。

しかし――。


この物語は、相米慎二監督によって映画化され、1983年に公開された。房次郎役は緒形拳、登喜子は夏目雅子、俊一は佐藤浩市。映画は原作とは異なる終焉を迎える。その中で、在りし日の夏目雅子が自転車で坂を下りながら奔放に歌う♪涙の連絡船は、いつまでも耳に残る。

吉村昭（1927〜2006）

東京・日暮里生まれ。病弱等のため学習院大学中退。39歳のとき、記録文学の金字塔『戦艦武蔵』を発表、ベストセラーとなる。『関東大震災』『冷たい夏、暑い夏』など地を這う虫のごとき取材で記録・歴史長編を精力的に執筆。作家津村節子は妻。

『帝王』 F・フォーサイス

角川文庫「帝王」所収

うだつの上がらない小心者がゲーム・フィッシングに挑戦

『ジャッカルの日』『オデッサ・ファイル』『戦争の犬たち』など、権謀術数渦巻く東西冷戦下の世界の紛争地帯を舞台にしたリアルな戦場小説で日本でも人気の英国人作家フレデリック・フォーサイス。

彼の短編集『帝王（THE EMPEROR）』を偶然手にした。このタイトルからして、まさか釣りを題材にした物語とは思いもよらなかった。しかも、主人公はフォーサイス作品にふさわしいとは到底思えない平凡を絵に描いたようなうだつの上がらない、小心者なのだから異色である。

1組の中年夫婦と1人の若いエリート銀行員が、コバルトブルーのインド洋に浮かぶリゾート島・モーリシャスの空港に降り立った。

中年夫婦の亭主はマーガトロイドという名で、小さな町の銀行支店長。彼は棚からぼた餅のような幸運に恵まれて、一時に数百の新規口座を獲得。そのご褒美《ほうび》にモーリシャス1週間休暇旅行を射止めたのである。2人の費用は全額、銀行持ち。

エリート行員はヒギンズといい、同じ銀行の本店に勤務。〝最も有望な新人行員〟に選ばれ、その褒美としてこの休暇を与えられた。

つまり、会社によって授かった報奨であり、自費の観光旅行ではない。

3人はタクシーでホテルに到着。車中で文句たらたらだったマーガトロイド夫人は、降り際に、『こんなガタガタの車はもうこりごりよ』と不機嫌きわまりない。というか、とにかく何かにつけ、夫人は文句たらたらなのである。

ホテルに到着してバルコニーから浜辺を見ると、水着の姉ちゃんがわんさか。マーガトロイドは『泳ぎに行こう』と奥方を誘うが、『荷物をあけるの手伝ってちょうだい』と素っ気ない。『荷物なんかあとでいいじゃないか。昼食がすむまで水着しかいらないんだ』と亭主もいい返すが、『冗談じゃないわ。現地人みたいな恰好をして昼食に行くなんていやですよ』とまたも癇癪《かんしゃく》をおこす。

結局、いつものように奥方の言うがままだ。

2日ほどして亭主はやっと、奥方の目から逃れて泳ぎを楽しむなど、自分流の休暇のリズムを見つける。

3日目の午前、ひと泳ぎして東屋で横になっているとき、ふとマーガトロイド氏は自分の身体を点検してみた。水着から突き出した2本の脚は細くて毛だらけ。その上の腹は丸く大きく、さらに上の胸の肉は垂れ下がらんばかり、髪の毛は後退の一途――。

沖に目をやれば、褐色の肌の若者が水上スキーに歓声をあげている。そのスピード感と躍動感。マーガトロイドは彼の若さに嫉妬した。

砂浜の向こうから、白い木綿のパレオを身にまとった島の娘が歩いてきた。潮風が吹いて、パレオが吹き上がり、若い乳房と細いウエストの輪郭が一瞬浮きでた。彼女はさらに近づいて、にこりと笑った。お互いにあいさつを交わし、彼女は通り過ぎた。

その後ろ姿を名残り惜し気に追うマーガトロイド氏の満足げな視線。

そこに背後から突然、金切り声が飛んできた。

『くだらない妄想にふけるのはおよしなさい』

いつの間にか奥方が忍び寄って一部始終を見ていたのだ。

そんなある日、エリート行員のヒギンズが『ゲーム・フィッシングをやりませんか』と誘いにきた。マーガトロイドは奥方のしかめっ面を思い浮かべてためらう。が、『朝のうちの数時間だから奥さんには黙って出かければバレない』『一匹ぐらい釣れるかもわかりませんよ』『すばらしいアドベンチャーですよ』と言葉巧みに誘ってくる。すると、脳裡に水上スキーに乗ってさっそうと海の上を滑走していった若者の姿が思い浮かんだ。

『よし、やろう』

怪物ブルーマーリンとの死闘8時間

午前4時起床。だらしなく眠りこけている奥方のベッドのそばを、抜き足差し足ですり抜けて無事部屋を脱出。ホールでは、ヒギンズとベテラン釣りガイドのキリアンが待ち受けていた。

3人は早速港へ急ぎ、旧型の木造船「アバン号」で出船。船上から描写される移りゆく夜明けの海の光景が感動的である。

とくに、「突然、どこからともなく、猫足風が吹いてきて、礁湖の水面にさざ波を立て、そこだけ陽光が砕けて銀色にきらめいた」の場面が印象的だ。日の出前の鏡のような海面に、忍び足でやってきてすぐに消えてしまう朝一番の微風〝猫足風〟のようすは、まさに海釣り体験者こその実体験に根差した描写である。

船長は漁師歴60年で、孫の少年が手伝いのために同乗。船はサンゴの岩礁を巧妙にかわして、荒波の外海へ出た。

孫の少年はテキパキと仕掛けの準備。と、老船長の目が遠くに鳥山を発見し、船はその方向に進路を変えた。少年が4本の仕掛けを海へ投入。ルアーが踊り、ラインが走るようにでて行く。そして、100m余りのところでリールをロック。

ストライク（アタリ）を待つ間、ガイドのキリアンが、ゲーム・フィッシング初体験の2人にリールの巻き方やドラグ調整、ポンピングなど、アタリがあってから取り込みまでの要領を簡略に説明。

やがて、アバン号はアジサシの群れる鳥山に突入した。最初にヒギンズが4ポンドのシマガツオを取り込み、次にマーガトロイドが10ポンドのシマガツオ。もっと大物を釣ってもらおうと、老船長は釣ったシマガツオをエサにして海に投入。するとすぐにアタリがあり、ヒギンズが10分間の格闘の末に体長1ヤードほどのカジキをGET。すばらしいファイトにヒギンズは大興奮。

海は次第に荒れてきた。次のアタリでファイトするのはマーガトロイド氏だ。彼は「恐怖心の端に宿る畏《おそ》れを感じた」。それは、広大深淵な海を前にしたちっぽけな人間が抱く無力感や孤独感の入り混じった武者震いのような感情だ。

老船長が魚の接近を察知して船足を緩めたとき、「リールがガラガラと音を立てた」。マーガトロイドはファイティング・チェアに走り、ロッドを握った。ペン・セネターの「小さなビヤ樽みたいな」大型リールは猛烈な勢いで回転し、ラインはどんどん走り行く。米ペン社の〝セネター〟といえば、両軸受けリールの代名詞であり、あらゆる大物釣りで実績を誇っている。もちろん、釣りが初めてのマーガトロイドがそれを知るはずはない。

それから、なんと2時間が経っても、彼はその得体の知れない巨大な魚と格闘していた。「船が大波の頂に乗った瞬間、魚が緑色の水の壁から飛び出し」た。

『テールウォークだ!』

巨大な魚体を視界にとらえた老船長は、それが「帝王」と呼ばれる伝説の巨大ブルーマーリンであることを悟った。フック(ハリ)に2回も掛かりながらラインを切り、その2本のフックを口周りに付けたまま海のかなたに消えた怪物魚。ブルーマーリン釣りの「世界記録の千百ポンド（約五百九キログラム）を上回る大物」だという。

すでに正午を過ぎ、強烈な日差しと帝王の強烈な引きで、マーガトロイドは憔悴しきっていた。見かねてキリアンが手助けしようとしても、『これは私の魚だ』とロッドを手放さない。意外に根性がある。

マーリンが再びテールウォークをしてフックを吐きだそうとする。が、狂ったようにリールを巻いてピンチを逃れる。釣りのセンスも磨かれてきたようだ。

時刻は午後2時。体力も気力もほとんど限界だが、それからさらに3時間が過ぎて海に夕凪が訪れたころ、長いくちばしを持つ帝王の巨体が船端に寄り添うように横たわった。そしてマーガトロイド氏は「八時間ぶりにロッドから手を放し」たのであった——。

港に帰ると、支店長は大勢の村人たちに迎えられ、一躍英雄に祭り上げられていた。

帝王を釣りあげたから英雄になったのではない。船端の波間に浮かぶ帝王と対峙したとき、マーガトロイドは自らカッターを握ってスチールのワイヤーを切断し、せっかく仕留めた帝王を大海原へ帰してやったのだ。

その潔い行為に村人たちは共感したのだった。うだつの上がらない小心者は、巨大マーリンとの果てない死闘の末、いつしか己の信念で行動する男へと、見事に自己変革を遂げていたのだ。

さて……、意地の悪い奥方との仲はその後どうなったのか、また銀行支店長としての地位は？　結末まで、なお予想外の展開が待ち受けており、稀代のストーリーテラーの真髄が楽しめる。ヘミングウェイ『老人と海』との違いを考察するのも面白いだろう。

フレデリック・フォーサイス（1938〜）
英国ケント州生まれ。ロイター通信社、BBC放送での取材特派員経験をいかして作家に転身。パリ特派員としてドゴール仏大統領の番記者を務め、当時のエピソードを素材にした処女作『ジャッカルの日』は映画化もされ世界的大ヒット。『オデッサ・ファイル』『戦争の犬たち』も映画になった。

『三月の鮠』

藤沢周平

文春文庫「玄鳥」所収

御前試合の屈辱を釣りで癒す青年剣士

「窪井信次郎は、ぼんやりと垂れた釣糸の先を見ている」

藤沢周平作『三月の鮠』の冒頭である。主人公の窪井信次郎は将来を嘱望された青年剣士。所属する藩では、家中に「鳥刺しと釣りを奨励」している。釣りはわかるが、鳥刺しとは何か？　藤沢文学ファンなら承知だろうが、鷹狩用の鷹のエサになる野鳥を捕獲したり、捕獲する人を差す。長さ約3間半（1間＝約1・8ｍ）のサオの先に鳥モチをつけ、枝にとまっている野鳥を目がけて〝突き〟の要領で槍のようにサオを繰り出し、モチで生け捕りにする。俊敏さと瞬発力と、正確なサオ（槍）さばきが必要だ。

釣りも鳥刺しも戸外を歩きめぐって足腰を鍛え、動体感覚を鋭敏に磨き、また技術の上達を競うため、藩では武芸の一環として大いに奨励しているのである。

しかし窪井信次郎にとっての釣りは、「家にいたくないから仕方なく釣竿を持って外に出て来ただけである」。実は彼は、「胸に簡単には消えない鬱屈をかかえ」ており、「家の者と顔を合わせるのもいや」で、城下から2里以上も離れた平田川の上流までやってきて釣りイトを垂れているのである。水面に浮かぶウキを眺めながら、信次郎は「三日に一度はおとずれて来る自己嫌悪をともなう屈辱の回想の中に落ち込んでいた」――。

去年の秋の御前試合。信次郎は藩内随一の使い手岩上勝之進と立ち合った。岩上は父親である悪徳家老の岩上勘左衛門の威を借りた傲慢非情な性格。若い信次郎は果敢に立ち向かったが、惨敗を喫したのである。

単に負けただけならいいが、信次郎の父親は藩政改革派の旗頭で、信次郎の剣には藩政刷新の期待もこめられていた。が、これらがすべて水泡に帰した。「人間としての誇りは、失せ物をしたようにどこかに掻き消え」、「おどおどした卑屈な心情だけが残った」。釣りは、そんな「古い傷口」を癒してくれる。だが、釣りへの集中はすぐに途切れる。流れの波紋をぼんやり眺めていると、いつしか妖艶な卑《はしため》（下女）の白く豊満な胸元が思い浮かんだりするのだった。

釣りの帰りに清楚な美女と出会う

サオを仕舞おうと、「乱暴に竿を上げた。するとその竿にぐいと重い手ごたえが伝わって来て、水から上げた糸の先に魚が跳ねた。手につかんでみると七寸（約21㎝）ほどの鮠《はや》である」。

ここからが釣り本番だというのに、信次郎はハヤを川に放流して早々に撤退。帰り道の森の中の社でにぎり飯を頬張る。

その場面で、「中に梅干を入れたにぎり飯がうまかった」と書いてある。梅干は、〝釣果が干される〟に通じ、釣り人にとってタブー。もしそれを藤沢周平が知っていてわざわざ書きこんだのであれば、この作家が読者に仕組んだ密やかないたずら心と読むべきだろう。

しばらくして、『あの、もし』と娘の声。信次郎はその「清楚で美しい娘」をひと目見るなり、「身体の中に、何かしら名状しがたい清らかなものがひと筋ふた筋、流れこんで来るような不思議な気分に」なった。娘は巫女で、信次郎は社に案内されて別当（＝寺社の長官）の覚浄にお茶をいただくのであった。

家に戻れば、父親の小言が待っている。

「『また、今日も釣りか』／『ハイ』／（中略）／『まだ道場に行く気は起きんのか』／『行っても、無駄かと存じます』／『情けない男だ』」

信次郎は、いまで言う引きこもり状態。唯一釣りで心の平衡を保っている。そして近ごろは、先の社の巫女に逢いたいために釣りに出かける節もある。父親が憤慨するのも無理はない。

一族郎党7人が死に至った大惨事の真相とは

ある日、信次郎が釣りを切り上げて平田川沿いを歩いていると、川向うに人影を見た。「藍いろの釣り着を着た武家だった。笠で面体を隠し、腰に小刀を帯び、釣竿を手にしている」が、釣りは仮の姿で、何やら不審な動きをしている。

信次郎はその日も社を訪れ、去年の秋の御前試合で岩上勝之進に敗れた話をした。そのとき一瞬だが、「娘の表情を夜叉《やしゃ》のようなものが駆け抜けて行った」いわくありげである。そして、覚浄が驚くべき事実を打ち明ける。

それは3年前に藩内で起きた大惨事の一件だ。番頭（城や藩主の警護頭）の土屋弥七郎に多額の賄賂が発覚。弥七郎は一家自裁の道を選んで家族・奉公人7人が自害した凄惨な事件だ。一家には、もう1人葉津という当時14歳になる娘がおり、彼女の死骸だけは不思議なことに見つからなかった。その娘・葉津こそが、実は目の前にいる巫女だというのである。

さらに驚くことに、葉津によれば、父弥七郎は極悪家老の岩上一派に属し、賄賂はすべて派閥の頭である勘左衛門に流れ、発覚を怖れた勘左衛門が刺客を組織して土屋家せん滅を謀ったのが事件の真相だというのだ。葉津はただ1人難を逃れ、夜道を2里も逃げのびてこの山王社に転がりこみ、かくまわれていたのである。

そして覚浄は言う。

『ここ数日、得体が知れないお武家が、このあたりを徘徊《はいかい》しているようなのです』と。それを聞いて信次郎は、川向うで見た不審な釣り人を思い出していた。

挫折を乗り越えて宿敵に挑む

以来、信次郎は人が変わった。毎日道場に通うようになり、以前の切れを取り戻した。「（釣りで）歩きに歩いたのが、心身の鍛錬になっている」のかも知れない。

その間、岩上一派は刺客を山王社に送り、覚浄は殺される。しかし、葉津は無事逃げのびる。藩政をめぐる暗闘が続く中、やがてまた御前試合の日がめぐってきた。岩上勝之進に相対するのは、立ち直った窪井信次郎である。3本勝負は1対1で、ラスト1本。その大詰め。

「からからと竹刀が鳴った」「二人は目まぐるしく身体を入れ替え、離れるかと思うとまた身体を寄せ合い、寸時の休みもなく動き回っていた」「信次郎が、天風と呼ぶ得意技に相手を嵌《は》めた」「勝之進は引き足を使った。だが、その一瞬、目にもとまらず動いた信次郎のしないが、勝之進の肩に激しい音を立てて決まった」

それまで！　信次郎は雪辱を果たしたのだ。

そのときはすでに、家老の岩上一派の悪事に対して、藩の監察方の探索が入っていた。勝之進は逆上し、白刃を手にして改革派の重鎮たちに襲いかかろうと桟敷席へ走る。これを察して信次郎も走る。道場仲間から『窪井！』の声がかかり、刀が投げられる。これをつかみ、抜刀して勝之進と相対する信次郎。

勝負は一瞬だった。

「双方から踏みこみ、二人はただ一合斬りむすんだ。静まり返った広場の、にわかに濃さを増して来た日差しの中で、やがて勝之進の身体が少しずつよろめき揺れて、信次郎からはなれ、ついに腰からくだけて地面に倒れた」

すべては終わった。

肩に降りそそぐ落葉の坂道を、信次郎は葉津のかくまわれている山寺へ向かう。そして2人はお互いの無事を確認。そのラストシーン。

「身じろぎもせず、葉津は信次郎を見ている。その姿は紅葉する大木の中で、春先に見た鮠のようにりりしく見えたが、信次郎が近づくと、その目に盛り上がる涙が見えた」

あのとき、釣りあげた鮠は放流したが、その鮠のようにりりしく美しい娘を、信次郎はよもや手放すことはないだろう。「盛り上がる涙」という表現に、2人の万感の想いが込められいる。

さてこの物語の「藩」とは、藤沢周平の故郷である山形県の庄内藩を模した「海坂藩」という、小説上の架空の藩であろう。庄内藩が実際に武士に奨励した釣りと鳥刺しは、実は意外なところでクローズアップされる。幕末の戊辰戦争で庄内藩は官軍とのし烈な戦いを連戦連勝で突っ走った。が、行動を共にした周辺の東北他藩が寝返ったり完敗したため、仕方なく降伏。庄内藩は〝無敗で白旗〟という珍しい結果を歴史に残したのである。庄内藩士はなぜ強かったのか？　釣りと鳥刺しに励んで常日頃から心技体を鍛えていたからというのがもっぱらである。

藤沢周平（1927〜1997）

山形県鶴岡市生まれ。教員生活を経て上京し、業界新聞記者をしながら小説修行。代表作は『蝉しぐれ』。釣りが登場する作品はほかに『三屋清左衛門残日録』『宿命剣鬼走り』『風の果て』など。「私は酒もさほど飲めず、釣りにもゴルフにも興味がなかった」（『小説の周辺』より）というから、子供時代は別にして、釣りの経験はなかったようだ。

『鎌いたち（「顎十郎捕物帳」より）』

久生十蘭

昭和14年発表以来さまざまな出版社から刊行。
徳間書店「釣りミステリーベスト集成」
（昭和53年刊）に収録されたものを採用

釣具屋で釣り講釈を聞く

日本の時代小説で「三大捕物帳」といわれるのは、岡本綺堂「半七捕物帳」（大正6年〜）、野村胡堂「銭形平次捕物控」（昭和6年〜）、横溝正史「人形佐七捕物帳」（昭和13年〜）である。

それらを追撃するように、昭和14年に雑誌『奇譚』に発表され、アッと驚く新鮮奇抜な謎解きで人気を博したのが、久《ひさ》生《お》十蘭《じゅうらん》の「顎十郎捕物帳《あごじゅうろうとりものちょう》」である。戦後、同名のテレビドラマがTBS系列で放映された（昭和43年）ので、年配の人には記憶があるかもしれない。主演は若林豪、ヒロインは若かりし大原麗子。演出は、後に「寺内貫太郎一家」や「時間ですよ」を撮る久世光彦。ついでにいえば、久世と名コンビだった向田邦子も、この作品の何本かで脚本を担当している。

主人公は、北町奉行所例繰方という役どころ。いわば、判例などを扱う内勤職で、出勤自由の閑職。仙波阿古十郎という立派な名を持つが、「顔の半分が顎」というほどアゴが長いので〝顎十郎〟と呼ばれている。『鎌いたち』はこのシリーズ全24編中、唯一、釣りを題材にしている。

物語は、神田小川町の釣道具屋から始まる。顎十郎は釣りを始めるらしく、垢まみれの袷を羽織り、お粗末な刀を天秤差しにして、長いアゴをなでながら、店の番頭の釣り講釈に聞き入っている。

『……この青鱚（アオギス）釣りともうしますのは、寛文のころ、五大力仁平という人が釣ったのがはじめだとされているんでございまして、春の鮒の乗ッ込み釣り、秋の鯔（ボラ）のしび釣り、冬の鱮（タナゴ）釣りと加えて、四大釣りといわれ（中略）、尺を越えますと寒風ともうし、八寸以上のを鼻曲がり、七八寸を三歳鱚（中略）、青鱚は川の鱚なんでございます（後略）』

で、この季節はどのあたりが釣り場所かとたずねると、

『鉄砲洲《てっぽうず》の高洲、……まず、久志本《くしもと》屋敷の棒杭から樫木までの七八町のあいだが寄り場になっておるんでございます』

そして、顎十郎が親父の形見だという釣りバリを懐紙から取り出し、これと同じハリがあるかと問う。と、番頭はまた得意げに、長々としゃべくり始める。

『そもそも、鱚釣ともうしますのはむずかしいもので、例えば善宗流《ぜんそうりゅう》の沖釣、宅間玄牧流《たくまげんぼく》の隼《はやぶさ》釣、芝高輪の釣師太郎助《つりしたろすけ》流の筥釣《はこづり》などと、家伝《かでん》によりましていろいろ型がござりますが……』

このハリは、アオギス釣り用のハリのようだと合点して、『ころあいなのを選んで、一式纏めてくれ』といって、アオギス釣り用の安物のサオと仕掛け一式を購入し、「竿を肩にひっかついで、ひょろりと往来へ」出て行ったのである。

ノドを鎌形に斬り裂く辻斬りが横行

その月の初めごろから、江戸市中に人々をすくみ上らせるような残虐・奇妙な辻斬りが横行。金持ちの隠居、腕利きの武士などすでに5人が凶刃にたおれていた。

いずれの死体にも左の耳の後ろからノドボトケにかけて、「判で捺したように、見事な鎌形の傷」があり、頸動脈を一息に深く斬られて即死。入念に検死してみると、その傷の深さ、大きさ、形は寸分も違わず、しかも鎌形に喉を掻き斬る前に、切っ先を違えたような、小さな掻き傷があって、それから一気に深くえぐっているのであった。

「これは人間わざの及ぶところではない」ということで、「かまいたちという妖魔の仕業だと」大騒ぎになっていた。

顎十郎の叔父であり、上役の筆頭与力・森川庄兵衛は、事件解決のため、〝かまいたち〟とは何ぞやと書物に首っ引きだが、その姿形はようとして知れず、美しい娘の花世には「いたちが鎌を持っておりますの？」などと茶化されてイライラがつのるばかり。

　そして、手下のひょろ松がきてひとしきり混ぜ返しているところへ、サオを担いだ顎十郎がのそりと登場だ。ボロの袷の着流しに、安物ザオを担いでいる姿は、「堕落した浦島太郎」そのもの。その情けない風体に苦り切る叔父に向かって、『釣りにでもでかけましょう』と言い、『魚釣りというのには三徳がある。第一に気を養い、第二にせっかちがなおり、第三に薬缶あたまに毛が生える』と釣りの効用を皮肉たっぷりに説く。

　勘の鋭い花世は何かを察して、『魚にからかわれておいでなさいませ、あんがい、変わった魚も泳いでいるかもしれません』と3人を追い立てる。

　鉄砲洲の高洲には、「渚《なぎさ》一帯に人影が群れ、あげおろす竿に夕日があたって、きらきらと光」っている。

「背高《せいたか》の、二尺ばかりの立込下駄《たつこみげた》を穿いて、よほど沖に杖をついて釣っているのもあれば、腰まで入って横曳釣《よこひきづり》をしているものもある」

　江戸前のにぎやかな釣り模様がしのばれる情景描写はさすがである。

　庄兵衛は、昔はかなり釣りにこったようで、「腰蓑」1つになって丈一（＝10尺＝約3ｍ）のサオを振り、入れ食い模様。が、ひょろ松は「質にとられた案山子《かかし》」みたいに突っ立ってるだけ。

　顎十郎はと見れば、一投ごとにあっち＆こっちとポイント移動と落ち着きがない。ひょろ松に、『裾から火がついたように駆け回ったって、魚は釣れやしません』とたしなめられる。と、

『ひょろ松、おれが釣ろうというのは、腹の白っこい、指ほどの鱚じゃねえんだぜ』とうそぶく。『じゃア、鯨でも』と冷やかされると、長いアゴの先をつまみながら、

『海にはいねえ魚だ』

『そりゃアむずかしい御注文』

『鎌いたちだ』

海で鎌いたちを釣るというのは、どんな了見なのか。

犯人は釣りで剣の修行をする妖剣の使い手

『鎌いたちは、あそこで泳いでいる』

見ると、35、6歳の顔に凄みをたたえた男である。「無反《むぞり》の長物を落差しにし、右手を懐手にして、左手で竿をのべている」。身なりは整い、由緒ある家中の剣士のようだ。

息をつめて見ていると、「手の拳も膝もゆらりとも動かず、ただ、竿先だけが虚空に三寸ばかりの新月をえがいたと思うと、どういう至妙の業によるのであろう、鈎先は青鱚をつけたまま、おのずからはね返って、魚籠の中に入った。（中略）剣道の至奥《しおう》にも疎通《そつう》した、すさまじいばかりの気魄であった」

『どうだ、ひょろ松、合点がいったか』

『おそれ入りました』

『鱚を釣って人の喉を鎌形に抉《えぐ》る練磨をつむなどというのは、だいぶ格はずれな執心《しゅうしん》だの』と

顎十郎。

こうして、犯人は捕まった。その謎解きは――。

検死現場でのこと。顎十郎がふと顔を上げると、死骸の真上の松の枝に、釣りの仕掛けが引っ掛かっており、魚くさいハリがついていた。それを見て、長尺の一本ザオでの釣り帰りの侍の犯行と推理。そこで、釣道具屋などへ出向いて話を聞くと、「御影一刀流」という剣法を、魚釣りに応用した釣りの流派があると聞きつける。それは、アオギス釣りの坂尾丹兵衛流という流派であり、剣術の極意を「魚釣りにうつしたものだ」とわかった。

犯人はこの流派の左利きで、釣りも相当な腕前に相違ないと確信したのだ。

そこで、釣り場に出て探すと、電光石火の早業で、正確無比に青ギスを抜き上げる侍がいた。「あれだけのあざやかな刀法がサオの穂先に出ねえはずがないと思った」わけである。

久生十蘭（1902〜1957）

北海道函館生まれ。岸田国士に師事して演劇を学び、渡仏。帰国後、森下雨村の『新青年』に多くの異色作を発表、同時に仏の探偵小説を翻訳紹介。昭和27年『鈴木主水』で直木賞。函館の網元の家に生まれたともいわれ、釣りの知識の豊かさは本編を読めば瞭然である。

※引用文中、読みやすいように字句を現代漢字などに改めた部分があります。ご了承ください。

『奥日光の鱒釣り――名人勘蔵の思い出』

西園寺公一

つり人ノベルズ『新編　釣魚迷』所収

釣遊の日々の中で、突然特高に踏み込まれる

戦前〜戦後の傑物、西園寺公一《さいおんじきんかず》は、最後の元老・西園寺公望の孫である。小学2年のときに「パパが作ってくださった釣りの仕かけ」を持って日光丸沼で初めてマスを釣り、その後、生涯サオを手放さなかった。

表題の『釣魚迷』は「中国語で釣道楽、釣りきちがいのこと」であり、もちろん自分自身のことだ。その中の「福田蘭童とアカヤガラ」の項は、次のような出だしだ。

「『西さん、カマスに行こうよ』、蘭童君が誘いにくる。ときどき、尺八の鬼才福田蘭童の離れに居候しては釣りを楽しんでいた頃――日本が真珠湾の奇襲から太平洋戦争に突入する少し前の頃である」

〝西さん〟は西園寺公一である。カマスは、あの細長い塩焼きにするとウマイ魚のカマス釣りである。福田蘭童の破天荒な人物は本欄でも前に紹介した。文士・芸術家などと交友を持ち、『宮本武蔵』の文豪・吉川英治に頼まれて、蘭堂の湯河原の別荘〝三漁洞〟の離れに、この〝華族のぼっちゃん〟を預かっていたのである。蘭堂は、アレコレ事情を詮索するような野暮な人間ではない。〝釣魚迷〟同士、2人はすぐに意気投合して相模湾の海や箱根〜伊豆一帯の川で、屈託なく釣り遊びに呆《ほう》けた。

そんな昭和17年、開戦間もない春に、ある事が起こる。

以下は、福田蘭童著『わが釣魚伝』に書かれた「終戦まで」の一節の要約である。

その日2人は、湯河原の新崎川にヤマメ釣りにでかける。そして川原で、釣ったヤマメをバターで焼き、摘んだ山菜を調理。飯盒で飯を炊き、酒を飲むといった優雅な1日を楽しんだ。その帰りの道すがら、突然〝西さん〟が、『東京の家へ帰ってくる』と言い残して、そそくさと夕方4時半ごろの汽車で帰った。そして、5時半ごろのことだ。

「玄関のベルが鳴った。あけて見ると黒い服を着たひとが三人」、ドカドカと玄関から押し入り、「一人は電話室へ、他の二人は各部屋の押入れをあけた。わたし（筆者注・蘭童）は強盗がはいってきたのだと思った。しかし、立派な服を着ているではないか」

実は、特高警察であった。西園寺公一を逮捕にきたのである。彼がいないとわかると、3人はあたふたと帰っていった。蘭堂はすぐに西園寺の自宅に電話を入れる。すると、「出た相手は憲兵隊だった。軍（筆者注＝憲兵）と警察（同＝特高）とが協力して公ちゃん（同＝西園寺公一）を探していることがわかった」

翌日、蘭堂が上京して家族にようすを聞くと、「運転手が車で新橋駅まで迎えに出たが、いつまで待っても汽車から（西園寺公一が）降りてこなかった」という。その理由は――。

「昭和十七年三月十六日、新橋駅に降り立った僕は、殺気立った数人の男に囲まれた。警視庁特別高等警察の刑事たちだった」（西園寺公一回顧録「過ぎ去りし、昭和」より）。

西園寺公一は、その前年の10月に発覚したソ連主導のスパイ事件「ゾルゲ・尾崎事件」の一味として、新橋駅で逮捕されるに至ったのである。

西園寺は当時、近衛文麿の特命を受けて対英米戦争回避の工作に奔走していた。近衛の主催する〝朝飯会〟のメンバーに、スパイ事件の日本側首謀者・尾崎秀実がいて、西園寺は彼と深くかかわっていた。そのため事件の余波が自分にも及ぶことを覚悟し、吉川英治の紹介で蘭堂の三洞堂に身を寄せていたのである。

思い出の奥日光で釣りに興じ、心に青空がよみがえる

昭和18年11月、西園寺公一は懲役1年6月、執行猶予2年の有罪判決を受けて出所。尾崎との交遊を通して、結果的に国家機密の漏洩に加担したことになったが、それは日本国を戦争から回避させるための愛国行為であり、それゆえの執行猶予だったと筆者は推測したい。

さすがの西園寺も今回のことで心に深い傷を負った。何もしたくない、人にも会いたくない、東京にもいたくない。おまけに戦争は泥沼にはまり込んでいく。そこで、「小学校二年のときにはじめて連れていってもらい（中略）、生まれながらの木こりで、釣りが好きな勘蔵というじいさん」（前出の「回顧録」より）を思い出し、奥日光へ釣りに出かけるようになる。

当時のことを書いたと思われるのが、『釣魚迷』の中の「奥日光の鱒釣り――名人勘蔵の思い出――」だ。

2つのエピソードからなり、最初の《ねばり勝ち》は、「ビール瓶に酒をつめてもらい、大きく板屋旅館と焼き判を捺《お》した下駄をつっかけて、ブラリと宿をでる」というところから始まる。9月のマス釣り終盤のころである。酒は勘蔵じいさんの大好物。

すでに3日間、2人は湯の湖に舟を漕ぎ出して完敗続き。もう、ニジマス釣りはやめて、ヒメマス釣りでもという勘蔵に対し、『ニジの野郎に馬鹿にされっぱなしという手はないよ』と西園寺は、翌日もニジマスを釣りにでようと説得するためにこの夜、酒を持参して直談判に及んだのである。

この酒が効いて、翌朝、「ひどい吹き降り」という荒れた天候の中を2人は船出する。案の定、「雨も、風も思いのほかひどい。碇《いかり》がもたず、再三船が流される」。ウキも風に流されながら揺れ動き、イトはふけて釣りにならない。「じいさんの雲行きも、空模様に輪をかけて険悪」である。もうお手上げかという土壇場で、

「いきなり竿先がグンと水の中へもぐった。あっと思うまに、リールがギギギーッと鋭い音をたて、リール糸が、みるまにもってていかれる。

『きたなっ！　でけえぞ！』

勘蔵じいさんの仏頂面が、一瞬にかがやく」

英国オックスフォード大学を卒業し、新興ニッポンの命運を背負って国際的な陰謀の世界を渡り歩き、また一時『グラフィック』誌も創刊・主宰していた西園寺は、頭も舌も、そしてこのように文章のキレもなかなかなのである。

魚の引きは尋常ではなく強い。通常なら船のイカリを揚げ、魚の動きに合わせて船を操るのだが、勘蔵といえどもこの強風下では船を漕げない。

『どうすべえ』という勘蔵。

『このまま勝負だ。（中略）うっかり碇をあげたら、船が魚と逆のほうへいっちまうかもしれない』

勘蔵の田舎言葉と、西園寺のべらんめえ口調の対比も絶妙。15分あまりの闘いの末、

「じいさん自慢の大玉網にすくい上げられた魚は、六百匁をこえるにちがいない、みごとに肥ったニジマスの雌であった。

『旦那さァ、顔から湯気がでてるぞォ、アッハッハハ……』

そういって顔をほころばすじいさんも、水っぱなをすすりながら、髭面から湯気をたてている。

（中略）

『こういう荒れの日にゃあ大物が喰いますだ。それを知らねえ阿呆《あほ》どもは家にすっ込んでやがって、出てこねえんだ、アッハッハハ……』

今朝の自分の仏頂面など棚にあげて、じいさんは無邪気に、底ぬけの上きげんだ」

こうして、300〜600匁のニジマスを6尾も釣りあげる。宿に帰ってますますじいさんの「気焔《きえん》」は高まり、硫黄香の強い温泉に浸かってやっと鎮まる。

「勘蔵じいさんは、心地よさそうに湯ぶねにつかりながら、しみじみといった……。

『旦那さァ、今日はよかったナ』

そして、腹の底から満足そうに、大口をあけて笑うのだった……。

『ねばり勝ちだア。旦那さまのねばりが勝ったなァ、ワッハハハ……』」

こんな素朴で正直者で、開けっ広げなじいさんと、大自然に囲まれて阿呆のように釣りに興じることで、当時38歳の〝旦那さァ〟の挫折感は癒えていき、暗雲におおわれた心は再び青空を取り戻していくのであった。

2つめのエピソード《金胡麻・銀胡麻》もしみじみと笑わせ、泣かせるが、残念ながら誌面が尽きた。

戦争が終わり、西園寺公一は日中友好をライフワークとして中華人民共和国に一家で移住。両国の重鎮らと丁々発止の論戦を展開し、周恩来からは「民間外交大使」として礼遇され、1972年の田中角栄内閣による日中国交回復の道筋を作った陰の立役者としての功績はいまも評価が高い。

西園寺公一（1906～1993）

神奈川県生まれ。元老・西園寺公望の孫。オクスフォード大学卒。近衛文麿のブレーンとして対英米との戦争回避を模索するも、ゾルゲ事件に連座。戦後は北京に移住し、日中友好のパイプ役として奔走。広大な大陸を釣り歩き、食べ歩いた。その模様は、『中国グルメ紀行』（つり人ノベルズ刊）に詳しい。

『生ぐさ太公望』

児玉誉士夫

1976年広済堂出版より発行

椎葉のエノハ釣りで命びろい

昭和45年11月。三島由紀夫が市ヶ谷の自衛隊に乱入し、クーデターの檄をとばして失敗。割腹自殺をしたその3ヵ月後、当時還暦（60歳）だった政界の黒幕・児玉誉士夫は、子分格数人とともに九州・宮崎県の山深い上椎葉の峻険な渓にサオをかついで分け入っていた。

九州といえど標高は高く、2月の冷え込みは厳しい。釣宿に泊まり、夜中に目が覚めたので「枕もとの水筒をとってお茶を呑もうと思ったら、水筒の中でガサガサと変な音」がする。お茶が、凍っていたのだ。

「翌朝、まだ暗いうちに宿のおかみにたたき起こされ」、「防寒の装いも凛々しく釣り場を目指す」――。

児玉誉士夫の釣り随想集『生ぐさ太公望』は、昭和50年11月10日、広済堂出版から初版発行。箱根・芦ノ湖の別荘にこもり、釣りの足跡を回想しつつ、随時政談を混ぜ込みながら書き下ろしたものである。

本文は5章から成り、いま取りあげているのは、その第4章「釣閑四方山考」の中の「大西郷を偲びつつ」の項である。西南戦争の田原坂《たばるざか》の激戦に敗れて故郷・鹿児島に敗走する西郷隆盛が、途中の人吉で魚を釣って兵士たちと焼いて食べたという故事にちなみ、西郷を敬愛する児玉は人吉からさらに奥の上椎葉への渓流釣りを計画したのである。

釣り場では、5〜6寸のエノハ（ヤマメ）を釣りまくった。しかし、まだ満足できない。ガイド役の宿の主人が、「この先にはもっとすばらしいところがある」というので、喜び勇んで崖を上っていく。途中、児玉は先の釣り場に本ザオと替えザオの2本とも忘れてきたことに気がつく。意外にも、あわて者なのだ。というより、「もっと釣れる」という言葉を耳にして、サオどころか、我を忘れて先を急いでしまったのだ。

宿の主人が、『私がとってきます。（危険だから）先生はここを動いたり、一人で下に降りたりしないでください』と念を押して引き返す。

ところが、欲深い先生はじっとしていられない。崖の上から渓を見下ろすと、「流れよし、淀みあり」の、よだれが出るような絶好ポイント。立木につかまって降りようとしたとき、ボギッと木が折れて、「七十度の傾斜面を谷底に向って真逆様に転落」――。

一巻の終わりと死を覚悟したが、木こりが積み重ねていた〝そだ〟（雑木の枝の束）の上に落ち、それがクッションの役割をして水際で止まる。戻ってきた宿の主人がそれを見つけ、ロープを投げてくれて、崖を這い上がって命びろいをしたのである。

その後も懲りることなく釣りを続け、宿に帰って持参のクーラーに魚をつめ、その夜は釣った魚で大宴会。豪快なのか、無神経なのか。

巣鴨出獄後、本格的に釣りをスタート

児玉誉士夫は明治44年、「智恵子抄で有名な安達太良山の遥か麓」の福島県・本宮町生まれ。背後を阿武隈川が流れ、この川で子どものころ父と一緒に釣りに親しんだ。

時は流れて昭和14年、それまで幾度か思想犯として投獄と出獄を繰り返していた児玉だが、特務工作員となって上海に姿を現わし、日本人公園で釣りイトをたれ、「スッポン一尾という哀れな釣果」であった。翌15年には南京の支那派遣軍総司令部の建物裏の池でサシをエサに、ワカサギを少し大きくしたような魚を釣ったりもした。

7歳で母を失った児玉は、薄幸の少年時代に父と寄り添うように楽しんだ釣りのひと時を、どんな境遇にあっても忘れ得なかったのである。

昭和20年の敗戦後、児玉はA級戦犯として巣鴨の拘置所に投獄。そして、本書第1章の「巣鴨を出て」の冒頭に次のように記している。

「わたしが本格的に釣りに没頭しはじめたのは昭和二十三年、巣鴨を出獄した以後である」と。

その動機がふるっている。

戦時中に謀略将軍と呼ばれ、陸軍特務機関のトップとしてA級戦犯となっていた土肥原賢二

中将と巣鴨刑務所の運動場を一緒に歩いていと、土肥原がしみじみと次のように話しかけてきたというのだ。

『考えてみれば、まさに悔い多い人生であった。だが、もうすべて遅い。しかし、君はまだ若いのだ。自分の二の舞はするな。君は生きてここを出たら、日本の国土を心の眼で深く見つめてくれよ。俺のぶんもな』

土肥原はその2ヵ月後、東条英機らとともに絞首台の露と消えた。65歳だった。

昭和23年12月24日、児玉は巣鴨を出所するが、謹慎中なのですることがない。そこで、戦前ちょっと縁のあった萩原吉太郎（当時北海道炭鉱汽船の常務取締役）の家を埼玉県の蕨《わらび》に訪ねる。児玉が戦時中特務機関で暗躍し、A級戦犯でもあったことを承知していた萩原は警戒する。だが、背の低い、詰襟の、イガグリ頭の、控え目な態度の児玉とすぐに打ち解け、やがて釣りの話になる。たまたま、萩原の家の裏に池があり、コイやフナが泳いでいることがわかると、児玉は萩原に『することがないので、ちょくちょく釣らしてくれ』と頼む。これを萩原は快諾し、翌日から児玉は朝から晩までこの池で魚と戯れ、やがて朝食もこの家でとるようになり、夫人まで同行するようになった。

この件は、釣りをしながら仕官のチャンスをうかがっていたという「太公望」の逸話を思い起こさせる。戦後の混乱期、児玉は水面に浮かぶウキを見つめながら、自分の〝出番〟を眈々とうかがっていたのであろう。

池のコイやフナ釣りに明け暮れるうちに釣りの師匠に出会い、「千葉県の沼という沼はほとんど歩きまわった」。つまり、土肥原中将の「君は生きてここを出たら、日本の国土を心の眼で深く見つめてくれ」という遺言にも似た言葉の第一歩を踏み出したわけである。

以降、「真鮒釣りを楽しんで十年、中禅寺湖、湯の湖、支笏湖に姫鱒を追って十年、それから渓流の山女魚《やまめ》を教わってかれこれ十年、南は九州から北は北海道まで、これはとおぼしい渓流、谷川はすべて竿を振ってきた。しかも、この間には海釣りも忘れられず、大島、初島、伊豆の岸壁も歩きまわった」と大いに自慢する。

釣りは、土肥原中将の遺言に従ったものなのか、それとも単に好きだったからなのかといえば、答えは後者に決まっている。さらには、土肥原中将の遺言というのも、怪しいといえば怪しい。他に誰もそのときの話を聞いた者はいないのだから。

尺越えの大ものばかり472尾

ともあれ、戦争に敗れた日本の「国土を心の眼で深く見つめ」るために、釣りザオを携帯して日本列島をくまなく〝探索〟した児玉だが、一番の大釣りの思い出は、富山県「立山連峰大長谷川」のイワナ釣りであった。

今は廃墟と化している「下の茗温泉」に宿を取り、夜中の2時過ぎに出発して、仲間たちと釣り場まで20㎞を踏破。まばゆいばかりの新緑の水面にエサを落とすと、即アタリ。雪解けの冷水を渉って振り込んでも、即アタリ。さらに午後には、朝方見つけておいた〝とっておきの場所〟へ第一投。すると、いきなり「尺二、三寸」。続いて5、6投連続して尺越え。

『先生、今日はたいへんですよ。この淀みの中をごらんなさい。（中略）大ものばかりが群をなしてますよ』

夕方、釣ったイワナをさばき終わると、「何と全部で四百七十二尾。魚を並べて溜息をついた。尺を越す大ものばかりだ」――。

何ごとにも徹底して打ち込み、チャンスとみればペンペン草も生えないほど蹂躙し尽くす、怪物・児玉の凄味を感じさせる場面だ。

冒頭に取り上げた椎葉村の釣宿「岩富旅館」は、現在も同じ場所に営業している。主人はすでに亡いが、現在74歳のおかみが継いでいる。児玉はこの夫婦を、「純朴」で「あたたかい」と評し、色紙を残している。そこには、技巧のない細字体のか弱い筆致で、こう書かれている。

――山深く寂けき里の谷川に／釣りする人の心美し――

極悪非道、金の亡者などと称され、ロッキード事件など数々の疑獄事件の深層で暗躍し、闇社会から日本の政財界を操った男にしては、妙に潔癖で、平凡な文句である。

釣り好きに悪人はいない――

この言葉は、児玉にもあてはまるのだろうか。

児玉誉士夫（1911～1984）
福島県安達郡本宮町生まれ。幼少時は極貧で、掘立小屋住まいだったという。赤尾敏に傾倒し、18歳のとき天皇直訴事件で投獄。以後、投獄と出所を繰り返す。戦時中は児玉機関で暗躍し、戦後はフィクサーとして政財界を手玉に。ロッキード事件ではロ社の秘密代理人だったとされる。

『鮎釣り海釣り』

稲葉 修

1979年二見書房

「釣魚名著シリーズ」第17巻としてラインナップ

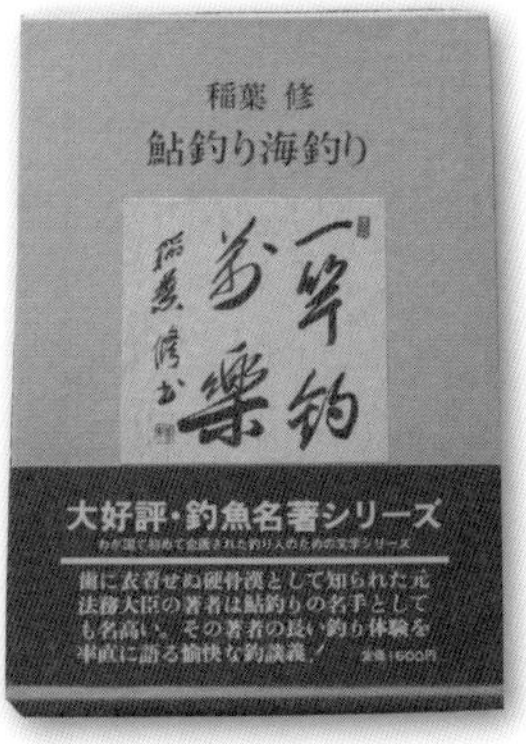

五十川でアユ釣りの最中に重大な電話が入る

昭和51年7月27日の朝、かねてよりロッキード事件を捜査中だった検察当局は、外国為替法及び外国貿易管理法違反により、前総理大臣の田中角栄を逮捕した！

この衝撃ニュースの前日、当時の三木武夫内閣の法務大臣であった稲葉修は、山形県南端の小河川・五十川《いらがわ》で3間（5・4m）のアユザオを手にして家族で友釣りに興じていた――。

稲葉修は明治42年、新潟県村上市を流れる三面川のほとりに九男一女の末っ子として生まれ、兄たちに連れられて小学校に上がる前からフナやエビを釣って遊び、その後生涯を通じて釣りを一番の趣味とした。

釣りの中でも、小学生のころに兄たちに伝授されたアユには特別な想いがあり、サオなどの道具に凝り、政治家として地方遊説などのおりも各地の川でサオをだしている。その小児のようなハマリッぷりを、本書で次のように告白している。

「法務大臣室や議員会館二一四号室で、長い友竿を継いで窓から差しだし、竿の調子を見ては楽しんだものだ」

いかに釣りが好きとはいえ、戦後最大の疑獄事件のまさにクライマックスが足もとまで迫っているというときに、東京から遠く離れた里川で友釣りに興じていたとは、時の法務大臣としてあまりにも呑気すぎる。

その〝五十川のアユ釣り〟の真実が、30ページから5ページにわたって記述されている。文脈に沿って紹介しよう。

そのころ、稲葉は法務大臣として多忙を極め、また新聞記者たちの夜討ち朝駆けにも悩まされ、眠れない日々が続いていた。そこで、毎年7月にでかけている五十川でアユを釣って、気分転換をはかることを思い立つ。

「この川の優雅な清遊は寿命が延びるような気がして、工面して時間を作って、孫達を連れて村上市の家から一時間、二台の車でご馳走を沢山持ち、ワンカップも抜け目なくクーラーに詰めて出かけた」

ワンカップは、稲葉の釣りには必需品で、釣り場で一息つくときは必ずクーラーから取りだして、川原でキューーッ！　を至上の喜びとした。ロッキード事件を嗅ぎまわる新聞記者たちには、「今日は家族デー」だからといって同行を断り、夫人・子ども夫婦・孫など一行十数人で出発。その中で、友釣りをするのは5人。稲葉夫人も釣り好きで、一族郎党を引き連れての夏休みレジャーを兼ねた友釣り日帰り旅である。

「解放されたいい気分で、のんびり釣ったり、水遊びをしたり、ワンカップでいろいろとご馳走を食べたり、全く極楽であった」

アユも朝からよく釣れ、「午後も追いがよく、入れ掛かりといってよい状態」になっていた、ちょうど3時ごろのことである。

『東京から電話です』と連絡が入る。

せっかく釣れているのに、釣りを中断したくない。そこで、護衛官に出てもらったが、「私に直接電話を」という。相手が「法務省安原刑事局長」と聞いて「いやな予感がした」。仕方なく、釣りをあきらめて電話のある所まで急ぐ。携帯電話などまだないから、いざという時のために近くの支援者宅などを連絡先に確保していたのであろう。

電話をすると、その安原刑事局長がでた。

『（検察当局が）前総理田中角栄に対する逮捕状を裁判所に本日中に請求したいとのことですが、大臣のご許可を頂きたいのであります。逮捕は明朝七時を期しているそうです』

このとき、稲葉は「ついにそこまできたか。迷惑千万だが……」と感想を漏らす。法学の名門である中大法学部出身の稲葉は、政治の混乱を予期しつつも、検察首脳の強い正義への意志を汲み取り、ひと息いれてとっさの判断を下す。

『よろしいでしょう。やむを得ませんな』

『ご許可いただけますか』

『許可しないというわけにも参らんでしょう』

大臣として指揮権を発動して逮捕を阻止する選択もあった。まさに苦渋の選択である。

その後の稲葉修の振る舞いが政治家らしい。

「何食わぬ顔で河原へ戻り、友鮎をつけたままにして川岸に置いといた竿を取り、そのまま釣りつづけた。まだ日は高い。七月末の空は晴れ渡り、三時頃は暑い盛りで、水温も上り、それから五時までは入れ掛りだった」

釣ったアユは5人で200尾以上。大満足だ。稲葉は角栄逮捕を腹に飲み込み、三木総理にも、自民党の首脳にも誰にも知らせることなく、ただ「呑気な釣り人」の風体を押し通した。ヘンに騒いだり緊張すれば周囲に感づかれ、その決断は闇に葬られる可能性があったからだ。どちらかというと学者タイプの線の細い柔和な政治家に見える稲葉だが、その心魂は座っており、まさに豪傑といってもよかろう。

その日は釣りの後、夜には五十川から近い山北町（新潟県）で後援会の会合があり、これにも何食わぬ顔で顔をだし、そして村上市に戻って夜行列車『天の川』（当時は秋田駅〜上野駅間を運行）に乗車してぐっすり眠り、翌日からの大事に備えたのであった。

アユ釣りの敵？　メジロアブ

アユ釣りに関しては、他に振草川（愛知県）、日野川（福井県）、五ヶ瀬川（宮崎県）、伊尾木川（高知県）、余市川（北海道）など、日本列島を釣り歩いている。その腕前はというと、釣りや将棋とともに大好きな相撲にたとえて、「私は三役に位すると自負」している。小結か、関脇、あるいは大関かというわけだ。ちなみにいつも同行する稲葉夫人の腕は「幕内中位というところか」と評している。幕下だろうなどとけなさず、ちゃんと評価しているところが、正義の味方、弱者の味方稲葉修という清廉な政治家像を作り上げるのに大いに役立っている。

実際、稲葉の友釣りの腕前は相当だったようで、この本の巻頭に物部川（高知県）での釣り写真が載っているが、そのサオの構え方、やや前傾して目印を直視している姿は、凡庸ではない。とても70歳近い老体とは思えないほど精悍で、生き生きしている。

また、稲葉の毒味のきいた舌のキレ味も見事である。

たとえば、「釣りと人生」と題した講演で次のような毒舌を吐いている。

自らが会長を務めた「日本の水をきれいにする会」の運動に関して、「三木武夫さんが環境長官の時に、社団法人として認可されたんですけれども。その後いろいろなことで政界の浄化はやってみたけれどもさっぱり浄化しないし、まあ水だけでもきれいにしてやろうかな、とまあこういうわけですな」——ここで、拍手喝采である。

さらに、友釣りの話から養殖アユの話になる。

「養殖の鮎は目つきが悪い（笑）。目がどろんとしてね。それから丸々太ってはいるけれども、顔にしまりがないですね。鮎は香魚というんだけれども、香りがないんだ、鮎独特の……。（中略）どっかその辺の代議士みたいになっちゃったね、みんな！」——またも、拍手喝采だ。

さらに、こんな代議士を称して、「養殖代議士というんだ、俺」——会場はどっと沸く。

さて、話は先ほどの〝五十川のアユ釣り〟に戻る。この終盤近くで稲葉は、五十川のアブの話題を唐突に持ち出す。

「日が落ちるとめじろが出てくる。小型の虻《あぶ》の一種で、目が大きくて白い（緑色で白人の目のようなものもいるが）。この地方では鮎釣りの敵で、困った昆虫である。こいつが、わんさと寄ってたかられたら、どうしようも防ぎようがない。食われたらはれ上がってかゆく、どうにもならないのである。（中略）めじろが出ないうちにあがろうぜ」という理由で、角栄逮捕前日の釣りを早めに切り上げたというのである。

新潟県の下越地方〜山形県、福島県などの渓流釣りやアユ釣りで、嫌われ者のメジロアブ。このアブは、ちょうど7月下旬ごろに出現し、お盆が過ぎるころに姿を消す。たしかに、釣り人には非常にやっかいで、この期間の川釣りを嫌う人も少なくない。

ということが分かっていても、なおこの「めじろ」の話は唐突で、そして不自然である。考えられることは、「めじろ」とは、「目白御殿」を指しているのではないかということである。

文京区目白の目白御殿は、権勢を誇った田中角栄の8500㎡に及ぶ大邸宅のことであり、角栄の異名は「目白の闇将軍」であった。このように読み込むと、稲葉修という優和な政治家の裏の顔が浮かび上がってくる。政界はまさに魑魅魍魎のうごめく世界のようである。

稲葉修（1909〜1992）
新潟県村上市生まれ。サケの遡上で有名な三面川のほとりに育ち、子供のころから魚釣りに親しむ。中央大学法学部教授を経て政界へ。ロッキード事件の角栄逮捕時の法相。日本の水をきれいにする会の会長を長く務めた。

『鱸』
幸田文

1994年講談社文芸文庫
現代日本のエッセイ『包む』に収録

父・露伴が息子と利根川でスズキ釣り

幸田露伴は『五重塔』などで知られる明治を代表する文豪であり、無類の釣り好きとしても知られる。釣り小説『幻談』『盧声』は本欄でも以前取りあげた。その文豪の娘・幸田文が、生前の父と息子・成豊（幸田文にとっては2つ違いの弟）との心温まる交流のようすを、ある日の〝スズキ釣り〟の光景を中心に描いたのが、この随筆である。

当時の露伴は向島に住んでいて、夏は利根川に船を浮かべてのスズキ釣りに気がそぞろで、毎年「蜜柑の花が白く咲きだすころ」に通い始め、「秋あおみかんのはしりが売りに出るころに終る」という風であった。

船はヒノキ造りの自前。なじみの船頭が操り、釣りの道具ばかりか「七輪鍋釜味噌醤油も一ト通り調《ととの》って」いて、「気が向けば二タ晩くらい河へ泊ることも珍しく」なかった。

小学生だった幸田文の弟は、ある日、釣りに連れて行ってくれと父親にせがむ。すると、父は一も二もなく応じた。というのも、「この弟は一人きりの男の子で、しかもひ弱くて甘ったれだったから、父はあわれでかわゆくてたまらなかった」からだ。長女・歌、次女・文の次に生まれた待望の男子であったから、露伴にとっては目に入れても痛くないほどのかわいがりようだった。

たとえば、普通の父親が成人した息子と杯を酌み交わしたいと願うのと同じように、釣り好きな父親はいつか成長した息子とサオを並べ、釣果を競い合う日がくることを夢見るものである。たとえ文豪とて心境は同じであろう。息子にスズキの大ものを釣らせてやりたい、そしてあわよくば魚釣りを好きになってもらいたい——。

船頭は気の優しい男だが、「本来は荒々しく無鉄砲で強情っ張りで、かっと腹をたてやすくて、野生の匂い」の強い性格。厳しい性格の父とは、「人気《ひとけ》のない利根川の水の上で、互いにむきなおこりかたを絡ませて睨みあったことが度々あったらしい」という緊張した関係にある。

このやっかいな客に、きょうはコブ付きである。そのコブがあまったれのわがままっ子ときているから、船頭も気が抜けない。ところが、「その日は天気も上々の釣日和で、夕がたの釣れ時には魚のほうでかぶりついて来」たから、船頭の心配も杞憂であった。

なにしろ、スズキという魚は「当歳二歳の小さいものでも一応の技巧はあって、それぞれにのがれようと手練手管をやる」。それはたとえば、次のようなことである。

「この魚の頬には三味線骨という鋭利な武器があって、綸《いと》が強く手繰られるとき、急に水上へ躍りあがり、があっと口を開き身をひねって、綸と頬骨の先とを直角に引っかけて、落ちるはずみの魚自体の体重をかけて、ぷつりとあの渋引きの綸をさえ切るのだから、本能ではあるが大した芸当をする魚である」

いわゆる、釣り人を最高に興奮させるスズキのエラ洗いである。

逃げようとするスズキのこんな必死な芸当も大人の加勢で簡単に切り抜け、幼い弟は父親よりもたくさん釣らせてもらって有頂天。そして、『早くその魚を食べたい！』と催促までする。

父と子の輝ける日々への鎮魂歌

料理の腕は船頭がふるう。

「夕陽《ゆうひ》のなごりが明るく、船の炊事が始まる」のである。

文豪は、いつものように一杯やりはじめる。そこへ、塩をぶっかけて大雑把に焼いたスズキを、節くれだった漁師の手が供す。皿からはみ出す大物だ。弟は、今しがた自分が釣りあげたばかりの尾頭付きを頬張って、『うまいなあ』と破顔。それに続いて、次のような情景描写が続く。

「色の白い子が一日で陽に焼けて頬が紅く笑う、それは親の眼には浸みつく顔だったようである。ただ愉快とか満足とかだけではなく、浸み入ってくるもののある表情である。魚を食べて、うまいなあとほゝえむ少年の心には何の翳りもないけれど、『少年』というもの自体には美しさのかなしさ、詩の哀しさのようなものがある」

少年の笑顔は親の心の奥底に映像として刻印され、それは単に美しいだけではなく哀しささえにじませている。当時、母は病気で没し、露伴は再婚していたが、この後添いと家族とは折り合いが悪く、露伴も少年も何か胸につかえているものがあった。だから、この場の満足も愉快も単純ではなかったのである。それが、「美しさのかなしさ」という切ない表現に含蓄されている。

そして長い付き合いの船頭も、こんな家族の単純ではない状況を心得ていて、その光景をあたたかい眼で見つめている。

そしてそのすぐ後に、突然、次のような文章が立ちあがる。

「父は何度この話をしたろう」——

——あのかわいい少年は、結核のために20歳で先立ってしまっていたのである。露伴59歳のときだ。

それからというもの、老境の文豪は娘の文に、このスズキ釣りの話を何度も何度も語り聞かせるようになったのである

随筆の最後は、次のように終わる。

「少年の姿がかわいゝのか、父親の心が哀しいのか、釣られる魚がいとおしいのか、供をする船頭が辛いのか、水が切ないのか、船が寂しいのか、——いちばんはっきりわかっていることは、父は息子をかわいがっていてそれに先立たれたということである」

若くして死んだ我が子を想う父親の悲しみと悔恨が、さざ波のように心を震わせる結末であ

る。

釣り上達にも役立つ？　幸田文の文章作法

幸田文は、文豪の娘として生まれながら、いわゆる文学少女ではなかった。どんな娘だったのか、同じ本に『道のメモ』と題した随筆が収録されている。あまり幸せとはいえない結婚をして、夫がやっていた酒問屋がつぶれ、生活のために行商に出ていたころの話である。

彼女は「酒屋の小僧さんがしているあの、まえかけ、酒の銘柄《めいがら》や商標を大文字に染めだした大きな帆まえかけ――をかけて」、電車で行商に出ていた。結婚しているとはいえ、まだ若い身空である。こんな酒屋まえかけの道中姿を、見知らぬ乗客にジロジロ見られることは耐え難い。

しかし、それにはすぐ慣れた。が、どうしても耐え難いことがあった。それは、「まえかけの蔭にひそむ、やにっこい夢が疼く」ことであった。

「夢というものは意地の悪いもので、実生活が敗れてみじめな日々になりさがってくると、ふだんはさしてはっきりもしていなかったその夢が、かえって鮮明に浮きあがってくるものである」

彼女の夢とは「才能の夢、栄達の夢」……。どん底の境遇になって初めて、彼女は子供のころから内に秘め、おぼろげだった夢の正体を鮮明にとらえることができたのである。

そこで彼女は、「灰色の期間を明るくする工夫を考えた。そして小さい手帳を一冊持った」。

その工夫とは、「毎日の行き来に見る人の波からこれはと思う美しい人を拾いあげ、なるべくこまかく顔かたち・衣裳・動作をメモ」することだった。

たとえば――「大森駅、夜十一時半、男中年、たけ高くや、痩せがた。髪型、油気なく額の角に自然か人工かウェーヴ一ッ、横向きの鼻から上唇にかけての線美し（中略）、がっかりしたことには、連れの男へ話しかけて笑ったとき、いやらしい鼠っ歯だったこと」――。

といった風である。それは、人間観察にとどまらず季節の草花や街並み、家構えなど多彩にわたり、しかも微に入り細をうがつメモとなっていった。

その後、幸田文は34歳で離婚し、一人娘を連れて父の元に戻る。その父が1947年に死去するや、露伴との思い出や看取り、その人となりを記した『雑記』『終焉』『葬送の記―臨終の父露伴―』を矢継ぎ早に発表。その心の眼で見るような的確な描写は評判を呼び、たちまちのうちに随筆家として世に迎えられた。

代表作『流れる』は、華やかな花柳界の荒波にもまれ、衰退していく芸者置屋の物語だが、幸田文は文豪露伴の娘という身分を隠して芸者置屋に住み込みで働きに出て、その実体験をもとに書き著した小説である。このとき、手帳持参であったにちがいない。この習慣は、ものを書くことだけではなく、釣りの上達にもきっと役に立つはずである。

幸田文（1904～1990）

東京都墨田区生まれ。父は幸田露伴。24歳で清酒問屋に嫁入りするが離婚。晩年の父のもとで生活。露伴死後に文才を発揮し、随想集を出版するとたちまち評判に。代表作は、長編小説『流れる』。ほかに、『みそっかす』『闘』「崩れ」など。

『鮎つりの思ひ出（歌集『黒松』より）』

若山牧水

歌集『黒松』は昭和13年（牧水没後10年）に
改造社から発行。ここでは、
平成6年初版発行の短歌新聞社文庫版を採用

どんなに釣れても、心は寂し海鰻釣り

《幾山河　越えさり行かば　寂しさの　終《は》てなむ国ぞ　今日《けふ》も旅ゆく》

ご存知、若山牧水の国民的短歌である。旅と酒を愛した歌人として知られるが、実は釣りも好んでいたことはあまり知られていない。

大正14年、当時41歳の牧水は随筆集『樹木とその葉』（改造社）を出版するが、その中の「海邊八月」に、ひと夏を一家3人で伊豆西海岸の古宇《こう》という小漁村で過ごした日々が記してある。

村内唯一の宿に泊まり、牧水はここを拠点に心おきなく魚釣りを楽しんだ。古宇の入江は深く切れ込んでおり、その深みにひそむ根魚がターゲット。釣魚はシコイワシをエサに、カサゴ、アカギ（アカハタ）、ゴンズイ、オコゼなど。船べりからイトを垂らす手釣りで、入江周りを探るのである。

「親指と人差し指との間に持って垂れた釣糸の感触によって魚の寄りを知り、やがて程を見て手速く船の中に巻き上げるのです。ただ糸の降りている海底が岩石原であるため、馴れないうちはよく鉤《はり》をそれに引っ掛けました」

このように、当初は慣れない釣り方に戸惑い、地球ばかり釣って宿の主人に笑われた。が、「三度四度と行くうちにいつか主人より私のほうが余計釣る様になりました」と釣り自慢。すると主人は、『おめえたちは指がびるっこいせえに追っつかねェ』と負け惜しみ。〃びるっこい〃は柔らかい、〃せえ〃は故にの意味で、都会人は指の腹の皮膚がやわらかいため、イトから届く微妙なアタリをいち早く感知するのでよく釣るのだというわけである。

次に、大瀬崎での海鰻釣りの模様が描かれる。海鰻は、ウツボのことか。コマセとして「魚の腸（臭い程いいの故、腐っていればなおよし）」を海中に投じて待っていると、「間もなく赤黄色の斑のある海鰻先生」が「のろっと現われ」る。それからは、「出るは出るは、のろりのろりと大きな七五三縄《しめなわ》の縄片のような奴が縺れつ縺れつ岩から岩の陰を伝って泳ぎ廻」る。

このセンセイの鼻先へ、エサを突きつけるだけで、パクリッ。大きいのは「幅二三寸長さ二三尺」というから、胴の幅6～9㎝、長さ60～90㎝のデカさ。釣ってもしかし、「形美ならず、味また不美」と毛嫌いされている。獰猛な引き味だけが楽しみということだろう。もちろん、こんな妖怪な魚が牧水の詩心を刺激することはない。

《一人釣る　小笠の人の　立《たち》すがた　あざやけきかな　沖の小舟に》

この一幅の日本画のような短歌は、歌集『黒松』の「海辺雑詠」の中に詠まれ、「伊豆国西海岸の漁村古宇に宿りゐてあけくれに読み捨てる」との添え書きがある。ならば、愚鈍無粋なる筆者は思う、〝海鰻（ウミウナギ）センセイ〟の歌も詠んでやってほしかった……。

少年期の夏休み、牧水は友釣りに没頭した

宮崎県日向市・坪谷という山間の村に生まれた牧水（本名＝繁）は、幼児のころから、釣りに接している。村医者の父と母はともに釣り好きで、目の前の坪谷川が釣り場であった。坪谷川は下流で耳川に合流し、日向灘に注ぐ。釣魚は、ハヤや渓魚、そして夏はアユであった。

《歯を痛み　泣けば背負ひて　わが母は　峡の小川に　魚を釣にき》（第4歌集『路上』より）

幼児の頃から歯痛に悩まされていた牧水が、歯が痛くて泣くと母は牧水を背負って坪谷川の渓流で魚を釣ってあやした。母の釣る川魚の跳ねる姿を肩越しに見て、つかの間その痛さを忘れて欣喜する幼い牧水。そこに、母と子の深い絆が醸成される。実際、牧水はマザコンの気配があり、号である牧水の牧は母親の名前「マキ（牧）」であり、「水」はこの渓の水に由来する。

成績優秀だった牧水は、12歳で村から10里（40㎞）離れた城下町・延岡の高等小学校へ入学し、15歳で県立延岡中学へ進学。寄宿生活である。明治30年前後の当時、辺鄙な村を出て、都会（延岡）で学ぶ子どもは稀だったであろう。

長期休暇には、必ず10里の道をほとんど小走りで、美しい山河と大好きな母の待つ坪谷に帰省した。夏休みには、その大半を故郷の川で釣りにいそしんだ。

その多感な少年期のアユ釣りをしのぶ歌が、歌集『黒松』に「鮎つりの思ひ出」として25首収録されている。

その、いくつかをとりあげてみたい。

《ふるさとの　日向《ひゅうが》の山の　荒渓の　流清うして　鮎多く棲みき》

《故郷《ふるさと》の　渓荒くして　砂あらず　岩を飛び飛び　鮎は釣りにき》

この2首から、故郷の坪谷川は清冽な流れで大石小石の荒瀬が連続する、ほとんど砂のない、まさにアユ釣りの桃源郷といえるような川相であったことがわかる。「渓荒くして砂あらず」という川相は、アユ釣り人の心を強烈に刺激する。

《われいまだ　十歳《とお》ならざりき　山渓の　たぎつ瀬に立ち　鮎は釣りにき》

ここでいう「十歳」は数え年なので、満年齢で牧水12歳、すなわち延岡の高等小学校に入学した年だということがわかる。都会（延岡）から、息せき切って10里の道を故郷へ帰り着き、「たぎつ瀬」に立ち込んでアユと遊ぶ――。牧水にとって、まさに夢のような、忘れがたき少年時代のアユ釣りであった。

《上《かみ》つ瀬と　下《しも》つ瀬に居りて　をりをりに　呼び交しつつ　父と釣りにき》

上流の瀬には父、下流の瀬には牧水が陣取り、「釣れた！」「逃げられた！」などと、真夏の光のしずくを浴びながら父と子は一心同体となって緑の自然を満喫。

《囮の鮎　生きのよければ　よく釣れき　囮の鮎を　いたはり囲ひき》

当時（明治30年ごろ）、九州の山間に友釣りが普及していたことがわかる。オトリ箱にオトリアユを入れ、石囲いをして緩い流れに丁寧に埋《い》けるよう、厳格な父親から教えられていたのだろう。なにしろ、友釣りは「一にポイント、二にオトリ」といわれるほど、オトリアユの元気度が釣果を大きく左右する。

《鼻に糸さし　囮の鮎と　なしゐつつ　鮎の匂は　掌《てのひら》にありき》

《幼き日　釣りにし鮎の　うつり香を　いまてのひらに　思い出つも》

当時は現在のような金属製の丸いハナカンはまだなかった。この「鼻に糸さし」とは九州伝統の目通し仕掛けのことだろう。こうして釣るアユの独特の芳香は、牧水の思い出の中に深くしみ込んでいた。

《瀬の鮎は　練絹《ねりぎぬ》なしつ　日に透きて　輝ける瀬に　鮎は遊びき》

アユの鱗《うろこ》はほぼない。急流に逆らって閃光のように泳ぐ魚にとって、甲冑のような鱗は邪魔なのである。代わりに、石と石の間をすり抜ける時など裸の肌を保護するための〝ぬめり〟がある。このぬめりが、アユ独特の抜けるような透明感を輝かせる。きめ細かで艶のあるアユのこの肌質を「練絹」と表現。

《釣り暮し　帰れば母に　叱られき　叱れる母に　渡しき鮎を》

25首のうちの最後がこの歌である。「アユ釣りにうつつを抜かしていては、勉学に後れをとりますよ」と叱る母に、そっと、自慢げに差しだすビクの中で跳ねるアユ。この時、牧水はあの幼い日の母に背負われて見た釣りの光景を思い、母は幼子を背負ってあやしながら釣った日々を懐かしんだであろう。時の流れの中に、釣りを通して2人は母と子の絆の深さを再確認したに違いない。

　また牧水の随筆にも、この少年期の思い出を綴った『鮎釣に過した夏休み』がある。それには、「父も釣が好きで、よく一緒に出かけて行った。ただ、父の釣はあゆつり（郷里ではあゆかけといっていた）だけであったが、好きな割には下手で、却って子どものわたしの方がいつも多く釣っていた」とある。

　この、父は「好きな割に下手」、自分の方が「いつも多く釣っていた」の記述は、先の西伊豆・古宇漁村での場合と考え合わせるに、牧水は子どものころから相当の負けず嫌いであったことがわかる。短歌においては俗世間を超越した漂然たる貌《かお》を見せるが、釣りにおいて素の顔が表出するのは、牧水に限らず古今東西にわたって釣り人の常である。

若山牧水（１８８５〜１９２８）
宮崎県日向市生まれ。県立延岡中学時代に短歌、俳句に目覚め、18歳のとき牧水と号す。早稲田大学卒業の年に処女歌集『海の声』出版。友人だった啄木の臨終に立ち会うなどし、大正９年から沼津の千本松原に一家で移住。歌集『黒松』は、牧水死後の１９３８年の出版。

『ハヤ』
坪田譲治

『ハヤ』は童話雑誌「赤い鳥」（昭和9年／4月）に発表された。ここでは「坪田譲治童話全集・第1巻」（昭和43年6月、岩崎書店発行）を定本とした。

兄弟げんかで家を飛び出し、川でハヤ釣り

児童向け名作小説『風の中の子供』などで知られる児童文学作家坪田譲治。明治23年、岡山県御野郡石井村大字島田生まれ。島田は現在の岡山市北区島田本町あたりで、地図で見ると山陽本線岡山駅から1㎞も離れていない近距離にある。

ところが当時は、「数里にわたる田圃《たんぼ》の中にわら屋根が二十余、青葉の中に埋れているようなところでした。川はとても多くて、村を縦に流れているもの四つ、横にそれをつなぐもの二つ、小溝は至るところにありました。船を持っている家が多く、十以上もあったでしょう」

(『故園の情』より)というような田舎そのものであった。

幼年の坪田は、この一帯を遊び場として、フナやナマズ、川エビをすくい捕り、釣りバリにアオガエルを付けて一晩川に流しておく投針《なげばり》釣りで大きなナマズを釣るなどしてのびのびと育った。また、この牧歌的な故郷は、彼の童話の実質的なデビュー作となった『河童の話』など、後年の多くの文学作品の舞台として登場する。

今回紹介する『ハヤ』も、もちろん幼年時代に遊び親しんだ故郷の村が舞台である。

「善太《ぜんた》はきょうも正太《しょうた》とけんかをしました」——これが物語の冒頭である。善太は弟、正太は兄、つまり兄弟喧嘩だ。原因は、兄が弟の運動帽を自分のと間違えて持っていったため、弟は学校の体操の時間になって、かばんに入れたつもりのものが入っていなくて先生に叱られたからである。

『まちがえたんだから、しかたがない』『まちがえたのが悪い』の言い争いになり、『だれだって、まちがいがあるんだよ。バカ』『なに』と険悪になり、ついに善太は兄のカバンを庭へ投げつけ、そして取っ組み合いの喧嘩に発展。そこに母親が現われて仲裁。しかし、母親は日ごろから兄の正太びいきで、〝大事なかばんを投げ捨てるなんて乱暴者ね、そんな子供に育てた覚えはありません〟と善太を叱る。

この理不尽な仕打ちに、善太は口惜しくて家を飛びだす。

そして橋上から川面を眺めながら口惜し泣き。このまま自分が家出をしたら母はしょげ返り、後悔するだろうと考え、人さらいにさらわれたり、オオカミに食われる自分を夢想する。このあたりのセンチでひねくれた子供心は、大人の誰もが思い当たるだろう。

とそのとき、「大きな白ハヤが、モ（筆者注＝藻）のかげから出て来て、ちらっと白い腹を見せたとおもうと、ついと、またかくれました」

善太は急いで家の物置へ帰って、「釣《つり》ざおとビクと餌箱《えさばこ》をとりだ」し、イチジクの木の下に埋めておいた「ミミズを、ありったけほりだして川べりへ」向かうのだった。

もう、喧嘩のことも母に叱られたことも、家出のことも頭からすっかり消えている。

「善太は、川岸のカシの木の下へ来て腰をおろしました。後の赤くなりかけた麦畑から、そよそよと、気持のいい風がきます。足もとでは、流れがゆるくうずをまいています。糸をいれると、赤と白と、まだらになったウキがくるりくるりと、まいまいして流れます。ほ、もう食いつきました。ぴくりぴくりと引っぱります」

こういう弾むような情景描写に出合うと、まるで子供の自分に戻って釣っているような懐かしい気持ちが呼び覚まされる。

重いビクを提げて意気揚々と帰宅するが

2時間ばかりの間に20尾ほど釣れて、ビクの中で跳ね躍っている。もっとたくさん釣って、正太や母を驚かせてやる！

そんな時、『善太ァ』と呼ぶ声。兄と、近所の友達の今西君が心配して捜しにきたのだ。善太はそっと、麦畑の中へ逃げ込む。「かくれてこまらせてやる」ためだ。

サオとビクを見つけた2人が、『かくれてんなら出てこいよう』と叫ぶが、だまって動かない。それどころか、「善太は笑いがのどまでこみあげてくるのを、じっとこらえてい」た。相手が必死であればあるほど、善太にとっては〃いい気味〃なのだ。

そのうち、2人は捜索をあきらめていなくなってしまう。

そうなると、なんだか面白くない。釣りにも身が入らない。やがて腹の虫も泣きだしたので、ハヤが20尾も入った重いビクを引っ提げて、善太は意気揚々と日暮れの路を家へと急ぐ。ハヤを20尾も釣ったのだから、みんな驚くこと請け合いだ。

家では善太が行方不明になって右往左往の大騒ぎだろうと思っていたが、門戸は締まってシーンとしている。ちょっと、拍子抜けである。抜き足差し足で勝手口へ回って茶の間のそばで耳を澄ますと、家族がガヤガヤと食事をしており、食べる音や食器のふれあう音なども響いてとても楽しそうな雰囲気。

善太はそこで一計を案じる。

『ウォー』とオオカミのように大声で吠えたてたのである。しかし、だれも反応しない。『ウォー、ウォー、ウォー』と怒鳴っても、みんな知らんぷり。そっちがその気ならと、善太は突拍子もない行動に出る。

「茶の間の窓のところへいって、さおの先へハヤをつけて、しょうじの穴からつッこみました。そしておびえたような作り声で、

『ほうら、こわいぞ。ハヤのゆうれいだァ。』と、いいながら、みんなのとりまいているチャブ台のま上までつきだしました」

このやけっぽちな展開にはさすがのみんなも我慢たまらず、「ワッハハハ」と大笑い。これ

で善太の心もやっと晴れて、『おかずはなんだい。腹へった、ゆうれいだァ』というと、『もう降参降参、ゆうれいには降参だよ。早くあがって、ごはんをおあがり』と母のやさしい言葉。

この件は、打者大谷翔平が、大リーグ初ホームランをかっ飛ばしてベンチに意気揚々と戻ったときチームメイトにシカトされた、あの米国流の歓迎シーンに似ている。

これで一件落着！　かと思いきや、兄の正太が『へん、麦の間から出て来たのをちゃんと見たよ。今西君とふたりでこっちの土手へかくれて見ていたら、のこのこ出てしまったじゃないか、やあい』とはやしたてる。

しかし善太は、反発するどころか冷静である。

『いいよ。――ね、かあさん、釣れたよ、とっても。ほら、ハヤが五十三びき、ほんとに五十三びきよ』

大好きなお母さんを味方につけたことで、善太はご満悦なのだ。しかし、善太が実際に釣ったのはせいぜい20尾。このあからさまなウソが、また次の兄弟げんかを予感させる――。

やるせない状況の中で釣りに出合う

坪田が本格的に釣りを始めたのは、実は40歳を過ぎてからである。新潮社版「坪田譲治全集」第1巻（昭和29年発行）の著者による『あとがき』に、次のような記述がある。

「昭和七年（四二歳）この年、釣に味を覚え、しきりに山の中の池へ竿をもって出かける。終日フナを釣りくらしては東京で傑作を書いているであろう友達のことを考え、やるせない気持となる」

坪田は明治41年（19歳）に早稲田大学文化予科に入学し、「文学への道」を歩み始める。しかしその生活は苦しく、何度か故郷に帰って家業である製縫所に勤め、いくばくかの貯えを得てはまた東京へ舞い戻って習作に励む日々。結婚して、文筆一本では妻子を養えない口惜しさ。東京に妻子を残しての「出稼ぎのような形」だった。しかし、昭和5年、兄と母が相次いで死去。後ろ盾を失った坪田は会社での立場が悪くなる。この悲痛な状況の中で釣りにのめり込み、やるせない心持ちを釣りで癒したのである。

昭和8年、ついに会社を辞めるが、それから3年間は極貧の借金生活。本稿『ハヤ』が執筆されたのはちょうどこの時期にあたる。

昭和10年、「改造」三月号に『お化けの世界』が載って名声が上がる。そして昭和11年、朝日新聞夕刊に連載の『風の中の子供』が大評判になり、映画化もされて、やっと「胸の底から明るくなる思いがした」

以後の坪田の名声は周知のとおりである。譲治童話は単純な子供向け読み物ではなく、大人が忘れ去っている多感で鋭敏な子供の心の機微を緻密に描き出し、いまも多くの児童に読まれている。

坪田譲治（1890～1982）
岡山県出身の児童文学者。早稲田大学文化予科時代に小川未明と出会い童話作家を志す。長い雌伏生活の後、46歳で朝日新聞夕刊に連載『風の中の子供』が大ヒットして人気作家となる。不遇極貧時代、そのうっぷんを釣りにぶつけていたことはあまり知られていない。

『つり人生』

土師清二

二見書房『釣魚名著』シリーズにラインナップ

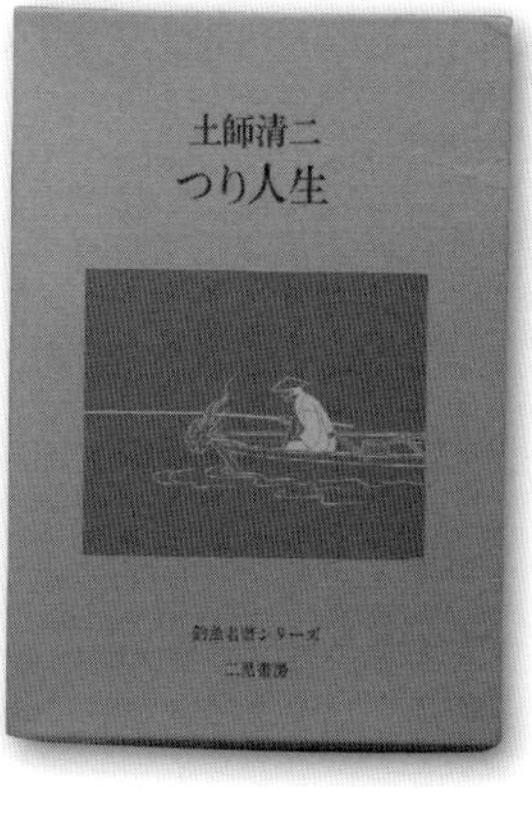

幼少期、七夕飾りの竹で20㎝のフナを釣りあげる

「世間の者は『釣をしている馬鹿、それを見物している馬鹿』といって、釣師をのんき者の見本みたいにいっているが、釣好きは皆せっかちで、その証拠には皆、釣りをしながらブックサと、ひとりごとを絶えずいっているものだそうだ。『もう食いそうなものだ』とか『きょうは日並が悪い』とか『餌を付け変えてみよう』とか……」

これは、土師清二《はじせいじ》が60歳代の初めに「小説春秋」に発表した『牡丹の雨』の一部分である。この短編は、昭和の初期に伝奇作家として出発した土師が、老境の我が身を、『春色梅暦』で知られる江戸の戯作者・為永春水の寂しい晩年に映して描いた人情時代物である。当時の大衆文壇にあって、随一の釣り名手といわれていた土師清二らしく、このような釣りのうんちくをさりげなく、一握りの寄せエサのごとく文中に放つワザはお見事というしかない。

さて、今回取り上げる『つり人生』は、昭和50年10月、著者83歳の時の発行で、すでにサオは納めて10年ほどの時が経っている。

「もはや現役の釣り人ではない」ので、「新稿、旧稿に手を加え、まとめたもので、心境は釣りためた魚籠をのぞいて見ているよう」であったと〝あとがき〟に綴っている。

初めての釣りは、「父の顔」の項に書いてある。

「八、九歳のころ、七夕祭りのあとの竹を、枝を払って釣竿にしたわたしは、母の木綿糸をつけ、針をむすび、ウキをつけて、鮒を釣りに行った。（中略）針を（川に）おろしているうちに、ウキが見えなくなった。あわてて強く上げた途端に竿が折れた。今年竹の青い水ッぽい竹だったので、節からポッキリ折れたのである。いよいよ慌てて竿の先のほうを持って引上げて見ておどろいた。大きな鮒が躍り上ってきたのだ」

七寸には足らなかったとあるので、約20㎝ほどのフナだった。子ども心に、その大きさに興奮し、「折れた竿と鮒をかかえて、夢中で、家へ駆けもどった」。ちょうど「父がいて、『大きい』とか『よく釣ったのぅ』とかいってくれた」

それればかりか父は、「その鮒をおろし、酢味噌でヌタにしてくれた。五十年を経た今も、わたしはその時の父を、ヌタをまざまざと思いだすことができる」

その1〜2年後に、心優しくて力持ちだった父は36歳であっけなく逝ってしまった。母子家庭となった土師は、高等小学校を中途退学して商家へ丁稚奉公に出る。学業を中途で断念するのは無念だったであろうが、泣き言はいわない。

奉公のかたわら文学を志し、独力で文才を鍛える。やがて奉公先の主人に認められ、その世話で中国民報（現山陽新聞社／本社岡山）記者となり、さらに大阪朝日新聞に移る。そして「週刊朝日」の構想を進言し、これが実現して編集記者となる。その自ら構想した「週刊朝日」に『水野十郎左衛門』を連載して小説家デビュー。大正11年、29歳になっていた。

昭和2年、朝日を退社して長谷川伸の主宰する新鷹会に参加。長谷川伸といえば、『関の弥太っぺ』『瞼の母』などの股旅人情物でおなじみである。同年、朝日新聞に連載の『砂絵呪縛』が大評判となって作家としての地位を確立した。

終戦前、病妻に魚を釣って食べさせる

その間、土師は幼いころに亡くした父の思い出が重なる釣りを、片時も忘れることはなかった。釣りをすることで、父の面影を、肌にふれるぬくもりのように感じとることができたのだった。

中国民報時代はハエ（ヤマベ）釣り、大阪朝日時代は武庫川でアユ釣りに明け暮れ、作家生活時代は日本全国を釣り歩き、多くの釣り仲間や釣り文士たちと交遊。家族サービスなど一切考えることがなかった。

そんな中、昭和20年、患っていた妻のガンが再発する。その、妻の人生が残り少なくなったことを悟って初めて、土師は釣りに明け暮れて妻との生活をないがしろにしてきたことを後悔し、故郷に帰って妻の介抱に専念することを決意する。

その最後の数ヵ月間の夫婦の哀情あふれる介護生活が、「釣と母と妻と」に書かれている。

「昭和二十年二月二十四日。空襲の中をくぐるようにして、病妻を伴れて郷里に帰ったわたしは、七月二十四日、妻が亡くなるまで郷里にいて、介抱した」

3月10日の東京大空襲前の疎開を兼ねた帰郷だったようだ。「介抱」という言葉の中には、病人の体力をつけるための食糧調達も含まれる。戦時下、田舎へ戻ったとて、食糧はやすやすとは手に入らない。

「食べさせる魚に困って、毎日のように野川へ出て、タナゴ、モロコ、カワムツ、小ブナを釣ってきて、焼いて妻に食べさせた」

こう筆を走らせているとき、土師はおそらく自分が幼少のころ初めて釣ったフナを父親が〝ヌタ〟にして食べさせてくれたことを、筆先のどこかに甘酸っぱく思い出していたであろう。

そして、次のように続ける。

「カワムツは土地でも異名を『猫くわず』というほどで、臭気があって不味い。それを妻は『おいしいおいしい』といい『釣ってきてください』といい、わたしが釣ってくると、うれしそうな顔をした」

死期のせまっているのを、妻も夫も悟っている。その何か、ままごとのような懸命な〝夫婦ごっこ〟のような残り少ない愛情が、ここにほとばしっている。不味いものでも、おいしいといって喜んで食べてくれる妻の愛情をこそ、夫は慈しみ、いっそう釣りに精を出す。そのことで、お互いの間に横たわるわだかまりや哀しみが癒され融けていく。

「麦秋、田植えといそがしい農村にいて、釣をしている。気がとがめる（尤もわたしは随分麦刈りも田植もしたが……）。妻に食べさせるのだ、そうおもうと、気がとがめることもなかった」

モグラたたきのように、たたいても、たたいても、出てくる胸の奥に封印しているはずの釣りへの欲望。そんな夫は、次のように妻の心境を解釈する。

「毎日、東京をおもいながら、所在なさそうにしているわたしを見ると、妻は釣をさせたかったのではなかろうか」と。

男は、いつまでたっても自分勝手である。そして女は、そういう自分勝手な男が嫌いではない。

夫のかいがいしい介護にもかかわらず、7月に入って妻の病状はいよいよ悪化する。

「七月二十三日。朝。『麦こぎの手つだいに行ってくる』といいしに、妻は微笑し、うなずきたり。これが最後の笑顔なりし」

その日は、くしくも2人の結婚三十周年だった。夕食時、夫は赤飯とともに、釣ってきた小ブナなどを「尾頭附として」、すでに意識の混濁している妻の枕元に置き、心の中で言う。

「三十年……本当に、ご苦労様でした」

そのころのことを土師は、文中で次のように回想する。

「わたしの釣のうちで、病妻の食べ物として釣った釣――結婚三十年の心祝いに赤飯のほか何もなくて尾頭附にしようとて釣った釣――こうした釣りはもう経験できないだろう」

その亡き妻はアユが大好きで、宝塚時代（大阪朝日新聞時代）、「六月から八月いっぱい、毎日のように釣って来、生簀をこしらえて生かしておき、百日以上毎日のように食べて、たべ飽かなかった」という。

あはれ
秋風よ
情あらば伝へてよ
……。

なぜか、佐藤春夫の「秋刀魚の歌」が胸に去来するのであった。

土師清二（1893〜1977）
岡山県・長船町生まれ。幼くして父を亡くし、母子家庭の苦境から独力で文学の道をはい上がる。代表作『砂絵呪縛』「血ろくろ伝奇」など伝奇小説を得意とした。また、名人竿忠を描いた『竿中三代』、釣り随筆集『晴釣雨耕』『魚つり三十年』などの著書がある。

『利根の鱸釣り』

朝倉文夫

1983年に編まれた
朝倉文夫文集『彫塑余滴』に所収

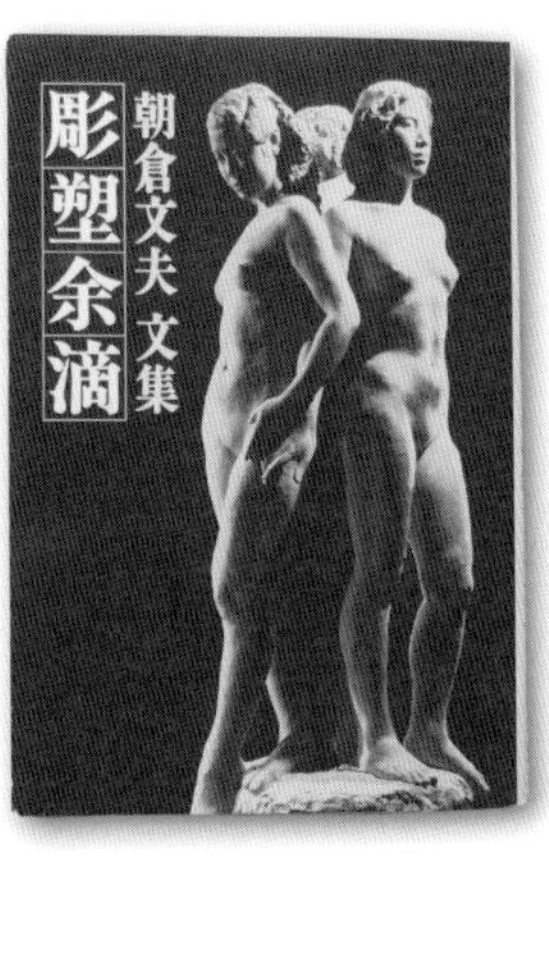

名人『竿忠の像』が2体展示されている理由

東京・日暮里駅から下町情緒の色濃く残る谷中銀座へ。その入口ともいえる夕焼けだんだんへ至る手前を左に折れるとすぐ、「朝倉彫塑館」に行き当たる。〝東洋のロダン〟と称された彫塑家朝倉文夫のアトリエ兼住まいだった建物で、彼の作品が常設展示されている。

代表作『墓守』、巨大な『小村寿太郎像』、『大隈重信像』など居並ぶ堂々たる作品の中にあって、釣り人の目をひくのは『竿忠の像』である。高さ30㎝余りの小品で、不可解なことに2体並べて展示してある。

このブロンズ作品は稀代の和竿職人中根忠吉（初代竿忠／1885～1930）の像で、昭和14年（1939）の第2回新文展出品作である。初代竿忠といえば、長谷川伸の戯曲『名人竿忠』や土師清二の短編のモデルとしても知られるが、釣り好きであり、竿忠の竹ザオを愛用した朝倉文夫は彼をモデルにしたブロンズ像を制作。

その制作に関する当時の読売新聞記事のコピーが、展示作品に添えられている。それによれば、竿忠の徹底した職人気質を気に入っていた朝倉はいつか竿忠の像を作りたいと思っていた。その矢先、出入りの竿忠の孫の音吉（三代目竿忠）が訪ね来て、「『祖父（筆者注＝初代竿忠）は一生職人で終わりましたが、釣を好む先生（朝倉氏）のお力で一度旦那にしてやって下さいませんか』という孝心に『作りませう』と快諾」したのだという。

このブロンズ像は、「生きた竿忠に会ふ気がする」（同新聞記事より）というほど竿忠の生きざまを伝える評判作で、新文展出展後は三代目の所有となった。

昭和20年3月10日東京大空襲。

本所竪川の三代目竿忠の住まいは「焼爆の紅蓮の炎のなかへ、一家内みんなで吸いこまれてしまった」（土師清二『惜竿記』より）。一家8人のうち、息子の喜三郎（後に4代目を継ぐ）と疎開していた娘の香葉子（後に初代林家三平夫人となる）の幼子2人が残されただけ。家も家財も全て焼失したが、焼け跡から1体の像が見つかった。それが、『竿忠の像』であった。

現在、彫塑館に並ぶ2体の〝竿忠像〟のうちの1体がこれである。全体が煤けてくすみ、細部は熱で溶けたのか判然としないが、それらの傷みがかえってサオ作りに命をかけた初代竿忠の心魂の凄みを伝える結果になっている。

もう1体は、被災を免れた石膏型から鋳造されたものであり、いわばリアルな原型である。

こうした竿忠像をめぐる事情を知ってこの2体を見比べたとき、博物館側の意図が浮かびあがってくるわけである。

釣りに明け暮れて落第を繰り返し、19歳で上京

朝倉文夫は多趣味・多才な粋人でもあり、庭の池には錦鯉を泳がせ、蘭や菊を育て、室内には花を活けた。また囲碁・将棋は子どものころから大人顔負けで、俳句にも才能を見せている。そして戸外にあっては、釣りを趣味とした。ターゲットはスズキであった。『彫塑余滴』は、朝倉が生前書き残した文章を集めて一冊にまとめたもの。自身による生い立ちや芸術・彫刻観などが中心だが、趣味として楽しんだスズキ釣りに関する小文も2編収録されている。その1編が『利根の鱸釣り』である。鱸（スズキ）は海の魚だが、河口近くの汽水域で釣る〝川鱸〟の手釣りで、幸田露伴も好んだ釣りである。

釣りを始めたきっかけは健康のためだった。

「アトリエにばかりいた私は、少し運動したらと会う人毎のように奨められて、外出嫌いの私も、少年時代の釣の思い出をもう一度実現してみようと、私の郷土に少し似た奥多摩の鮎に出かけた」

故郷は大分県の現豊後大野市。朝倉は小学校卒業後、大分尋常中学竹田分校（現県立竹田高等学校）へ進学。学校の近くを九州のアユ釣り河川として知られる大野川が流れている。同じ大分県生まれの歌人の堀正三著『朝倉文夫の青春』（1976年、国文社刊）によれば、中学

時代の朝倉は釣りなどで遊び暮らして落第を繰り返した挙げ句、卒業をあきらめて19歳で上京し、彫刻の道を志すことになったとある。釣りに明け暮れて勉学をおろそかにしたことが、結果的に〝東洋のロダン〟誕生につながったともいえるわけである。

故郷の大野川に似た当時の多摩川は天然ソ上のアユがきらめいていたことだろう。だが、朝倉にとっては多摩川は鬼門であった。なぜなら、ブヨにやられて「私の手足は赤く膨れ上がって」耐えられない。「特別に手袋と靴下を用意したがやはり駄目」であったからだ。

豪華釣船に乗り、自作の仕掛けや道具で釣遊

同じ年の秋、友人の医者がブヨのいない釣り場ならいいだろうと、利根川のスズキ釣りを紹介。その日から、この釣りのとりこになった。

その凝りようは尋常ではない。先の『竿忠の像』を取りあげた読売新聞の記事中に次のように書いてある。

「朝倉氏は釣が好きで（中略）、大利根の取手に繋留してある漁船は船の中に座敷もあれば炊事道具まで備え」てあった。また芝浦の船宿にも一艘置いていて、これは「江戸前の釣り船としてナンバーワン」で、「〝道楽にしても贅沢すぎる〟と悪口されたり、船頭に抗議が出る」こともあった。

こんなやっかみに対して朝倉は、「せめて釣をする時ぐらいは昔の大名の気持ちになりたい」と意に介していない。それというのも、釣りをする心は真摯で清廉であったからだ。たとえば

エサに関して。

スズキ釣りのエサはイトメと袋エサの2種類を常とし、出発の日の早朝に東京のエサ屋で求めた。エサは現地調達が便利だが、現地のエサ屋のエサは古くて活きが悪いからである。しかも、「夏の暑い間は出来るだけ新しい餌を釣り場まで持って行くために、餌桶の上に氷を入れて」電車に乗った。

「私のこうして持って行った餌は私に初めて鱸釣りを教えた老船頭が、その土地では見た事がない程非常にいきがいいといってほめていた」

次はポイントである。

「私は洲の出鼻があって、その下流の水によどんだようなところを選んで釣っている。これは永い間の経験で、こうしたよどみには居る」とわかっているからである。さらに、スズキ釣りの初期は河口近くから始め、魚の動きに合わせて徐々に上流へ移動するなど、その生態にも詳しい。

そして、仕掛けや道具類は手作りである。

「冬の間、釣りに行かない間にテグス二本合わせて撚ったり、糸巻きを作ったり」、「荷物を入れるリュックなども夜の客の無いときに作った手製である」。「そうした自製の道具には自分の趣味を十分盛る事が出来、又一番自分に用いよいように出来ている」

最近の、出来合い仕掛け派の釣り人には耳の痛い話である。要するに、彫刻と同じように、釣りに対しても心魂を込めて対峙したということであろう。そして、釣りの醍醐味を次のように語る。

「魚釣りは、健康にもいいし、都塵を避けて浩然の気を養うにもいいし、又それはかりではなく、この釣りの鈎の先に来る魚の種類から動作までが一本の糸なり、竿なりによって解るようになる。この勘を育てるという点でも確かにいい事だと思う」と。

イトを繰り出した先に寄ってくる魚のわずかな動きがハリ先から手元の鈴に伝わり、「その響き方で鱸かそうでないか、又それが何であるかが解る。又それが今何をしているか、食っているか、餌を少しずつぬすんで行く魚か、ぱっくり食う魚かが解る」――。

その結果、「利根川の鱸釣りでは土地の人達より東京から行く私の方が確かに多く釣り上げる」と自画自賛。世俗を離れた風な芸術家であっても、釣りに関しては無邪気な子供のような競争心から逃れることはできないようである。

朝倉文夫（1883〜1964）

現大分県大野市朝地町生まれ。19歳で上京して彫刻家を志し、東京美術学校卒業後、明治40年『闇』、41年『山から来た男』と2年連続文展入選。代表作は『墓守』。朝倉文夫文集『彫塑余滴』は谷中の朝倉彫塑館で手に入る。同館は朝倉自身が設計したアトリエ兼住まいを利用。庭園も一見の価値あり。

『チヌの月』

伊集院　静

講談社文庫『三年坂』所収

満月の夜、自転車に釣具を積んで釣り場へ

「『お父さーん、今夜は、どうするんですか』
妙子の声が怒りだした。三十歳を過ぎてよくあんな素っ頓狂な声が出るもんだ。
『ああ、今夜は行くぞ。……きっと、大漁じゃて』」

主人公の上川亀次は還暦を過ぎて、すでに稼業の洗濯屋は息子夫婦にまかせている。女房のヌイもすでに亡く、近ごろは夜明け前に「若い時分の不格好な夢」ばかり見る。そんな老後の日々にあって、唯一の楽しみは、チヌ（クロダイ）の夜釣りである。

妙子は、亀次の息子・慎一の嫁であり、何かと亀次を気にかけてくれる。

自転車に釣具を積んで、亀次は満月の夜を港へとペダルをこぐ。折しも5月の大潮、乗っ込みのチヌねらいだ。

亀次にはここ数年、お目当てのチヌがいた。かつて「捕り込む寸前で逃がし」た代物である。この夜ももちろん、その大物がターゲットである。

しかし、アタリがない。「月はわずかに亀次の頭へ寄っている」「今夜はちょいと明るすぎるのか」。波音だけの月明かりの海、遠いアタリを待っていると、フラッシュバックのように人生の断片が顔を出してくる。

数えの11歳で佐賀の山奥から博多の洗濯屋へ奉公に出て、不器用だと馬鹿にされながらも踏ん張った日々。招集されて中国戦線で終戦となるが、シベリア行きはまぬがれたこと。復員すると勤め先の洗濯屋はなく、縁あって瀬戸内沿いのこの地に小さな洗濯屋を開業。そして、戦争未亡人だったヌイと結婚。朝一番から夜いっぱいまで働き詰め。

いま、店は息子夫婦の慎一と妙子の時代になった。その妙子が、亀次はなぜか苦手であった。理由はわからない。ただ、「どこかで逢った女だ」という思いが、何かの拍子に頭の隅をよぎるのだった。

巨チヌを釣るが、岩にはまって絶体絶命

岩場に近づくウキを見て、サオ先を右に動かしたとき、

「指先にわずかなサワリがあった。アタリか、……またわずかに、小さなアタリ。気のせいに思えた。亀次の息が止まった。（略）ウキがピクンと下った。スーッと上ってきてそれっき

りじっと動かない。小物じゃないぞこいつは。（略）ウキがふたつ……みっつ沈んで上ってくる。あわてるな。まだ早いぞ。口の中に唾が溜って粘りだす。よっつ目が深目に沈んで止まる。（略）

その瞬間、ウキは左の岩場へグーンと、いつつ目のヒキをして、沈みながら駆け込んだ。がその時はすでに亀次は中腰の姿勢のまま竿を右上に勢いよく上げて合わせをしていた」

ついに、目指すチヌが掛かったのだ。

ここからの巨チヌとの格闘シーンはドラマチックである。やがて両者は、海底と陸上で引き合って動かない。

「三分……五分、気を抜いた方が負ける。（略）そこへ、ドーンと大きな波がきて亀次も相手もフウーッと浮いた。亀次はそのはずみを逃がさずに、

『南無三《なむさん》』

と声を上げて全身を鋼《はがね》のようにそり上げた」

魚の姿が見えた。タモ網ですくおうとすると、海面に尻尾立ちのチヌが「水鳥のように左の岩場へ走った」。逃がすまいと力んだ拍子にサオが音をたてて折れ、「その勢いでチヌは飛び魚のように左手前の岩場に向って突っ込んだ」

どうなったのか——？

グシャリと折れ曲がったサオ先から、懐中電灯の光でイトをたどると、どうやら魚は波間に浮かぶ1枚岩の窪みにはまり込んでいるようだ。魚がバタついても抜け出せないし、亀次がイトを引っ張っても角度的に岩にからんで引き出せない。

獲物を手にするためにはその1枚岩へ渡らねばならない。岩との距離は約3m。その間には波が寄せており、小岩が2つ頭をのぞかせている。この小岩伝いに、引き波をねらって、ひょい、ひょいと跳び移る。が、2つめの石で足元がすべってザブーン。あわてて岩をつかむ、波がドドッと押し寄せる……。気がつくと、亀次は岩と岩の間に「海老《えび》の形」ではさまれて身動きとれなくなっていた。

ジタバタしても抜け出せず、月夜に大声で助けを求めても波の音が返ってくるばかり。満ち潮の波が岩を洗い、亀次の胸から足先まで、「五月の冷たい海の手が触った気がした。下半身を縛り上げられたような不気味な冷たさだった」

万事休す！

そのとき、後ろのほうで、「バタッ」と気配がした。あのチヌが跳ねたようだ。絶望感で、チヌのことなど頭になかった。いい具合に、釣りイトが亀次の肩に巻きついている。これを手繰って引き寄せると、一枚岩をすべるように巨大なチヌが胸元へ流れきた。

「抱くように捕まえるとやはり六、七十センチはあろう大物である」

そのチヌは、「十年は生きている背の厚味だ。貫禄がある」、「面構《つらがま》えをじっと見た。睨みつけるようにしていると、目の前の魚の小さな目が次第《しだい》に可哀想にも、逆に愛嬌があるようにも思えた」

おとなしくなったチヌを、亀次は上着と肌着の間に抱くように入れて上着のボタンを締めた。潮はその間も、忍び寄るように満ちている――。

平凡な男の人生の夢と悔恨が綴られた名編

「――秋風の降る漢水《かんすい》、潜江《せんこう》の小さな丘で上川亀次初年兵は歩哨《ほしょう》に立っていた」

夢かうつつか、亀次はかつて召集された中国戦線に迷い込み、そしてまた現実へ戻ってがく然とする。すでに肩まで水は満ちてきて、亀次は身体がしゃくるほど泣いた。

頭上を見上げると、星空に妻のヌイの顔が浮かんだ。「ヌイ」と呼ぶと、その顔が「一糸まとわぬ豊かなヌイの裸身に変わった。餅のように柔らかだったヌイの顔が「亀次の下で手首を必死で掴みながら悦びの顔をしたヌイの表情が重なった」

と、「ヌイの肢体の向こうから、じっと亀次を見つめる白い衣服の少女がいた」

その少女は息子の嫁の妙子だった。妙子は次の瞬間、『アイゴー、アイゴー、ヘイタイシャン』と叫ぶ朝鮮人の娘の顔に重なった。

「そうか妙子はあの女に似ていたのか――」

朝鮮人荷役の娘で、亀次はその少女に淡い恋心を寄せていた。が、敗戦となって連隊の統制はくずれ、その娘は下半身を裸で撃たれていた。そして、『アイゴー、アイゴー、ヘイタイシャン』と上川亀次に切なく救いを求めるのだった。水筒の水を飲ませる。

「女は上川の手にすがり身体を寄せようとした。二の腕に女の乳房の弾力が震えながらあった」

水筒の水が空になり、井戸のある東へ走ったとき、銃声と砲撃音が重なり、上川は闇雲に走り逃げた。
——気がつくと、身体が水面に飛び出した。わけもわからず岩場にしがみついた。満潮の浮力で偶然にも、脱出できたのだ。チヌを腹からだすと、まだしっかり生きていた。
「亀次はチヌをじっと見つめた。眼の玉に月が映っていた。チヌは眠っているように見えた。こいつも夢を見るのだろうか」

『チヌの月』は伊集院静の2作目の短編で、湘南の「逗子なぎさホテル」居候時代（1978〜84年）の作。この逗子時代に、伊集院は「三年間チヌ釣りをした」し、少年時代にも「瀬戸内海でチヌ釣りをした」と『ねむりねこ』（2003年刊行）に書いている。この釣り体験が執筆につながったと考えるのが妥当だ。幻の巨大チヌ釣りの一夜を通して、戦前・戦中・戦後を実直に生きてきた1人の余生幾ばくもない男の人生の夢と悔恨が点描画のように綴られた名編である。釣りシーンや、満ちてくる潮の情景など、釣り人からみて表現の的確さは驚くほどである。

なお、この短編は阿佐田哲也に高く評価され、このことが当時不遇にあった伊集院の作家として再出発するきっかけになった。

伊集院静（1950〜）
山口県防府市生まれ。高校時代は野球に打ち込む。立教大学文学部卒。31歳『皐月』でデビュー。42歳『受け月』で第107回直木賞。『海峡』『機関車先生』『なぎさホテル』など。近藤真彦のレコード大賞受賞曲『愚か者』は伊集院（伊達歩）の作詞。

『アメリカの鱒釣り』

リチャード・ブローティガン

アメリカで1967年に出版。日本語版は、藤井和子訳で1975年1月に晶文社から発行

荒唐無稽なアメリカのマス釣り物語

たとえば、数ある釣りの中で最も難しいのはどんな釣りか——という質問を投げかけられたら、すでにこの本を読んでしまった筆者は躊躇なく『アメリカの鱒釣り』と答えるだろう。釣り具を持ってクリーク（渓流）に踏み入っても、マスたちのライズを見つけることは至難である。いや、ライズを見つけるどころか、渓流に流れ落ちる滝だと思ってたどり着いたそこは、「木立の中の家に通じる白い階段だった」というキツネにつままれたような予想外の展開になり、釣り人は唖然として立ちつくすしかないのである。

リチャード・ブローティガンはアメリカ60年代のカウンターカルチャー（反文化）を代表す

る作家で、ヒッピー世代にもてはやされた。ヒッピーという言葉を聞いても、「♪そんな時代もあったねと」いうような、当時はセンセーショナルだったが、いまは遠い時代の流れ星のように宇宙の暗黒の彼方に消えている。

『アメリカの鱒釣り』は彼のデビュー作。日本で翻訳発売された時点で、発行部数はすでに世界で200万を突破していたという。しかし、ちょっとフナでも釣ってくるかというような軽い気持ちでページをめくると、とんでもなく面食らう。

この本は、河原に転がっている石コロのような47の荒唐無稽な断片（エピソード）で構成されていて、ごく日常的な言葉で書かれていて読みやすい。が、多くの場合その意味が時空の狭間で行方不明になっているからやっかいだ。意味探しで中途挫折する読者も多く、また逆にそれに取りつかれて麻薬中毒のように狂信的になる読者も少なくない。

ともあれ、髭に長髪、ジーンズにカウボーイハット姿の作家・ブローティガンと連れだって、河原の石コロにつまずき、よろけながら、アメリカ大陸マス釣り旅に出発してみたい。

アメリカの夢に斃《たお》れた者たちの死屍累々

本の中で初めてマスを釣りあげるのは、「トム・マーティン・クリーク」という渓流である。「小さくて、冷たく澄ん」でいる「瀞《とろ》に蚊鉤で釣糸をたれてみたら、九インチの鱒がかかった。形のいい魚で、瀞の水面をところせましと暴れまわった」

9インチ（23㎝弱）のマスとは、まずまずである。これに気をよくして、上流へたどるのだが、「終始一貫、藪やつたうるしとの悪戦苦闘だった」ということは、つまり藪こぎの連続で、「釣り場なんかほとんどない」。たまに、流れにでくわしても、「峡谷が狭くなりすぎて、水がまるで水道栓から出るみたいに、どっと溢れほとばし」っていて、てんで釣りにならず、最後は「呆然と立ちつく」すしかなかった――。つまり、このクリークでは、9インチのマスを1尾釣ったという以外の意味を見つけることは困難である。

続いては、「墓場の鱒釣り」と題された変てこりんな石コロ（断片）である。

小高い丘の上に隣り合って2つの墓地があり、その2つの墓地の間を流れているのが「墓場クリーク」である。この渓流には、「いい鱒がたくさんいて、夏の日の葬送行列のように緩やかに流れていた」

この〝葬送行列のように〟という暗示的な比喩はスリリングで、悲しみのにじむ文体は美しい。そして次に、モノローグのような文章が唐突に挟み込まれる。

「死者たちはわたしがそこで釣することをべつに厭がる風でもなかった」

実は2つの墓地の一方は、緑の木々の中に大理石でつくられた立派な墓標が並ぶ金持ち用であり、もう一方は樹木もなく、「ぱさぱさに乾いた古パンのみみみたいな、貧相な板切れ」の墓標が乱立する貧しい死者たちの墓場である。

わたし（ブローティガン）はこの貧しい死者たちの墓場を見て、貧しく惨めだった少年時代を郷愁する。そして、次のような想いに至る。

「やさしくも間抜けであったおとっつぁん――」

「働きすぎで死んでしまったおっかさん――」

この2行に出くわしたとき、筆者の中のどこかに遠い時代の幻がよみがえった。それは、「とめてくれるなおっかさん　背中のいちょうが泣いている――」という、先ほどの〝ヒッピー〟という言葉と同様、いまや過去という墓場に埋れてしまっているフレーズである。

ここで筆者は、リチャード・ブローティガンと同化した。いや、翻訳者である藤井和子さんの、この〝捨て身の名訳〟に感応したというべきかもしれない。何だか、この変てこりんな釣り旅がここらあたりから妙に面白くなってくる。

墓場クリークの話に戻ろう。

その後、夕方にサオをだすと、「ちょうど孵化期で、いい鱒がかかった」。釣ったマスを持ち帰ろうと川で洗っている時、面白いことを思いつく。それは、例の貧乏人の墓場へ行って、枯れた芝、しおれたお供えの花、花瓶代わりの錆びたブリキ缶、それに周囲の虫、雑草など一切合切をかき集めて持ち帰り、これらで毛バリを巻いてみようというものだ。

「その毛鉤を空に投げあげる。すると毛鉤は雲の上を漂い流れ、それからきっと黄昏の星の中へ流れて行くことだろう」

アメリカの夢に野垂れ死んだ累々たる名もなき屍たち。この地上の星屑たちに、ブローティガンはメランコリックな美しい調べの弔いの詩を捧げたのである。

マスの泳ぐ〝中古河川〟、売ります！

マス釣りウロチョロ旅はさらに続く。「ヘイマン・クリーク」にはこんな伝説がころがっている。

チャールズ・ヘイマンという男がこの川のほとりに丸太小屋を建て、麦とちりめんキャベツを食べ、冬には川をのぼってくる2〜3尾のマスを釣って細々と暮らしていた。やがて寿命が尽きるが、その年からマスは姿を見せなくなる。その理由は、「あの年寄りが死んでしまったからには行っても無駄だ、そう鱒は考えたものらしい」からだ。篤志家のマスは、この男のためにのみ、毎年細々と川を遡上していたようなのだ。

それから20年が過ぎ、このクリークにマスが放流されたが、「鱒は流れに触れるが早いか、白い腹を見せ、死んでクリークを流れ下って行ったのだった」。ゆえに、このクリークでマスの姿は現在見ることはないのである。

「ふくろうのかぎ薬クリーク」では横腹に見事な虹を描く11インチ（28㎝弱）のマスが釣れる。首を折って成仏させようとするが、アル中の同行者がポルトワインを大量に飲ませて死に至らしめる。岩の上に横たえられ、口からワインを垂らしながらピクリとも動かないマスに対して、彼は「しあわせに死んだなあ」としみじみ漏らす。幸せな死とは、どんな死に様なのか？

釣り旅も終章に近づく。「クリーヴランド建造物取壊し会社」は、いわば廃材リサイクル販売店である。ここで、〝中古　鱒のいる小川売り出し中〟の看板を発見。売り場に行くと、中古の便器などとともに中古の川が野積みになっており、1フィートあたり6ドル50セントの値札が付いていている。別売で、中古の鳥や動物や花々、虫も用意。

このシーンは、文明の終末を予兆するようでもあり、また放流された養殖マスを、金を払って釣りあげて喜々とする現代の釣り人に対するメタファーのようでもあるが、そんな紋切り型の理屈で測れるような世界でないこともまた確かである。

次のような断片もある。

「レオナルド・ダ・ヴィンチ」が画期的な回転式擬餌鈎を発明。その擬餌鈎にマスは面白いようにヒットし、ヴァチカンからも大量注文がくるほど世界的に大ヒット（流行）する。その擬餌鈎の商品名は、『受胎告知』でもなく、『モナリザの微笑』でもなく、『最後の晩餐』であることはいうまでもない！　天才ダ・ヴィンチならさもありなんと思わせる超空想エピソードといえようか。

リチャード・ブローティガンは自身も釣りを好み、日本語訳が発売されて以来たびたび来日。その日本での酒浸りの日々の中で、少なくとも長良川と、富士山の裾野の養鱒場と、熱海の西の網代の海の、都合3ヵ所で魚釣りを楽しんでいる。そして1984年、サンフランシスコの自宅で唐突ともいえる拳銃自殺を遂げた。彼の残した作品も、また生涯も、何だかへんてこりんな謎に満ちている。

そういえば、『老人と海』のヘミングウエイも銃による自殺だった。

リチャード・ブローティガン（1935～1984）
アメリカ・ワシントン州生まれの詩人、小説家。サンフランシスコへでて、詩人として活動。本書は小説デビュー作にして世界的ベストセラー。この1冊でカウンターカルチャーの旗手に祭り上げられる。ほかに『芝生の復讐』『西瓜糖の日々』など。その作風は「イメージの万華鏡」といわれる。

『岩魚の休日～ちょっとうるさい釣り行脚』

桂歌丸

1986年、二見書房から刊行

高座を抜いてでも釣りに明け暮れる

「戦後、ラジオの寄席番組が好きでよく聞いていて、自分も人を笑わせられる、こういう商売がいいなあと子供心に思ったんです。落語ならラジオで一回聞くだけで、すっと憶えられたし、学校で一席うかがうと、これがまた大ウケだったんですよ」

雑誌『サライ』の2010年10月号に掲載されたインタビューで、「なぜ噺家になられたのですか」と問われた時の桂歌丸の応答である。その小学4年のころには、すでに将来は噺家になると公言し、中学3年の秋には5代目古今亭今輔の門をたたく。その後、紆余曲折はあったものの長寿テレビ番組『笑点』の司会を務めるなどエンターテインメントな噺家として庶民の笑いを誘い、2018年に81歳で病没。

漢字や九九は憶えられないが、落語はスイスイ頭に入ったというのだから、これはまさに天職だったわけである。

その歌丸にはもうひとつ、子供の時分から大好きなことがあった。釣りである。

5～6歳の幼児期から生まれ育った横浜真金町のポンポン船が行き交う運河でハゼやボラを釣り、小学4年のとき「二十センチから二十五センチという型ぞろいのハゼばかり、なんと一束も釣り上げたことがある」という。一束は釣り用語で100尾のこと。本業より一足先に、釣りに能力を発揮していたのである。

若いころは、釣りと名がつけばなんでもござれで、高座の合間に海でも川でも湖でも、サオを持って通った。そして言う。

「釣りにかぎらず、道楽と名のつくものは何でも同じことでしょうが、のめりこむといろいろ面倒なことが起きてきます」と。

その面倒なことの1つがこれだ。

昭和30年代というから、二ツ目時代、20代のことだろう。近所で火事があり、隣の家まで丸焼け。歌丸の家はかろうじて無事だったが、消防の水をかぶって後片付けが大変。しかし翌日は釣り大会の予定があって、片付けをほったらかしてそっちへ出場してしまった。しかも、好成績をあげて意気揚々とご帰還。これが師匠の桂米丸（筆者注＝歌丸は今輔から破門され、桂米丸門下に再入門していた）にバレて、「火事の後始末で仕事を抜いたと思ったら、ナニ、釣りに行ってた？」と大目玉！「ついでに師匠のあのタレ目まで釣り上げちゃった」とオチを付けている。4代目米丸はいまなお健在で御年95歳、若いころから「タレ目」がトレードマークだ。

調子に乗って、「抜き」（高座を休むこと）と釣りにまつわるエピソードをもう1つ。

新宿末広亭でのこと。歌丸は夜の部の高座だったが、昼の部の三代目三遊亭円右から、ある1日だけ昼夜を交代してくれと依頼される。大事な用ができたというのである。円右はもともと歌丸の兄弟子にあたり、むげに断れない。しかしその日の昼間には、歌丸にも高座より大事な予定があったので丁重に断る。しかたなく、円右は他に代演を頼んで事は収まったが……。

歌丸の大事な予定とは、当時ハマッていた相模湖のワカサギ釣りであった。

その当日、歌丸は湖に舟を浮かべていい気分。すると「向こうから見たような顔の人が舟でやってきます。それがなんと円右さん」だった。

実は円右も大の釣りキチで、しかも歌丸とは釣り仲間だったから笑い話で終わった。が、結局、新宿末広亭の席亭（定席の経営者）にバレて大目玉を食らった。

ハヤ釣りで偶然釣れたヤマメに感動

歌丸は、子供のころからのハゼやボラ釣りに始まり、ワカサギ、タナゴ、ヘラブナ、海のシロギスなどさまざまな釣りに手を染め、「まもなく三十歳になろうという頃になって、ようやくほんとうの自分向きの釣りに出会った」

それは、渓流釣りである。

それを物語るように、この本の表紙カバーは自ら釣り上げた41㎝の大イワナの魚拓写真で飾られ、口絵は渓流釣りの白黒写真2枚で構成。1枚は峻険な岸壁に腰を下ろし、眼光鋭くポイントに目をやりながら、サオを継いで釣りの準備をしているシーン。もう1枚は見開き写真で、倒木が川をまたぐ山紫水明の川原から、慎重にエサを流す釣人・桂歌丸の姿が俯瞰で撮られている。釣りキャップを被っているので頭髪のようすはわからないが、釣り名手然としたスキのない構えと風貌である。

渓流での〝最初の一撃〟は、栃木県・箒川のヤマメ。仕事で温泉旅館に1週間ほど滞在し、暇つぶしのハヤ釣りで偶然に食ってきたのだ。その姿形、色彩の美しさ、精悍な顔、強い引きに感動し、それから渓流ひと筋の道へ踏み出す。

落語と違って師匠もいなければ客もいない。独学・単独で渓へ分け入り、「空ビクでトボトボ帰って」くること幾星霜。たとえばポイント探しだが、まず5万分の1の地図で見当をつける。ハンター用の地図も意外に役立つという。理由は、「鳥類の分布」が載っているから。「魚を餌にする鳥がいる」所に魚がいると考えて、その川、その場所を目指すのである。非常に合理的である。

それでもようすのわからない遠隔地や奥地の場合、近くの町村役場の観光課・釣具屋・漁協に電話で問い合わせる。納得がいかなければ、電話帳などで調べて、「全然知らない家に電話して、『ヤマメは釣れますか』と聞くのです」という。しかも、「一軒だけでは用が足りず、多いときは十数軒かけたことも」あったという徹底ぶり。噺っぷりはあっさりしているが、意外にも辛抱強い性格だったことがわかる。

苦節8年、良型アマゴが満員御礼!

こんな地道で孤独な修行を繰り返すうち、腕もしだいに上達して、ある日爆発的な釣果を得る。その顛末が、第一章の「秘蔵の川」に書かれている。

場所は伊豆の某所。

まだ30歳のころ、仕事で伊豆半島へ行き、車で小さな橋を渡る時、いつものクセで橋下の川をのぞくと、何か「頭にピンとくるものがあって」、帰りに車を停めて河原に下りてみると、そこは河口近くで浅く、上流へたどってみると水は冷たくきれいで、「ヤマメがいるな」と直感。

その日はそのまま帰宅したが、この川のことが気になって仕方がない。

そこで、伊豆の地図を購入して〝釣査〟を開始する。名もない小さな川、こんな川にヤマメ(アマゴ)がいるのだろうか。あーでもない、こーでもないと地形を探ると、それがいても不思議じゃないと思うようになった。そこで、電話帳から地元住民にあたる。

2軒目で「いやあ、そんな魚、いるかどうかわからないなあ」とわずかな手ごたえ、「釣りはやりませんか?」と聞くと、「やるけど、オレたちは海ばっかりだ」。4、5軒目だったか、「名前は知らないけど、それらしい魚はいるよ」との返答。

それからさらに、仕事やほかの釣りなどの合間にいろいろな情報を仕入れ、「『じゃあ』ってんで思い切って入川したのが、調べだして八年目のこと」、「二十九歳の私が三十六歳になっていました」。その間、30歳のとき『笑点』がスタートして、その第1回からレギュラー、32歳には真打に昇進するなど、売れっ子噺家として多忙を極めている。

実際に、ポイントへ行くと、「大岩がゴロゴロ」していて、「川底の石をひっくりかえしてみると、うれしいことに川虫がたくさん」付着。

この川虫をエサにして一流しすると、「いきなり二十六、七センチもあるアマゴがハリに飛びついてきた」。そして感激し、驚き、「いまでもあの感触は忘れられません」と書き記している。それまで楽しんできたタナゴやハヤと、渓流の女王アマゴとでは釣趣に雲泥の差がある。

結局、「この日は、同型のアマゴばかり計五匹をビクにおさめ、二十センチ以下のもの三十匹以上を再放流して、意気揚々と帰ってきた」。まさに苦節8年、良型アマゴの〝満員御礼！〟を達成したのであった。

その後の歌丸は渓流釣りで全国を巡り、最終的には釣友の大工が建てた群馬の山小屋を根城にして、奥利根水系の大イワナ釣りを楽しんだ。この本の腰巻（帯）には、「釣れてよし、釣れなくてよし、人生竿一竿」とある。いやいや、サオだけじゃなく、噺家としては扇子1本も必携だろう。

ちなみに噺家の使う扇子は「高座扇子」といい、普通より大きく、頑強にできている。煙管や箸、また時に釣りザオに見立てて使われるので、大物が釣れても折れないためだとか……⁉

おあとがよろしいようで。

桂歌丸（1936〜2018）

神奈川県横浜市生まれ。中学3年で落語界に入り、32歳で真打昇進。古典落語にまい進するかたわら、テレビ番組「笑点」の第1回から大喜利メンバーとして活躍し、「笑点の生き字引」といわれた。得意の演目は「お茶汲み」「お化け長屋」。

『日田の鯉』

畑 正憲

1973年文藝春秋社より発行の
『ムツゴロウの大漁旗』所収

6歳の時、満州の開拓村で釣りを覚える

「もともと私は、もの心ついた頃から、川や池の淡水の釣りをしながら育った。満州では開拓団の脇を流れる川の豊富な魚群を追い、中学から高校にかけては、水のきれいな筑後川の上流で魚を釣った」(『外川の鯛』より)

今回は、ムツゴロウの愛称で知られる作家・畑正憲の登場である。昭和10年4月17日福岡市生まれ。子どものころから動物好きで、動物園が仔ライオンを抱かせて写真を撮るイベントを開くと、これに参加して、赤ちゃんライオンをいつまでも手放さず、周囲を困らせたエピソードを持つ。

ムツゴロウ6歳のとき、家族で満州へ渡る。父親が開拓医を志したからである。満州では、電気もガスも水道もなければ、店すらなく、広大な大自然だけが友だった。それで、「鳥や獣がふんだんにいて、その雛や仔をつかまえては納屋で飼い、小川で魚を釣って餌にした」（『ムツゴロウの青春期』所収の『父の思い出』より）

つまり、鳥や小獣たちのエサである魚を得るために父に釣りを教わったのである。

終戦後、一家は大分県日田市に身を寄せる。が、戦後の混乱期で極貧生活を余儀なくされ、再び父と一緒に川へ通う。

「ご飯のおかずはほとんど私と父が釣ってきた魚で間に合わせた。私が川釣りがうまいのは、生活に直結していたからである」（同）

ご飯のおかずどころか、弁当のおかずもほとんど自分が釣ったものだった。当時小学6年～中学生。まさに食べ盛り。釣魚はウナギやナマズ、コイ、それにカメやスッポンというタンパク源。生き残るための釣りに没頭しているうち、いつしか筋金が1本通ったわけである。

そして生活が落ち着いてきた中～高校時代は、「筑後川の上流」へ通う。筑後川上流とは、水の里・日田の町中を貫通する三隈川のことだ。

女子畑の貯水池で巨ゴイに挑む

今回とりあげる『日田の鯉』は、この三隈川のさらに上流にある女子畑《おなごばた》発電所の貯水池でのコイ釣りである。初出は「月刊ペン」昭和46年2月号。著者35歳の作で、少年期に通った思い出の地での、久方ぶりの野ゴイ釣り挑戦記である。

ムツゴロウは、愛嬌のある笑顔と話し方でテレビでも人気だが、この本では、そんなムツゴロウの仮面を脱いで、〝文学者〟畑正憲を前面に押し出している。

「月。細く鋭い月。上弦の月が夜空に突き刺さっている。（中略）地上に光を送らない純金の月だけが、ぐさりと空の喉に突き立っている」

冴え冴えと才気のあふれる書き出しである。

その真っ暗闇の貯水池のほとりにサオを並べて、35歳の畑は野ゴイのアタリを待っている。季節は11月の終わり。消え入りそうな焚火をたよりに、徹夜覚悟の吸いこみ釣りである。

この釣りは、数本のハリをエサのだんごに埋め込み、だんごのニオイに寄ってきたコイが口を開いてだんごを吸いこむと、ハリが口内に掛かるという単純な釣りである。

キモは〝だんご〟の作り方にある。中身はサツマイモ中心だが、これには釣り人によって流儀がある。ある人は新イモがいいと語り、1年寝かしたのがいいとも。またある者は苗床に埋めてある半ば腐ったのを掘り出して使うなどさまざまだ。

当時の畑のエサは、さなぎ、炒った米ぬか、イモのほかに、酒かす、サバの肝臓、クリ、ドングリ虫のエキス、「そして私の鼻の油」というほどの凝りようだった。このだんごでハリを包み、自製のひしゃくを使ってポイントへ投げ込むのである。

サオは1m半そこそこ。岸辺の泥にこれを突き立て、イトを張って先端に鈴をつけておく。鈴が鳴りはじめたら、コイがだんごを口先で崩し始めている信号なので、サオのそばで待機し、ひときわ鈴音が大きくなったところで大きくアワセをくれる。現在の、和式のコイ釣りとそれほどの違いはない。

　コイはそう簡単には釣れない。いつくるかと、タバコを持つ手が震えるほどの寒夜をじっと耐える。その間、さまざまな想いが脳をかけめぐる。「鯉は川の王様である。その風格といい大きさといい、鯉に優る魚は日本の川には住んでいない」「清流の野鯉、それは一度食べたものは生涯忘れられぬ天下の美味である」「野鯉はしめて洗いにする。（中略）野鯉の肉は赤く生き生きしている。氷でしめた肉だって、そりかえり、はねかえり、歯ではなかなか噛み切れない」「日田は昔、天領であり、九州の要だった。そのせいか風流人が多く、野鯉の味を知っており、したがって野鯉を釣る専門の漁師がいた」

　まだ、アタリは遠い。それをじっと待ちながら、畑は伝説の巨ゴイに思いをめぐらせる。

　釣ったのはいいが、大きすぎて魚拓をとる紙がなく、ふすまをそのまま使ったが、それでも「尾の先がはみ出した」という話。最近の記録では、日田のY釣具店の主人が釣った、「体長三尺一寸五分、十五キロ近くある野鯉だった」。このコイは、取り込みが大変だった。

「ハリにかけてから取り込みまでに約二時間かかり、水ぎわまでは寄るのだが、人の姿を見ると深みへ走った。最後には、投網を二人の大人が用意し、上からかけて抱きついて陸へ上げた」という。畑が高校二年のときの実話だ。

乾坤一擲《けんこんいってき》、大きなアワセをくれた

『リ、リ……リリリ』とかすかな鈴の音に眠気が吹き飛ぶ。

「さあ来い。思い切ってハリを吸いこめ。

私は目に見えない鯉に語りかけ、武骨な竿先をじっと見詰めた。夜はすでに完全に明けている。松の緑が灰色の空を背にしてくすみ、野鳩が群れて移動していた。

（中略）

さあ喰ってくれ。なにをためらっている。ご馳走じゃないか。一気に吸いこめ。

私は喉の奥でそう呟きながら、水底でじっとだんごを見詰め、胸びれを静かに動かしている鯉の姿を思い浮かべた」

このようなジリジリするような神経戦が続く。あせったほうが負けだ。ふと、下流の筑後川の有名人〝鯉取りマアしゃん〟のことを思い出す。

「マアしゃんは鯉が集まる巣屋をたくさん知っていて、潜っては鯉を手づかみにしてくる。ことに得意満面の笑みを浮かべるのは、寒中に川に入る際だ。絶食して身がしまった鯉を両脇にはさみ、両手に持って浮上してくる。写真班が待機していたりするとサービスを忘れずに、もう一尾口にくわえてきたりする」

というから、まさに名人芸だ。

そしてまた、現実へ戻る。

最初のかすかな鈴の音から時間が経ちすぎている。「小さいのかな」と疑念がわくが、「小さい魚なら、鈴の前触れはなく、はじめから竿がおじぎをして、カランカランと陽気に鈴が鳴るはずだ」

煙草にマッチで火をつけて心を落ち着かせる。すると突然、水中のある光景が浮かび上がる。

それは、「ハリを何本か口にかけてしまった鯉が、痺れた足を治すために、私が右手を竿から離して立ち上がるのを待っている……」というものだった。イトがいくぶんたわんでいるのは、「だんごが溶けているに違いない。（中略）あいつはハリを飲んでいる」

『ガツン！』

畑はアワセをくれた。

『かけたぞ。鯉をかけたぞ』

……。

「やりとりは約三十分かかったろうか。

ついに私は、力尽きた鯉を引き寄せ、静かにからだの近くへ運んだ。

（中略）

一貫少々。四キロ二、三百の鯉であろう。陸上で土手の芝生の上に置くと、鈍い音を立てて暴れ、からだ中に枯れた葉をくっつけてしまった」

力つきて横たわる魚体を前にして、タバコを一服し、「人生の辛酸をなめ尽くした老人のような微笑を浮かべ、季節外れの鯉を下げて水上の貯水池に別れをつげた」

釣り人・畑正憲渾身の1尾であった。

口絵写真に、このときの激闘30分の戦いを象徴する写真が載っている。

畑正憲（1935〜）
福岡市生まれ。東京大学理学部に現役で合格、大学院へ。その後、山谷に泊まり込むなど放浪生活を経て、学研映画で動物記録映画の製作に従事。その後に動物作家として独立。エッセー・ノンフィクション『ムツゴロウ』シリーズは60冊以上を数える。雀士としても有名。

『マクリーンの川』ノーマン・マクリーン

渡辺利雄訳
1993年集英社から発行

ブラッド・ピット主演の映画で話題に

ノーマン・マクリーンは1973年、70歳で米シカゴ大学英文学教授の職を引退。それから3年後の1976年に英文100頁ほどの処女作『リバー・ランズ・スルー・イット』を著わした。

この中編小説は、ニューヨークのいくつかの大手出版社に持ち込まれたがことごとく出版を断られ、結局自らが長年教鞭をとったシカゴ大学の出版局から発売された。訳者・渡辺利雄氏の「あとがき」によれば、初版は一応5千部刷られたが、70歳を超えた新人作家の処女作では売れ行きに不安があり、当初製本されたのは3千部だけだったという。ところが、いざ店頭に

並ぶと予想以上に反響を呼び、「最初の一年で、一万部が売れ」て「ベストセラー・リストに顔を出し」、翌年にはピューリッツァー賞・小説部門の第一候補作に選定されるほどであった。だが、アメリカ北西部・モンタナ州の渓流を舞台にしたこの釣り小説は、地味でオーソドックスな内容のためか受賞を逃し、また長い間日本に紹介されることもなかった。

ところが16年後の1993年2月、日本において『マクリーンの川』の邦題で書店に平積みされ、華々しいデビューを飾った。理由は、ロバート・レッドフォード監督によって映画化され、それが日本で公開されることになったからである。主演のブラッド・ピットはこの作品でトップ若手俳優としての地位を確立。大自然に抱かれた渓流を舞台に展開されるフライ・フィッシングの美しい映像世界は、同年のアカデミー賞・撮影賞を受賞。

筆者は公開時に映画を観たが、ブラッド・ピットの弾けるような笑顔と、雄大な山岳渓流を背景にした釣りシーンばかりが印象に残り、物語の細部はほとんど記憶になかった。今回、渡辺利雄の訳本を読んで、これが単にレッドフォードとブラッド・ピットという2枚看板だけで話題になった作品でないということを悟ったのだった。

FFを愛する兄弟の絆と不協和音

アメリカ北西部・モンタナ州のロッキー山脈から流れ下る2つの渓流の合流点の田舎町を舞台に繰り広げられる釣り好き兄弟の絆と葛藤、そして古き良きアメリカの夢の行く末を描いている。

物語は兄のノーマンのモノローグで進行。

「わたしたちの家族では、宗教とフライ・フィッシング（FF＝毛鉤釣り）のあいだに、はっきりとした境界線はなかった」

牧師である父は信心深く、同時に無類のFF好きであり、2人の息子は毎日のお祈りと同じように、ロッドを振り、マスを釣ることを当たり前の日常として育った。兄のノーマンは思慮深くて学業優秀、3歳年下の弟のポールは跳ねっ返りだが釣りの腕は天才的。その毛バリは美しく巻かれ、キャスティングは誰もがほれぼれするほど優雅で正確で巧みで、大自然を流れる川と見事な同化を見せるのだった。

兄弟はお互いに尊敬し合っているが、その性格の違いは2人の成長とともに歴然となる。たとえば弟は若い頃から、兄を含めて誰彼となく「いっしょに釣りをしようとする者を相手に金を賭け、競争したがっ」た。兄はそれに嫌気がさし、また弟はそんな兄に遠慮して、いつしか「お互い相手の扱い方にことのほか気を遣」うようになる。

筆者もこの兄弟と同じく3つ違いの兄と2人育ちだが、70歳を過ぎたこの歳になってさえ故郷に帰って兄と接するときは何かと気を遣う。友人や知人とは肚《はら》の裏側を見せて打ち解け合えるが、兄弟というのは心の奥の襞の1つ1つをも知り尽くしているゆえからか、お互いにいたわりと愛情と尊敬の念を深く抱きながら、面と向き合うとぎくしゃくして、繊細で表面的な付き合いになってしまう。

この物語は、フライ・フィッシングという壮大な大自然の中での清冽な営みを縦軸に、こうした兄弟間、ひいては親をも交えた宿命的な家族間の心の不協和音を横軸にして展開していく。

時はゆっくりと、ときおり大小の波紋を残しながら流れ、2人は30歳代の前半にさしかかっていた。父親は牧師を引退して母親とともに余生暮らし。弟のポールは州都ヘレナで地方新聞の敏腕記者として活躍。そして兄のノーマンは結婚して、妻の家族とともにヘレナから40マイル（約65㎞）の小さな町に住んでいた。兄弟はお互いに行き来して釣りを楽しんでいたが、釣りの腕には決定的な差ができていた。しかし、2人はそれを話題にすることを注意深く避けている。

いつもの川での釣りシーンでこんなことがあった。

弟は兄の釣りをすぐ近くで眺めていたが、兄のキャスティングの腕では釣れるポイントまで毛バリが届かないと見破る。見かねて、弟は『魚がいるのはもっと先の方じゃないかな』とつい助言をしてしまい、すぐに次のような言い訳を付け加える。『といっても、同じようなものだけどね』と。そして、距離の出るキャスティング法をさりげなく伝えて、「弟はまるで自分はなにも言わなかったかのように振る舞い、わたしはなにも聞かなかったかのような顔」をするのだった。

しかし、弟の姿が見えなくなるや、兄はラインをすばやく巻き戻して弟の言ったとおりのキャスティングをする。すると飛距離が3フィート（約1m）も伸び、毛バリはポイントへふわりと着水。その後、兄は「大もの一匹を仕留めた」のだった。

その夜のことだった。警察から、ポールを引き取りにこいという電話が掛かってきた。弟は黒髪のインディアン娘と留置場で酔い潰れていた。酒場で喧嘩して、相手の男の歯を2、3本折ったうえ、店に損害を与えたのだ。それればかりか、弟はポーカーの賭け金の支払いが溜まって問題になっていると警察は警告する。

大統領にインタビューするほどの花形記者である弟だが、実は前々からこうしたよからぬ噂があり、それが本当のことであることを兄は知ったのだ。

何とかして弟を助けたい。酒と博打と女遊びの生活から救いだしてやりたいと兄は思うが、ではそれをどのように言えば素直に聞いてくれるのか――。表面的には仲よく付き合っているが、お互いの心の中ではギクシャクした暗闘がくり広げられているのだった。

弟ポールが釣りあげたビューティフル・ワン

川はさらに大小の波紋を残しながら滔々と流れる。

ノーマンとポールはなじみの店で酒を飲んでいるうちに、2~3日休暇を取って故郷の渓流ブラックフット川へ釣りに行くことで意気投合。さらに、親父も誘って、あの子供時代のように一家3人で思う存分楽しもうということになったのだった。

親父は、老いたとはいえ基本に忠実なキャスティングで、息子たちを安心させた。弟はいきなり川を渡って向う岸に陣取った。そこは背後が崖で木も繁っており、バックスペースがなくてもロッドを振れるロール・キャストしか通用しない場所だった。その対面で、兄は周りを飛んでいる羽虫のカワラゲに似せたフライを選定し、順調にニジマスを釣りあげていった。

やがて兄にアタリが遠くなると、弟のサオが頻繁に曲がるようになる。弟は川を渡って兄に近づき、釣れるフライ(毛バリ)を手渡す。このフライで、兄は3尾追加した。さほど大きいやつではなかったが、弟がわざわざ川を渡って手渡してくれたフライで釣った魚だけに、「いつまでも忘れられないものになった」

親父は4〜5尾、兄は10尾で釣りを終え、土手の上から弟の妙技に見とれていた。美しく乱れのないラインのループがピュッ、ピュッと音をたてて水面を渡り、フライが川の真ん中に氷山のように顔を出している岩のそばにふわりと落ちた。

その瞬間、時間が止まり、長い夢のような時間が過ぎた。気が付くと、ポールは「すばらしいやつ」を彼の手にぶら下げていた――。

翌年の5月。ノーマンは、夜明け前に警察からの電話でたたき起こされる。そして、弟が拳銃の台尻で殴られて死んだと告げられる。弟の利き腕の手の指の骨は粉々に砕けていたという。いかさまがバレて始末されたのだ。

人は生まれ、ひと時を一緒に生き、別々にこの世を去る。それは川の流れの1つ1つの波紋のように現れては消えていく。

鴨長明「ゆく川の流れは絶えずしてしかももとの水にあらず」の無常観を思わせるラストシーンが、心を痛く騒がせる。

ノーマン・マクリーン（1902〜1990）
アメリカ・アイオワ州生まれの作家。シカゴ大学英文学教授を務めた後、『マクリーンの川』を執筆し、ロングセラーに。若いころに死んだ弟をしのぶ自伝的な物語だ。著書はほかに『マクリーンの森』『マクリーンの渓谷―若きスモークジャンパーたちの悲劇』がある。

『大江戸釣客伝』

夢枕獏

単行本は2011年7月に講談社より刊行。
2013年5月同社より文庫化。

最古の釣り指南書「何羨録」の作者と元禄時代の粋人、奇人たちの釣り物語

「趣味でだって、人は死ねるよ」

夢枕獏は『作家の道楽』（2013年／KKベストセラーズ）の〝まえがき〟の中でこう記している。ここでの趣味とは、山登りのことを指しているのだが、これを〝釣り〟に置き換えれば、上・下巻にわたる大作『大江戸釣客伝』の核心の大部分をこの短い言葉は物語っている。釣りでも、人は死ねる。いやむしろ、誤解を怖れずにいえば、釣りで死ねるのであれば本望だ――。

前方に相模湾の波が打ち寄せ、左右には酒匂川と早川が流れる城下町・小田原に生まれた夢枕が、初めて釣りザオを手にしたのは6歳である。釣り好きの父親に酒匂川の支流でのフナ釣りに連れて行ってもらい、『おい、オマエはこれをもって、しばらくおとなしくしてろ』（前出の『作家の道楽』より）と強制的に竹ザオを握らされたのだ。真剣に釣る父親の周りで、バチャバチャ水遊びをされてはかなわなかったのである。

この1本のサオが、夢枕の生涯にわたるだろう趣味となり、それが自身の人生だけではなく作家生活をも潤し、吉川英治文学賞・泉鏡花文学賞・舟橋聖一文学賞の三冠受賞作『大江戸釣客伝』に結晶した。

上・下2巻あり、その全体像をひとことで表わせば、日本最古の釣り指南書といわれる『何《か》羨録《せんろく》』の作者・津軽采女《つがるうねめ》の釣り人生をたどることで、彼が生きた元禄時代という世界にも類を見ない庶民文化盛衰の内実を描いた作品といえよう。

釣りとは何かという大命題に挑戦しながら、松尾芭蕉の一番弟子・宝井其角、後に英一蝶と名を変える絵師・多賀朝湖、豪商・紀伊国屋文左衛門、さらには生類憐みの令の悪政で知られる5代将軍綱吉など元禄を彩った粋人・奇人・才人・豪傑を登場させ、元禄時代最大の事件〝忠臣蔵〟の謎にまで迫る壮大な歴史エンターテインメントである。

物語のプロローグともいうべき序の巻は「幻談」と題されている。明治の文豪・幸田露伴の代表的な釣り小説と同名である。貞享2年（1685）遊び仲間の宝井其角と多賀朝湖が、江戸湾の鉄砲洲周辺に舟を浮かべ、のんびり釣りイトを垂れている。ゴカイをエサにした春のシロギス釣りである。

釣れないので一杯やっていると、其角のサオが海面へお辞儀している。サオを立てると大ガレイだ。やっとこさで寄せて、船頭の仁兵衛が慎重にタモを差し出すが、しかしタモ入れ寸前で逃げられる。ハリには、胴を食いちぎられたシロギスの頭だけが残っていた。ハリ掛かりしたシロギスに、大ガレイが食いついていたのだった。

いきなり、こんな、ワクワクするような釣りシーンでスタート。

日が傾いて引き上げようかという時、朝湖のサオが大きく湾曲。すわっ、大物かと色めくが、海中から上がってきたのは上物のサオだった。そして、そのサオと一緒にゆっくりと土座衛門（水死人）が浮かんできた。70～80歳の爺さんで、その顔は笑っていた。気味悪くて、船端から離して潮に流す。と、朝湖は先の死人のサオを手に持っていることに気が付いた。すると、「その竿先が、ぴくんぴくんと、まだ動いている」ではないか。ハリには尺を軽く超える青ギスが掛かっていた。つまりその爺さんは、大物の青ギスを掛けて、やり取りのさいちゅうに心臓発作か何かで息が止まり、海に落ちて死んだというわけだった。

たそがれの帰り舟の中で、朝湖がしみじみ言う。

『あれも、悪いくたばり方じゃあねえな……』

ここにおいて、夢枕獏の「趣味でだって、人は死ねるよ」の言葉が重みを増してくる。

この序の巻は露伴の『幻談』の焼き直しのような内容だが、夢枕獏は下巻のあとがきで次のように記している。この「エピソードそのものは、江戸時代に書かれた鈴木桃野《すずきとうや》の『反故《ほご》のうらがき』に書かれているものだ」と。露伴もこのエピソードに触れ、これに感応して『幻談』を書いたのだと暗に示しているわけである。

釣り大会で出会った名手の秘技・妙技とは

第一章ともいうべき巻の一「沙魚《はぜ》」から、主人公の津軽采女が登場し、物語が展開していく。采女は17歳で父を亡くし、津軽家の家督を継いでいる。４千石の旗本だが小普請組という閑職にあり、付き添いの兼松伴太夫の勧めで釣りを始めた。

残暑のある日、采女と伴太夫が深川八幡からの帰りに大川端を歩いていると人だかりに出くわす。７人の釣り人が並んでサオをだして釣果を競うハゼの「鉤勝負」、つまり釣り大会を開催中だったのだ。

釣り大会といっても、サオとイトの長さは同じ、エサも同じで、異なるのはハリと釣り人だけ。ハリと釣技の優劣を競う大会で、主催は天下の紀伊国屋文左衛門。取り巻きの其角や朝湖が運営を手伝い、得体のしれない〝ふみの屋〟という白髪の老人の顔も見える。勝てば、賞金１００両。紀伊国屋は太っ腹である。

采女はここで、今年の春に鉄砲洲に釣りに行ったとき、自分の横で入れ掛かりで釣る阿久沢弥太夫と再会。阿久沢は大会参加者ではなく、采女と同じく見物人の1人だったが、大会にケチをつけたことから優勝者と勝負することになる。そして、線香の火が消えるまでの時間勝負で20尾対19尾――、阿久沢が1尾多く釣ったのだった。彼の素早い手返しに采女は感心し、同時にその技に注目する。

翌日、采女は阿久沢が以前ハゼを入れ掛かった場所でサオをだすが、全く魚信がない。采女は背後に視線を感じて振り向くと、そこに阿久沢が手ぶらで立っているではないか。そこで、采女は阿久沢の手返しのスピードの秘密をたずねると、あれはハリ先の掛かり（返し）を削り取っているからだという。つまり、スレバリで釣り、手早く掛った魚を外していたのである。返しのないハリは、掛かったときバレやすいが、イトを緩めなければバレにくい。ただし、イトを緩めないという技術が必要であることはいうまでもない。

また阿久沢は、釣りで大事なのは正確な振り込みだという。そこで彼は、腰の刀に手をかけ、釣り場での携帯お茶入れの竹筒を宙に放り投げ、これを居合で横に真っ二つにする。このコップのような片割れを土手に立てかけて距離を取り、サオを手にして仕掛けを振り込むと、口径2寸半（約7・5㎝）の竹筒の真ん中に、しぶきを上げてオモリが落ちるのだった。

その妙技はいかにして会得できるのか。阿久沢に問うと、

「慣れだ」

つまり、経験、修練、鍛錬しかないということ。常軌を逸した努力が必要ということだ。釣りは道楽、趣味とはいえ、極めようとすれば、その道は剣に似て厳しく、その頂は遠い。

采女・其角・朝湖。釣りキチ3人衆が顔をそろえる

月夜の晩、其角と朝湖は大川での夜釣りにでる。其角と朝湖が舟上で「生類憐みの令」など近頃の邪なご政道に文句をつけながら釣っていると、下流のほうで釣っていた者が舟から落水し、おりからの上げ潮に乗って流れてきた。これを引き上げると、二十歳前後の若者であった。

その若者の手が動いていて、手釣りのイトを手繰っているではないか。

若者がこれを引き寄せて船上に揚げると、三尺半（100㎝超）もあるスズキの大もの。2人が驚いたのは、その大きさよりも、スズキが1尾のアユを口から吐き出したことだった。その若造は、アユの生餌釣り、つまり生きたアユの背中にハリを刺して海中を泳がせ、これで釣っていたのである。

其角と朝湖はその工夫の妙と技の妙に感心しきり。若者は助けてもらったお礼を述べた後、「申し遅れました。私は津軽采女と申します」と礼儀正しく名乗りを上げるのだった。

かくしてここに、津軽采女と、そして宝井其角、多賀朝湖という、3人の重要な大江戸の釣りキチ役者が一堂に会したというわけである。

物語はこれから、綱吉の釣り禁止令、謎の釣り名手・投竿翁《とうかんおう》探索、そして赤穂浪士討ち入りへとなだれ込む。元禄時代という荒波にもまれながら、したたかに漂い泳ぐ、釣りにはまった男たちの運命やいかに――。

津軽采女、将軍綱吉の側小姓に抜擢される

徳川綱吉の大悪法といわれる「生類憐みの令」は、当初は犬や猫が対象であったが、お触れは次々に追加され、鳥、魚介、虫類にまで及ぶようになった。釣りが禁止になるのも時間の問題かというころ、主人公・津軽采女は妻をめとることになった。

相手は阿久里《あぐり》という名で、明るい性格で笑顔を絶やさず、シロギスのような透明感のある白

肌の持ち主。婚礼の前日、采女は祝膳に供するマダイを釣るために、伴太夫とともに江戸浦へ繰り出す。苦戦の末、やっと舟中に2尺余りの大ダイが釣りあがるが、その魚は伴太夫が釣ったもの。采女は、『わたしが釣った鯛ではない』と言って粘りに粘り、ついには「目の下一尺にあまる」マダイを釣りあげ、祝いの席を自らの手で盛り上げたのだった。

不幸なことに、この色白の愛くるしい嫁は、結婚後1年を経ずして病没。悲嘆に暮れる采女は釣りに没頭する。阿久里の実父である吉良上野介はそんな采女を見て、『男子の本懐《ほんかい》は釣りではないぞ』と叱咤激励する。

吉良上野介といえば、後に「忠臣蔵」の仇役として名を残すが、ここでは人情にあつい世話好きの好好爺《こうこうや》として描かれている。その上野介の口ききで、津軽采女は元禄3年に5代将軍綱吉の側小姓に抜擢される。側小姓というのは、主君のそばに仕えて雑務をこなす役で、現在でいえば社長秘書兼警護役といったところか。

皮肉である。釣りというういわば殺生を趣味とする采女が、生類憐みの令という悪法の張本人に面と向かって仕える身になるとは。

ああ、釣りがしたい。「自分はこのまま、釣りもできぬ人生を送ることになってしまうのか」。こんな采女の心中を察し、義父の上野介は、『婿殿よ（中略）、間違うでないぞ（中略）。さすれば、潮があげるがごとくに、自然と出世の道は開けてこよう』と忠告を怠らない。また、お伴の伴太夫は『御辛抱なされませ』と日々諭すのであった。

あるとき綱吉は、采女のふとした言動から、『そちは、釣りをするのか？』と疑われて返答に窮する。答えようによっては大変なことになる。釣りなど興味はないと答えて、もし釣りをしていたことがわかったらどうなるか。嘘をつくか、正直に答えるか。『どうなのじゃ』と迫る将軍。

絶体絶命の大ピンチである。

『釣りは、いたしまする』

采女は観念して答える。すると綱吉は、『釣りは、おもしろいか？』と怒るどころか意外な言葉。『はい』とおそるおそるうなずく。その後は釣り問答のような会話になり、綱吉は幾分釣りに理解を示す口ぶりになる。そして、いまも釣りをしておるのかという綱吉に対して、『しておりませぬ』と断言。すかさず、『何故じゃ』と詰問の矢が飛んでくる。

『釣りよりも、お役目が大事にござりますれば――』

正直者の采女だが、ここに至って初めて心に背き、この難局をきわどく乗り切ったのであった。

謎の釣狂老人・投竿翁とは何者か？

とんでもない事件が起きた。

采女と綱吉が釣り問答をした翌年の2月のことだ。副将軍の水戸光圀が、綱吉宛てに「血の跡も生々しい、犬の毛皮十二頭分」を送り届けたのである。

先の「鉤勝負（釣り大会）」に〝ふみの屋〟という白髪の老人の顔があったが、この人物こそ水戸光圀公であった。犬の毛皮は、綱吉の生類憐みの令に対しての、副将軍だからできる強烈な当てつけである。

その深夜。かねてから綱吉は就寝中に奇怪なうめき声を上げるなど精神的に不安定な気があったが、その発作が爆発。綱吉はふすまを蹴破《けやぶ》って寝所から躍りでる。目は血走り、右手には脇差が。ちょうど寝所当番だった采女が止めに入る。が、刃先が采女の太腿の肉を切り裂いて鮮血がほとばしる――。

采女の負った脚の傷はなかなか治らず、このままでは側小姓の役職を全うすることはできないと、お役を辞退。

もう、二度と出世は望めない。伴太夫も義父の上野介も気落ちし、残念がる。が、采女は、「やっと釣りができる……」とむしろ、晴れやかなのであった。

秋晴れの日。采女は3年ぶりに江戸浦へハゼ釣りにでる。1尾目を釣ると、伴太夫が『久しぶりに、笑われましたな』と微笑し、続けて釣ると、『腕は鈍っておりませんでしたな』とほめる。三味線の音が流れる屋形船では紀伊国屋文左衛門が遊び、宝井其角や多賀朝湖もいる。

その翌日。ついに、漁師以外は「釣り禁止」のお触れがでた。

これからは、釣りはできぬのか。悶々とする中で、采女と伴太夫は鉄砲洲近くの船頭・長大夫の小屋を訪ね、そこで久しぶりに釣り名手の阿久沢弥太夫らに遭遇。その場で、阿久沢は「投竿翁」という、10年ほど前に釣り場で出遇ったすご腕の釣り老人の話を持ちだす。

その老人は、ハリのない仕掛けでハゼを爆釣するのだという。ハリがないので、エサを付け替える手間ははぶけるし、釣ったハゼをハリから外す手間もないうえ、根掛かりもない。そのために手返しが圧倒的に早く、釣りまくるというのだ。

その究極の釣技は〝数珠子《じゅずこ》掛け〟という。仕掛けの先に縫い針を結んでミミズ通しの要領でエサのミミズを仕掛けイトまでずり上げ、これを丸めて数珠玉のように玉状にするのである。ミミズ3〜4匹を1セットで〝数珠玉仕掛け〟を作り、最後に針を抜けば完了。宮城県の松島湾近辺では、いまもこの釣り方が伝わっている。

また、阿久沢は、投竿翁が釣りの指南書を著す準備をしていると話す。その謎の老人に強く興味を惹かれ、投竿翁探しを決意する。そしてやがて、投竿翁が書いた『釣秘伝百箇條』の存在が明るみになり、なんと多賀朝湖が神田の古本屋で手に入れたというではないか。

采女はその本を読み、釣りに対する姿勢や釣り方、仕掛けなど微に入り細を穿《うが》つ内容に感服し、ますます彼に興味を抱く。紀伊国屋文左衛門や其角、朝湖らも投竿翁の探索に全面協力。その結果、ついに投竿翁の正体に行き当たる。それは、本書「序の巻」で、節の数37を数える野布袋のサオを握ったまま土座衛門になった釣狂老人、その人であった。

嗚呼、釣狂たちの夢の跡

この後、多賀朝湖は時の権力者を揶揄・愚弄した絵を描いた罪で捕らえられ、三宅島へ流されるが、朝湖は画業と釣り三昧の極楽生活。宝井其角は、俳諧の師である芭蕉にあの世に旅立たれ、釣り遊びの兄貴分である朝湖は島流しということで、その空虚を埋めるかのように酒びたりになり、『釣りがしてえなあ、兄さん……』と嘆きつつ、宝永4年に没。

宝永6年、将軍綱吉ついに急死。この大赦により、朝湖は赦免されて江戸へ戻り、名を英一蝶と改めて画家として人気を得る。

ある日、采女の元へ、『この面に、覚えはござりますか』とひょっこり朝湖が訪ねくる。そして、紀伊国屋の旦那からあずかったというサオを差し出す。それは土座衛門になった投竿翁が握っていた、あの野布袋の名竿であった。

その津軽采女だが、忠臣蔵の吉良邸への赤穂浪士討ち入り現場には朝一番で駆け付ける。が、すでに事は終わった後であった。吉良家の縁者として苦境に陥るも、綱吉亡き後は生類憐みの令が解かれ、伴太夫とともに心置きなく釣りを楽しむ生活に入る。そして享保8年、現存する日本最古の釣り指南書『何羨録』を著し、その20年後の寛保3年に享年77で没。

大江戸の釣りをめぐる夢幻の物語は、ここで幕が下りる。

なお文庫版の解説で夢枕と釣友の北方謙三が、本書の冒頭部分で、カレイがキスに食らいついたままあがってきたという場面について、こう書いている。

「キスに食らいついていたのは平目なのだ。ただ魚形が似ているので二人は鰈だと思い込んでいる。（中略）鰈は食わないが、平目は魚を捕食」すると。つまり、生きた魚に食いつくのはヒラメであり、江戸前で釣れるカレイはフィッシュイーターではないのである。

つまりこれは見出しである「幻談」、つまり幻の釣り話で小説上のリアルをねらった夢枕獏の仕掛けというわけだ。

夢枕獏（1951〜）
神奈川県小田原市生まれ。東海大学文学部卒業。26歳で作家デビュー。『キマイラ』『餓狼伝』シリーズのほか、『陰陽師』が大ヒット。登山を題材にした『神々の山嶺』は第11回柴田連三郎賞。釣り関係は『本日釣り日和』『釣り時どき仕事』『愚か者の杖』など多数ある。

『松方弘樹の世界を釣った日々』

松方弘樹

2016年、宝島社より刊行

小学2年の時、家の近くの荒川で釣りに目覚める

松方弘樹は映画スターという華やかな虚像の世界を生きたが、同時に釣りを通じて生身で現実世界と対峙し、本職の漁師顔負けの数々の武勇伝を残し、平成29年1月に74歳で他界した。昭和のスターがまた1人惜しまれながら去ったと言われたが、釣り世界にとっても惜しまれる死であったことは間違いない。われわれは、釣り人・松方弘樹をもっと深く知っておくべきではなかったか――。

松方弘樹の釣りといえば、300kgを超える巨大マグロとか、世界の海を釣りめぐって釣りあげたカジキマグロ350本などという豪快奔放な釣りばかりが強調されているが、そこに至るまでに地道な釣り人生があったことが、この本のそこここからから読み取れる。

生まれは東京下町。3歳で終戦。東京大空襲のでは「辺り一面が真っ赤に燃え上がる中、防空頭巾を被って防空壕に逃げ込んだ記憶」が残っているという。父は剣豪スターの近衛十四郎だが、当時は貧乏役者で、母親（女優の水川八重子）は質屋通いの日々だった。

そんな中、ヤンチャ坊主の弘樹は近くの荒川のススキの河原を走り回り、チャンバラごっこや喧嘩に明け暮れていた。そして小学2年の秋、釣りに目覚める。

「荒川で釣り糸を垂らしている大人たちを真似て、見よう見真似でやってみたところ（中略）、マブナ、タナゴ、クチボソ、ダボハゼ……小魚ばかり」だが、面白いように釣れて、「土を掘り起こせばミミズがいくらでもとれる」ので、お金もかからない。

釣った魚は庭に池を掘って、そこで飼っていた。池は友達と造った手掘りだが、粘土を練って、水が漏れないように周りを固めるなど、子どもの手にしては本格的なものだった。そして、「今に続く僕の凝《こ》り性は、生まれ持った性分だったようです」と振り返っている。

そうなのだ。映画スター松方弘樹は、外聞によらず凝り性で、何事も納得がいくまで突き詰めていかねば気がすまないのである。この性格は、生涯にわたって変わることはなかった。

振り込みや練りエサの猛特訓でヘラブナ釣りを極める

「本格的にのめりこんだ初めての魚は、ヘラブナ釣りでした」

京都に引っ越していた中学のころである。親父は息子に感化されてヘラブナ釣りに夢中になり、息子とともに全国を釣りめぐる。ある時、岡山県の湯原ダム（旭川の上流）で、ポイントにふわりとエサを投入して釣りまくる名手と遭遇。見ていると、投げ方がオーバーハンドの自分たちとは違うことに気付く。「一度後方に糸を遊ばせた後に、八の字を描くように弧を描いて竿を振る」のだ。投入も正確で、エサは毎回同じ場所に落ちる。

「これだ！」と思って、家に帰って猛特訓。庭に出て、22尺（約6・7m）の竹ザオに仕掛けをセットし、エサのマッシュもしっかり練って付け、前方の水を張ったタライをねらってキャスティング。「晴れの日、雨の日、風の日と、さまざまな天候に合わせて、くる日もくる日も無心に振り続け」、ついにこれをものにする。この振り込み法こそ、今ではメジャーな「タスキ振り」であった。

20歳のころ。中村錦之助と共演した出世作『瞼の母』（加藤泰監督）がヒットした年だが、当時がヘラブナ釣りの絶頂期だった。ある日、エサのマッシュの練りぐあいと溶けぐあいを見極めるために風呂場で実験する。

浴槽にマッシュを付けたハリを沈めてシュノーケルで潜り、水の中でのエサのバラケぐあいと微妙なウキの変化の関係を観察。「マッシュの甘い香りにむせながら、ドロドロになった風呂場でひたすらそれを繰り返し」たという。

こういうひたむきな努力は芝居においても同様で、後年の「仁義なき戦い」におけるシビれる名演につながった。『瞼の母』のころは、単に〝二枚目の若手時代劇俳優〟でしかなかった。

不審者、松方弘樹で新聞沙汰に

ヘラブナ釣りでは、「ジープに、釣具一式とパラソル、タオル、雨具、蚊取り線香、それから折りたたみ式のボートと船外機」を積んで、鹿児島の池田湖、山口県の大沼、神奈川県の相模湖、北海道の大沼にまで、俳優稼業の合間を縫って全国行脚。

しまいには、各地のダム湖や湖にボートと釣具を置いて、春先の乗っ込み季になると『始まったよ！』の電話一本ではせ参じるようになった。後の、マグロ釣りでは釣宿に一切合切を預けていたが、そのシステムはヘラブナ時代に形成されたようである。

ここまでのめり込むと、エピソードにも事欠かない。

四国の「鹿野川ダムでは、変質者と勘違いされて新聞に載ったことがありました」

夏の真っ盛り。湖畔にパラソルを開き、ヨレヨレの帽子に短パン1枚、上半身裸、擦り切れた草履《ぞうり》、ボサボサの髪、そして赤黒く日焼けした男が、ヘラウキを凝視している。そこにボートが近づいてきて、『何やってんですか?』『見りゃわかるだろ』と魚を釣って見せる。が、信用されずに不審な目。そのうち、『あれ? 松方弘樹さん⁉』。聞けば、愛媛新聞の記者で、「鹿野川ダム近くに挙動不審な男がいる」と地元の人から通報が入ったのできたというわけだ。

誤解は解けたが、翌日の新聞を見てびっくり。その見出しが、『あの奇人変人は、なんと松方弘樹だった！』——。まるで、不審者扱いだ。

ハワイ・コナ沖でカジキに魅了される

その後は、渓流のイワナやヤマメの毛バリ釣り、磯釣り、船釣り、クロダイのカカリ釣り、さらにはマダイ、メジナ、ブリ、ヒラマサ、アユの友釣り、アムール川のイトウ釣り……。まさに、武芸百般、釣芸百般。

やがて、南洋の王者・カジキの魅力にハマっていく。

カジキを初めて見たのは18歳。映画デビューの翌年だ。場所はハワイ。当時、オアフ島のホノルルには日系人が多く、日本映画の専門館がいくつかあり、その1つである日本劇場の正月公演に招かれたときである。

『せっかくハワイまできたのだから、何か釣りをしてみたい』と日系の知人に相談すると、『ハワイ島のコナ』がいいと言って、万事釣りの手配をしてくれた。飛行機でハワイ島へ飛んで夜遅く降り立ち、翌朝にはもう船の上。

『何をどうやって釣るのか?』『トローリングで、カジキだ!』と船長。

当時はまだヘラブナしか釣りらしい釣りの経験はなく、カジキも知らなければトローリングも初めて聞く釣法。

『簡単だよ、小魚に見立てたルアーをひたすら引っ張ってれば釣れる』とか何とか言われている間に、突然甲高い声が響き渡った。

『ヒット‼』

ファイティング・チェアに座らされて、『ファイト! ファイト!』

日本の小もの釣りの経験しかない身には、サオもリールもケタはずれに太くてデカい。『ラインを巻け』『サオを立てろ』『ラインをだせ』くらいはわかるが、『ドラグを緩めて』『ほら、締めて』というのは珍紛漢紛。リールのドラグ機能を知らなかったのだ。

何しろ、台本もリハーサルもない、いきなり本番一発勝負！　それでも何とか要領がわかってくる。海中から「カジキが空中高く跳躍」した。『テイルウォーク』『マカジキだ！』と船長が絶叫。松方はその魚のド迫力に圧倒魅了された。

格闘は続き、1時間半が経過。相手はさすがに疲れて、リールがどんどん軽くなる。次の瞬間、一気に反転して沖へ猛スピードで走られる。「ラインがギリギリと音を上げ」、「バチンッ！」

万事休す。

それからの松方弘樹は、カジキ釣りに熱中。しかし、掛かってもあとひと息で逃げられるなど悪戦苦闘が何年も続く。その夢を果たしのは、昭和57年6月のサイパン沖で、「二m強、重さは七七kg」だった。ハワイのコナでイトを切られてから22年も経っていた。まるで、ベテラン刑事が執念で手錠をかけた1尾のようではないか。その後の、マーリンや巨大マグロとの格闘人生はご承知のとおりである。

人間・松方弘樹を語るとき、ひと晩に1000万円使ったとか、斬った女は800人などという大仰な伝説が独り歩きしているが、その実像はヘラブナ釣り時代のような地道な努力家、研究家であり、こうと決めたら最後までやり遂げる夢とロマンの人であったのだ。

松方弘樹（1942〜2017）
東京生まれ。18歳で東映に入社。『瞼の母』『次郎長三国志』などで二枚目時代劇スターとして活躍。73年公開の『仁義なき戦い』で新境地を開き、『修羅の群れ』『最後の博徒』などヒット映画連発。マグロの自己最高記録は石垣島沖での361kg。72歳での達成だった。

『夜釣』泉鏡花

平凡社ライブラリー
「泉鏡花怪異小品集　おばけずき」所収

背筋も凍る！　鏡花独自の怪異幻想小説

「五月雨《さみだれ》の陰気な一夜《あるよ》、坂の上から飛蒐《とびかか》るようなけたたましい跫音がして、格子《こうし》をがらりと突開けたと思うと（中略）、『大変です。』『……』『化《ばけ》ものが出ます』」――。

泉鏡花怪異小品集「おばけずき」（東雅夫編）の随筆篇に収められた『春着』からの抜き書きである。知り合いが怪猫《ばけねこ》と遭遇し、驚いて逃げ駆け込んできた場面であるが、まさに〝鏡花好き〟の面々にとっては、ゾクゾクするような怪異描写の冴えである。

この本の小説篇には6本の短編が収録され、その最初に掲載されているのが、今回紹介する『夜釣』である。初出は「新小説」という雑誌の明治44年12月号で、当初の題名は『鰻』であった。

すべり出しは、「これは、大工　大勝《だいかつ》のおかみさんから聞いた話である」というように、いたって平凡。これから昔ばなしでも始まるのかといった感じだが、平凡さの中に、どこか妙な霊気が漂い、ゾクッとするような期待感に早くも背中に寒気を感じ始める。

その話というのはこうである。

棟梁の大勝の仕切る大工の中に岩次《いわじ》というスジのいい男がいた。女房に幼い子供2人の4人暮らし。飲む・打つ・買うの道楽には無縁の真面目人間だが、唯一釣りだけは尋常ではないほどの入れ込みよう。とくにウナギ釣りに秀で、『棟梁、二百目が三ぼんだ』と大勝の台所へ釣ったウナギをお土産に持参することしばしばである。

二百目とは、200匁（1匁＝3・75g）のことだろう。ということは、750g前後の立派なウナギを3本も棟梁の宅へおすそ分けに上がるのは毎度のこと。もちろん、隣近所にも配り、また自分の家でも食べるので、一晩に20～30尾は釣るのであろう。

ところが、岩次の女房は信心深い女性で、釣りは生き物の殺生に関わるので、いつかたたりがあるのじゃないかと岩次の釣りのことを気に病んでいた。

霜月（11月）の末のころ、岩次は仕事から帰るや風呂にも入らず、夕膳は茶漬けでそそくさとすまして、何かにせき立てられるように家を出た。女房は胸騒ぎを覚える
「留守には風が吹募《ふきつの》る。戸障子ががたがた鳴る。引窓《ひきまど》がばたばたと暗い口を開《あ》く。（中略）風は尋常ならず乱れて、時々むくむくと古綿《ふるわた》を積んだ灰色の雲が湧上《わきあ》がる。とぽつりと降る。降るかと思うと、颯《さつ》と又暴《あら》びた風で吹払《ふきはら》う」

女房は、夜の闇の中で気が気ではない。

どこに行ったのかは、わかっている。いつものウナギ釣りに決まっている。それにしては、釣り道具を持って出ていない。そのからくりも、女房は見抜いている。つまり、「棹《さお》なんぞ……鉤《はり》も糸も忍ばしては出なかったが――それは女房が頻《しき》に殺生を留める処から、つい面倒さに、近所の車屋、床屋などに預けて置いて、そこから内証《ないしょう》で支度をして、道具を持って出掛けなくても、女房は薄々知っていた」のである。

明治の昔から、釣り人は女房に悟られぬよう、足音を忍ばせて深夜にこっそり家を抜け出るものと決まっているのである。

いままで釣りで家を空けたことはほとんどない。しかし、今夜はいつまで待ってもなしのつぶて。

結局、朝になっても帰って来なかった。

女房は、「昨夜《ゆうべ》待ち明《あか》した寝みだれ髪を、黄楊《つげ》の鬢櫛《びんぐし》で掻き上げながら、その大勝のうちはもとより、慌だしく、方々心当りを探し廻った」

しかし、どこにもいない。いよいよ心配がつのる。そして、探しあぐねていつしか、すでにたそがれ時。夕飯の支度をと家路を急ぐ。行厳寺裏のわが家へ入る路地口に、4歳の娘と5歳の息子の幼子2人がお腹を空かして待っていた。

『父さんは帰ったかい』と聞くと、『ううん、帰りゃしない』と言った後、息子が母親の袖を引いて、『父さんは帰らないけれどね、いつものね、鰻《とと》がいるんだよ』

『ええ、え、』

『大きな長い、お鰻よ』

……。

子供が言うには、それはのたうつほどの大ウナギで、台所の手桶の中にいる。逃げられるといけないので蓋をして、その上に石を、2人で石塔のように乗っけておいたというのである。女房はいよいよ嫌な気分になって立ち尽くす。すると息子が、『行ってお見よ』と急かす。娘も『お見なちゃいよ』と生意気な口をたたく。

生来恐がりの女房は、『見るからね、さあ一所《いっしょ》においで』と子供2人を誘うが、『私《わたい》たちは、父《おとつ》さんを待ってるよ』と寺の門へ向かって駆け出す。そして、墓場のあたりで2人そろって振り返り、次のような謎の言葉を投げかける。

『おっかあ、鰻を見ても触っちゃ不可《いけな》いよ』

『触るとなくなりますよ』

謎かけのような言葉を残して、2人はそのまま、墓場を抜けて寺の外へと走り去る。

女房が手桶のふたを取ると……

1人残された女房は、勇気を奮い立たせて〝ウナギ〟のようすを見に行く。そのあたりの描写はこうだ。

「暗がりの路地に足を引《ひか》れ、穴へ掴込《つかみ》まれるように、頸から、肩から、ちり毛もと、ぞっと氷るばかりに寒くなった。そして家の水口へ。……

……行くと、腰障子《こししょうじ》の、すぐ中でばちゃばちゃ、ばちゃり、ばちゃばちゃと音がする。……」

台所（水口）の腰障子（腰板のついた障子）の内側から、何かのうごめくような陰鬱で幽な水の音。恐怖でしびれた手で、恐る恐る障子を開ける。薄あかりの中に、不気味な形の影が見える。目を凝らすと、手桶の上に「ずしんと」乗っかった沢庵石である。それは、到底幼い2人の我が児が運び、乗せたとは思えないほどに大きい。

しかもその石は「あだ黒く、一つくびれて、ぼうと浮いて、可厭《いや》なものの形に見えた」とある。不気味に黒い色をしていて、途中が何故かくびれていて、奇怪な石塔（仏塔、墓石）のように見えたということだろう。

女房は唇が引きつって声も出ないほど逆上し、その沢庵石を小腕（※こがいな＝か弱い腕）で引きずりのける。手桶の水が跳ねて鳴った。女房は、悄然としてその手桶のふたに、恐る恐る手をかける。

以下は、結末まで引用する。

「蓋を向うへはずすと、水も溢れるまで、手桶の中に輪をぬめらせた、鰻が一条、唯一条《ただ》であった。のろのろと畝《うね》って、尖った頭を恁《こ》うあげて、女房の青白い顔を、熟《じっ》と視《み》た。——と言うのである」

手桶からはみ出すほどの1本の大ウナギの胴体がにょろりとうごめいて、頭がゆっくりと持ち上がり、そのぬめった顔が女房の方に向き、恨めし気にじっと見た——。

のぞいてはいけない世界を、見てしまったようだ。

魚に化身した男の話は、以前、室生犀星の『魚になった興義』で紹介した。犀星の小説は、上田秋成「雨月物語」の奇譚『夢応の鯉魚』を下敷きにして犀星風にアレンジしたものである。犀星の小説には、だれにも邪魔されることなく広々とした水の底で自由に泳ぎまわるコイに対する同化願望、自由へのあこがれのようなものが根底にある。

ところが、鏡花のこの作品からはそういう心情とか主張というような邪魔な表現は一切省いてある。あるのは、幽玄耽美にして繊細華麗な〝表現〟のみである。その極上の文体は、後に川端康成や三島由紀夫らに少なからざる影響を与えたとされる。

蛇足ながら、泉鏡花が釣りに親しんだという話は聞かない。

泉鏡花（1873〜1939）
石川県金沢市生まれ。17歳で小説家を志して上京し、尾崎紅葉に師事。95年発表の『夜行巡査』で認められ、『高野聖』で人気を不動にする。『草迷宮』『歌行燈』『夜叉が池』など幻妖怪異な物語世界は引き込まれたら病みつきになる。

人生は1本のサオに如かず

――人生の喜怒哀楽は時に1本のサオにも及ばない。釣り人が味わう一投一打の悲喜劇は、それほど激しく強烈であると、私は思う。

世良 康

◉作者索引（五十音順）

著者プロフィール

世良 康（せら・やすし）

1948年広島県生まれ。大学中退後、編集者、コピーライター、夕刊紙記者を経て、フリーライターに。釣り歴は 40 年。清流のアユやヤマベ釣り、渓流のヤマメやイワナ釣り、海では磯のメジナやボートでのシロギス釣りなどに親しむ。著書に『アユファイター10年戦記』、『アユが釣れる人、釣れない人』、『釣人かく語りき』など。村田春雄のペンネームで、釣り川柳集『17文字の釣り人生』をまとめる（以上、つり人社刊）。
現在、月刊つり人では『地魚食堂』、本書のもとになっている『釣本耽読』も連載中。ほかWEBなどにも寄稿。

※本書は月刊つり人の連載『釣本耽読』（2014年6月～2020年6月）より抜粋し、内容を修正したものです。

釣《つ》りの名著《めいちょ》50冊《さつ》
古今東西の「水辺の哲学」を読み解く

2020年7月1日発行

著　者　世良　康
発行者　山根和明
発行所　株式会社つり人社

〒101−8408　東京都千代田区神田神保町1−30−13
TEL 03−3294−0781（営業部）
TEL 03−3294−0782（編集部）
印刷・製本　図書印刷株式会社

乱丁、落丁などありましたらお取り替えいたします。

©Yasushi Sera 2020.Printed in Japan
ISBN978-4-86447-352-1 C2075

つり人社ホームページ　https://www.tsuribito.co.jp/
つり人オンライン https://web.tsuribito.co.jp/
釣り人道具店　http://tsuribito-dougu.com/
つり人チャンネル（You Tube）　https://www.youtube.com/channel/UCOsyeHNb_Y2VOHqEiV-6dGQ

本書の内容の一部、あるいは全部を無断で複写、複製（コピー・スキャン）することは、法律で認められた場合を除き、著作者（編者）および出版社の権利の侵害になりますので、必要の場合は、あらかじめ小社あて許諾を求めてください。